KB145299

초과 수익을 찾아서 2/e

초과 수익을 찾아서2/e

계량적 접근법을 활용한 포트폴리오 운용

이고르 툴친스키 지음   이기홍 · 하석근 옮김

i!i
에이콘

'트레이딩의 미래'인 월드퀀트의 모든 이에게

편저자 소개

이고르 툴친스키[Igor Tulchinsky]

글로벌 퀀트 자산운용사인 월드퀀트[WorldQuant]의 창업자, 회장, CEO이며 코네티컷주 올드 그리니치에 본사를 둔 이 회사를 2007년에 설립했다. 밀레니엄 매니지먼트[Millennium Management]의 통계적 차익거래 포트폴리오 매니저로 12년간 근무했으며, 밀레니엄에 입사하기 전에는 벤처 투자가, AT&T 벨 연구소 과학자, 비디오 게임 프로그래머, 작가로 활동했다. 텍사스 대학교 오스틴[University of Texas at Austin]에서 컴퓨터 과학 석사 학위를 9개월 만에 획득했으며, 펜실베이니아 대학교[University of Pennsylvania]의 와튼 스쿨[Wharton School]에서 재무와 기업가 정신으로 MBA를 수료했다. 교육의 신봉자로서 퀀트 대학교[Quant University]를 설립했으며, 금융공학 분야의 온라인 석사 학위와 응용 데이터 과학 모듈을 완전히 무료로 제공한다.

감사의 글

이 책은 알고리즘 기반 알파 개발 프로세스에 관한 여러 에세이를 제공한다. 해당 에세이들의 저자는 각각 월드퀀트 설립자, 이사, 매니저, 포트폴리오 매니저, 연구 인력 등이다. 이 책은 두 가지 핵심 목표를 갖고 있다. 하나는 알파를 확인하는 것이고, 다른 하나는 알파를 발견하고 검증하는 방법을 최첨단 식견으로 제시하는 것이다. 월드퀀트에서 최선의 유일한 해답은 존재하지 않으며, 다양한 접근법이 항상 단일 접근법보다 우월하다고 믿는다.

『Finding Alphas』의 초판은 마이클 펠츠Michael Peltz가 월드퀀트에 글로벌 콘텐츠 책임자로 합류한 이후인 2017년부터 구체화되기 시작했다. 그 해, 그와 지역 연구 책임자인 레베카 리먼Rebecca Lehman은 월드퀀트의 설립자이자 회장, CEO인 이고르 툴친스키를 코네티컷에 위치한 그의 사무실에서 만나 이 책을 전면적으로 개편하는 계획을 개략적으로 설명했다. 『Finding Alphas』를 2014년에 출간한 후, 리먼과 펠츠는 기존의 여러 장을 수정하고 새로운 장을 추가하길 원했다. 두 사람은 초판에 담긴 지식을 재정립하고, 복잡한 편집 과정을 담당하는 데 중요한 역할을 했다. 특히 크리스핀 부이Crispin Bui, 마크 이크춘 찬Mark YikChun Chan, 친 당Chinh Dang, 글렌 드수자Glenn DeSouza, 아난드 이이어Anand Iyer, 로힛 쿠마르 자Rohit Kumar Jha, 마이클 코즐로프Michael Kozlov, 니티쉬 마이니Nitish Maini, 아디트야 프라카시Aditya Prakash, 프라틱 스리바스타바Prateek Srivastava, 두산 티모티티Dusan Timotity 등 새롭게 추가된 장의 저자와 새롭게 단장한 기존 장의 공저자에게도 감사의 말을 전한다. 그들 모두는 계량 투자와 알파 개발에 관심이 많은 이들에게 매우 유용한 이 책을 만드는 데 공헌했다.

모든 장들은 날카로운 시각으로 편집을 담당한 루스 하멜^{Ruth Hamel}의 손을 거쳤다. 그는 여러 질문과 도전 과제를 동시에 잘 처리했다. 그러고 나서 제프리 블룸버그^{Jeffrey Bloomberg} 휘하의 월드퀀트 법률 팀이 모든 장을 세심하게 검토했다. 그의 인내심과 노련한 제안이 큰 도움이 됐다. 또한 『Finding Alphas』 초판을 세상에 내놓는 데 큰 역할을 한 출판 관계자 골드만 롬^{Goldman Rohm}에게 다시 한 번 감사한다.

마지막으로 월드퀀트의 모든 동료들이 보내준 지지와 믿음에 감사한다. 이는 곧 팀워크다. 감사해요, 여러분.

옮긴이 소개

이기홍(keerhee@gmail.com)

카네기멜론 대학교에서 석사 학위를 받았고, 피츠버그 대학교 Finance Ph.D, CFA, FRM이며 금융, 투자, 경제분석 전문가다. 삼성생명, HSBC, 새마을금고 중앙회, 한국투자공사 등과 같은 국내 유수의 금융 기관, 금융 공기업에서 자산운용 포트폴리오 매니저로 근무했으며, 현재 딥러닝과 강화학습을 금융에 접목시켜 이를 전파하고 저변을 확대하는 것을 보람으로 삼고 있다. 저서(공저)로는『금융공학 프로그래밍』(한빛미디어, 2009)이 있으며, 번역서로는『포트폴리오 성공 운용』(미래에셋투자교육연구소, 2010), 『딥러닝 부트캠프 with 케라스』(길벗, 2017),『프로그래머를 위한 기초해석학』(길벗, 2018),『핸즈온 머신러닝·딥러닝 알고리즘 트레이딩』(에이콘, 2019),『실용 최적화 알고리즘』(에이콘, 2020) 등이 있다. 누구나 자유롭게 머신러닝과 딥러닝을 자신의 연구나 업무에 적용해 활용하는 그날이 오기를 바라며 매진하고 있다.

하석근(withha@hotmail.com)

금융경제학 이론을 연구해 실제 투자 운용에 접목하고 있으며, 과학적 투자 방법이 주된 관심 분야다. 현재 하나UBS 자산운용에서 펀드 매니저로 일하고 있다. 디멘셔널 펀드 어드바이저^{Dimensional Fund Advisors}(DFA) 미국 본사 및 싱가포르 법인에서 글로벌 주식 포트폴리오 매니저 및 부사장으로 팩터 투자를 실시했으며, 한국투자공사(KIC)에서 국부를 운용했고, 모건 스탠리^{Morgan Stanley}와 현대증권에서 근무했다. 학성고를 졸업하고 한국외대 경영학 학사, 미국 컬럼비아대학교^{Columbia University} 산업공학 석사를 거쳐 프랑스 에드헥 경영대학원^{EDHEC Business School}에서 프랑크 파보지^{Frank J. Fabozzi} 교수의 지도하에 「Essays on Human Capital and on Momentum」이라는 제목의 논문으로 경영학(재무) 박사 학위^{PhD in Finance}를 받았다. 지도 교수와 연구를 계속 수행 중이며 주요 학술지에 논문을 발표하고 있다. CFA 및 FRM이다.

옮긴이의 말

이 책은 월드퀀트의 전·현직 연구원들이 작성한 보고서를 한 권으로 묶어 낸 것이다. 퀀트^{Quant} 기법을 활용하는 자산운용사인 월드퀀트는 계량 투자 아이디어를 창출하고 이를 실제 투자 솔루션으로 구현하는 색깔 있는 연구 및 자산운용 전문 회사다.

퀀트 기법에 기반한 투자 전략은 연구 및 조사 과정에서 투자 아이디어를 창출한다. 해당 아이디어를 다양한 금융 데이터와 백테스팅 기법을 활용해 검증하고, 검증된 투자 아이디어를 포트폴리오 구축과 거래 실행 과정을 활용해 실제 금융 솔루션으로 구현한다. 퀀트 전문 운용사는 투자를 실행하는 과정에서 당면하는 현실적 문제를 사내 보고서 형태로 발간해 해결하고, 지적 재산을 축적하는 수단으로 활용한다. 이 책은 이런 현실적 고민들을 고스란히 담고 있어 가치가 있다.

국내 자산운용업계의 현실을 들여다보면, 안타까운 점이 여럿 있다. 그중 하나가 투자 철학의 부재다. 색깔 있는 운용사가 드물고 운용 스타일도 매우 한정적이며, 펀더멘털^{fundamental} 분석에 의거한 전통적 액티브 운용사가 대부분이다. 해외로 잠시 눈을 돌려 보면, 계량 투자(퀀트)를 전문적으로 구현하는 운용사가 많을 뿐만 아니라 전체 운용 규모도 매우 크다. 불균형한 국내 자산운용업의 현실을 고려해보면, 이 책이 국내 투자자와 시장 참여자들에게 새로운 관점에서 포트폴리오를 운용하는 지적 체험을 간접적으로 제공하고, 그로 인해 변화가 일어나길 기대한다.

역자들은 국내외 유수 운용사와 기관투자가에서 글로벌 포트폴리오를 운용한 경험이 있으며, 당시 경험을 회상하면서 이 책의 국역에 참여했다. 따라서 역자들이 몸담았던 조직에서 현실적으로 고민하던 내용을 이 책에서도 발견할 수 있다. 유수의 글로벌 운용사들이 현재 고민하는 공통의 과제를 개괄적으로 다루고 있으므로, 국내 자산운용업에 종사하는 실무자들이 고객의 돈을 운용하는 과정에서 발생하는 여러 현실적 문제에 혜안을 제공해줄 것이다.

계량 투자는 지금도 끊임없이 진화를 거듭하며 발전하고 있다. 빅데이터 시대에는 다양한 형태의 데이터를 실시간으로 이용 가능하며, 퀀트 운용사뿐 아니라 개인도 이를 적극적으로 활용해 투자에 접목할 수 있다. 머신러닝은 이러한 시대적 요구에 부합할 수 있는 매우 강력한 수단이다. 이 책은 해당 내용도 다루고 있어 새로운 영역으로 항시적으로 진화하는 계량 투자 세계에서 나침반 역할을 할 것이다.

차례

에이콘출판의 기틀을 마련하신 故 정완재 선생님 (1935-2004)

서문

2015년 『Finding Alphas』 초판을 출간한 이후 많은 것이 달라졌다. '트레이딩의 미래^{the future of trading}'로 간주했던 전략이 초판의 큰 전제였는데, 지금의 시점에서 살펴보면 더욱 현실화되고 있다. 지난 4년 동안 월드퀀트^{WorldQuant}에서는 계량 트레이딩^{quantitative trading} 알고리즘('알파^{alpha}'라 명명) 개발이 주목할 만큼 많이 이뤄졌다. 이는 지속적으로 증가하는 거래량과 다양한 가용 데이터, 컴퓨터 하드웨어와 소프트웨어 역량의 폭발적 증가, 수많은 알파를 창출할 수 있도록 도움을 주는 점점 더 정교한 기술의 진보 때문이다. 오늘날 월드퀀트에서는 2,000만 개 이상의 알파 창출 전략을 개발했는데, 점점 더 약해지는 예측 시그널을 찾아가면서 기하급수적으로 증가하고 있다.

2015년 이후, 월드퀀트는 새롭고 다양하게 활동 범위를 꾸준히 확장하고 있다. 전 세계에 고루 위치한 28개 사무소에서 전임 연구원, 포트폴리오 매니저, 모델 개발자와 크게 성장한 연구 컨설턴트 그룹 등 총 2,000명 이상이 현재 활동하고 있다. 월드퀀트의 연구 컨설턴트 중 상당수가 가상연구센터^{Virtual Research Center}(VRC)와 월드퀀트 챌린지^{WorldQuant Challenge}, WWQ^{Women Who Quant}, 국제 퀀트 챔피언십^{International Quant Championship}과 같은 세계적인 규모의 경진 대회를 통해 발굴됐다.

참가자들은 월드퀀트 연구원들이 사용하는 것과 동일한 데이터셋을 포함해 교육, 연구, 백테스팅 도구를 제공하는 온라인 포털인 웹심^{WebSim}으로 새로운 알파를 창출하고 있다. 가상연구센터는 월드퀀트에서 체계적인 투자 전략으로 활용 가능한 고품질 알고리즘을 구축할 수 있도록 도와준다. 연구 컨설턴트는 근무 시간과 근무지에 크게 구애받지 않으며 결과물에 기반해 보상을 받는데, 알고리즘의 성과에 따라 추가 보상을 받을 수 있다. 궁극적으로는 정규직 전환도 가능하다.

47명의 전현직 월드퀀트 직원들의 기고를 바탕으로 구성된 이 책은 알파 전략을 개발하는 과정에서 배운 내용을 요약하고 있다. 이번 개정판은 구 버전에서 모든 장을 광범위하게 다시 검토하고 수정했다. 개정판은 새롭게 아홉 개의 장(특히 ETF, 인덱스 알파, 일중 데이터, 이벤트 투자)을 추가했고, 기존 장 대부분에 내용을 추가했다. 또한 머신러닝이나 자동 검색과 같은 주제가 훨씬 더 중요해졌으므로, 깊이 연구해서 해당 내용이 좀 더 접근하기 쉽고 유용하게 쓰일 수 있도록 작업했다.

아직은 단지 알파 전략의 가능성과 '예측변수 유니버스the universe of predictive signals'의 연구를 시작한 것에 불과하며, 앞으로 몇 년은 신규 도전, 새 데이터, 신기술로 가득할 것이다. 이로 인해 지금 익숙한 것이 반드시 내일 여기에 있지 않을 수 있다. 2018년에 출간한 책인 『The UnRules: Man, Machines and the Quest to Master Markets』(Wiley)에서 나는 예측의 시대가 곧 닥칠 것으로 확신하면서 내용을 서술했다. 알파 전략을 더 많이 보유할수록 현실을 더 잘 묘사할 수 있고 예측력도 더 높아질 수 있다. 변화는 상수이고, 이러한 작업은 끝없이 진행될 것이다.

이고르 툴친스키
2019년 6월

초판 서문

이 책은 초과 수익에 관한 연구를 담아낸 것이다. 에세이 모음집으로서 계량 투자 트레이딩 분야에서 성공적인 계량 투자 방법을 다양한 관점으로 제공한다.

초과 수익의 존재부터 초과 수익의 구체적이고 기술적인 측면에 이르기까지 다양한 주제를 다룬다.

1부는 초과 수익 창출에 관한 일반적 개론이며, 초과 수익의 일반적 주기와 손실을 최소화하는 혜안을 설명한다.

2부에서는 초과 수익에 관한 기술적 측면을 다룬다. 연구research 단계에서 해야 할 일과 하지 말아야 할 일, 초과 수익 전략을 개발하는 주요 단계, 초과 수익을 평가하고 향상하는 일 등을 설명한다. 여기서 핵심으로 다루는 주요 기술적 측면은 매매회전율turnover, 백테스팅, 거래량, 통계적 차익거래, 과적합, 초과 수익 분산이다.

3부에서는 파생상품 선물과 통화 같은 다양한 자산 클래스의 초과 수익 찾기, 모멘텀 초과 수익 개발, 뉴스와 소셜 미디어가 주식 수익률에 미치는 영향 등 초과 수익 전략 개발을 다룬다.

4부에서는 웹 기반 초과 수익 개발 도구인 웹심을 소개한다. '퀀텀 마니아quant enthusiast'들이 초과 수익 백테스팅(초과 수익 시뮬레이션이라고도 함)을 배울 수 있도록 이 도구를 무료로 제공하는데, 궁극적으로는 자신만의 초과 수익 트레이딩 전략을 개발해본다.

마지막으로 5부에서는 퀀트 트레이딩^{quantitative trading} 세계를 탐험할 준비가
된 모든 이에게 영감을 주는 에세이가 들어 있다.

웹심 웹 사이트에 대해

작성 당시 이 책에 수록된 웹심 관련 정보는 웹심 웹 사이트에서 제공하는 내용과 일치한다. 웹 사이트의 내용은 변경될 수 있으므로, 이 책과 웹 사이트 사이에 불일치하는 내용이 있다면 웹심 웹 사이트에서 웹심에 관한 최신 정보와 프로세스를 관리할 것이다. 웹심의 최신 버전과 웹심의 사용에 관한 계약 내용은 https://worldquantvrc.com 또는 후속 웹 사이트를 참조하면 된다.

웹심의 공식 웹 사이트에 등록하면 플랫폼의 전체 기능을 활용할 수 있고 웹심 지원 팀의 도움을 받을 수 있다. 연구 컨설턴트가 제출한 알파 트레이딩 전략은 경우에 따라 월드퀀트가 실제 운용 중인 계량 트레이딩 투자 전략에 포함될 수 있다.

웹심 연구 컨설턴트

월드퀀트는 자격을 갖춘 개인들이 당사의 웹 기반 시뮬레이션 플랫폼인 웹심을 활용해 작업할 수 있도록 연구 컨설턴트 프로그램을 수립했다. 이 프로그램은 컨설턴트들에게 자신의 물리적 및 지적 환경에 맞춰 유연하게 연구함으로써 알파를 창출하는 거래 전략을 개발할 수 있도록 했다. 특히 대학 교육을 받고 있는 학생들이나 금융 산업에 관심이 많은 열정적인 일반인들에게 이상적인 방법이다.

과학, 기술, 엔지니어링 또는 수학(STEM)을 전공하고 고도의 계량 마인드를 갖춘 개인에게 지원 자격이 주어지지만 통계, 금융공학, 수학, 컴퓨터공학, 금융, 물리학 또는 기타 STEM 프로그램 등 전공과 전문 지식이 다양한 일반인도 지원 가능하다.

웹심에 대한 자세한 내용은 이 책의 4부에서 소개한다. 연구 컨설턴트 프로그램에 대한 자세한 내용은 웹심의 공식 웹 사이트에서도 확인할 수 있다.

일러두기

이 책의 내용은 정보 제공 및 교육 목적으로만 작성됐으므로, 투자 자문으로 이해돼서는 안 된다. 이 책에서 소개하는 견해는 다양한 기여자들의 의견이며, 반드시 월드퀀트 또는 월드퀀트 가상연구센터의 견해나 의견을 반영하지는 않는다.

PART **1**

개론

알파 설계 소개

이고르 툴친스키(Igor Tulchinsky)

'알파alpha'란 무엇인가? 이 책에서 알파에 대한 상이한 설명과 정의를 접할 것이다. 물론 알파는 시작과 끝을 의미하는 '알파와 오메가'처럼 그리스 알파벳의 첫 글자로서 '알파벳alphabet'이라는 단어 안에 숨어 있으며, 지난 수세기 동안 다양한 과학 용어로 사용됐다. '알파'라는 단어가 금융에 처음으로 사용된 것은 1968년으로 거슬러 올라가는데, 당시 시카고 대학교University of Chicago의 젊은 박사 과정 학생이었던 마이클 젠센Michael Jensen이 「저널 오브 파이낸스The Journal of Finance」에 기고한 논문에서 '젠센의 알파Jensen's alpha'라는 문구를 만든 것으로부터 유래했다. 젠센의 알파는 포트폴리오의 위험 조정 수익률을 측정해 시장보다 수익률이 좋은지 나쁜지를 판단했다. 결국 젠센의 알파는 투자 성과를 측정하는 요소로 진화했고, 시장이나 벤치마크 지수를 초과하는 수익률을 설명하는 데 가장 많이 사용된다.

이후 투자 세계, 특히 헤지펀드hedge fund에서는 시장을 능가하는 수익을 창출할 수 있다는 독특한 '에지edge'를 지칭하기 위해 '알파'라는 용어가 널리 채택됐다. 그러나 월드퀀트에서는 이 용어를 조금 다르게 사용한다. 포트폴리오에 가치를 더하는 개별적인 트레이딩 시그널로 '알파'를 설계하고 개발한다.

본질적으로 알파란 금융시장이 어떻게 작동하는지 이해하는 아이디어다. 도출 가능한 투자 아이디어, 가설, 규칙은 무한히 많고, 새로운 데이터와 시장 지식이 급속히 증가함에 따라 투자 아이디어도 끊임없이 증가하고 있다. 아이디어는 각각 알파로 연결되지만, 많은 것은 그렇지 않다. 알파는 금융시장을 설명하거나 해독하는 자동 예측 모델이며, 알파 모델은 알고리즘, 수학 공식, 컴퓨터 소스 코드, 변수의 조합으로 설계한다. 알파 모델은 입력 데이터를 거래 포지션 또는 트레이드^{trade}로 바꿔 금융시장에서 실행 가능하도록 한다. 금융시장은 효율적이지만, 무엇인가가 때때로 가격을 균형 상태에서 밀어지게 한다. 이는 투자 기회가 항상 존재함을 의미한다. 대규모로 알파를 개발하고, 검증한 후 거래를 실행한다. 일반적인 비유로 말하면, 알파는 항상 시끄럽고 잡음이 많은 금융시장에서 시그널을 포착하려는 시도다.

데이터에 기반한 알파 설계

지속적으로 증가하고 다양화하는 데이터를 기반으로 알파 전략을 설계한다. 증권 가격은 일반적으로 특정 이벤트에 대응해 가격이 변한다. 특정 이벤트는 데이터에 반영된다. 만약 데이터가 변하지 않는다면 알파는 없으며, 데이터가 수정돼 정보가 전달된다. 정보의 변화는 결국 알파의 변화로 이어진다. 데이터의 이러한 변화는 다양한 알파로 표현할 수 있다. 표 1.1은 몇 가지 간단한 예제다.

패턴, 시그널, 코드를 활용해 데이터의 변화로 전달되는 가격 정보를 검색하는 작업이 알파 설계다. 알파 설계는 가설이나 예측을 구체적으로 수학으로 표현한다. 다시 한 번 표 1.2에 몇 가지 예를 제시한다.

▼ 표 1.1 변경 사항의 표현

간단한 차이, A − B	예: 오늘의 가격 − 어제의 가격
A 비율, A/B	예: 오늘의 가격/어제의 가격
표현	예: 1/오늘의 가격. 가격이 낮을 때 포지션 상승

▼ 표 1.2 표현식 및 가설

표현식	가설
1/가격	가격이 낮을 경우 추가 투자한다.
가격 지연(가격, 3)	가격은 3일 변동 방향으로 이동한다.
가격	높은 가격의 주식이 더 상승한다.
상관관계(가격, 지연(가격, 1)	추세를 보이는 종목이 더 상회한다.
(가격/가격(가격, 3) * 순위(거래량)	거래량이 증가하는 추세가 있는 주식은 더 상회한다.

알파 전략이 탁월한지 정의하는 방법

알파 전략은 수익률로 귀결되는데, 시간에 따라 변한다. 개별 주식과 마찬가지로 알파 전략의 총수익률이 오르거나 내린다. 알파의 일간 수익률을 알파의 변동성으로 나눈 값을 정보비율$^{Information Ratio}$이라 한다. 이 비율은 알파 시그널의 강도와 안정도를 측정하며, 시그널이 강건한지 약한지, 진짜 시그널일 가능성이 높은지 아니면 큰 소음에 불과한지 등 알파 전략이 잘 작동하는지 판단하는 데 필요한 정보를 보여준다. 알파 전략을 광범위하게 검증하고, 운용에 탑재하고, 실제 투자에 실행해 성과를 관찰하기 전까지는 해당 전략이 얼마나 우수한지 알 수 없다. 하지만 해당 전략이 좋은지 나쁜지 파악하고자 그 우수성을 정의하는 몇 가지 기준을 개발했다. 그럼에도 불구하고 여전히 해당 전략의 우수성을 사전에 아는 것은 어렵다. 다음은 몇 가지 특성이다.

- 아이디어와 표현이 간단하다.
- 표현/코드는 우아하다.
- 표본 내 샤프지수$^{Sharpe\ ratio}$가 우수하다.
- 데이터나 모수의 작은 변화에 민감하지 않다.
- 여러 유니버스^{universe}에서 작동한다.
- 다른 지역에서 작동한다.

단계별 알파 설계

알파 전략을 설계하는 데 필요한 과정을 대략적으로 정의한다. 실제 구현 상의 어려움은 세부 내용에 있지만, 개발자들은 다음의 다섯 가지 단계를 반복하면 된다.

- 데이터에서 변수를 분석한다.
- 설계하고자 하는 모델로 가격이 반응하는 투자 아이디어를 얻는다.
- 투자 아이디어를 주식 포지션으로 변환하는 수학적 표현을 도출한다.
- 수학적 표현식을 검증한다.
- 검증 결과가 우수하면, 알파 전략으로 제출한다.

결론

이어지는 장들에서 많은 주제를 훨씬 더 상세히 탐구한다. 월드퀀트 연구자, 포트폴리오 매니저, 기술자들이 연구한 내용인데, 주야로 알파를 찾는 연구를 수행한 결과다. 다양한 범위의 주제를 다루는데, 알파 전략 개발, 광범위한 백테스팅, 모멘텀 알파와 관련된 주제, 파생상품인 선물 거래 사용 전략, 알파와 관련된 주요 기관 연구, 뉴스와 소셜 미디어가 주식 수익률에 미치는 영향 등을 살펴본다. 월드퀀트의 독점적인 인터넷 기반 시뮬레이션 플랫폼인 웹심의 다양한 측면도 다룬다. 웹심의 시뮬레이션 엔진에서는 누구나 다양하고 광범위한 데이터를 사용해 백테스팅을 수행할 수 있다. 또한 이번 2판에서는 머신러닝, 알파의 상관관계, 일중 거래 전략, ETF 펀드 등의 주제도 추가했다.

알파란 무엇이며, 어떻게 찾을 것인가? 다음 페이지에서 확인해보자.

알파 연구에 관한 관점

제프리 로프리트(Geoffrey Lauprete)

금융에서 알파는 주식시장 인덱스나 섹터 인덱스처럼 적절한 벤치마크를 상회하는 투자 수익률이다. 퀀트 투자운용업계와 이 책에서 알파라는 용어는 벤치마크 대비 상회하는 금융상품의 가격이나 수익률을 예측하기 위해 사용하는 모형을 의미한다. 좀 더 정확히 말하면, 알파는 입력값과 출력값의 함수다. 입력값은 미래 가격의 예측과 관련된 데이터이며, 출력값은 벤치마크에 대비해 예측 유니버스에 속해 있는 증권의 미래 예측 가격이다. 알파는 알고리즘으로 표현될 수 있고 C++, 파이썬과 같은 컴퓨터 언어 또는 여러 프로그래밍 언어로 구현할 수 있다.

디지털 시대와 더불어 월 스트리트에 컴퓨터가 본격적으로 도입되기 전에도 금융시장을 예측하려는 시도가 있었다. 예를 들어, 1688년 경제 철학 논문 '혼란의 혼란Confusion of Confusions'에서 주식 운영자 겸 작가인 조셉 펜소 데 라 베가Josseph Penso de la Vega는 암스테르담 증권거래소에서 복잡한 파생 상품의 가치 평가 원칙과 투기 기법을 설명했다. 그로부터 200년 후, 일련의 신문 기사에서 찰스 다우(「The Wall Street Journal」을 발행하는 다우존스사의 공동 창업자)는 차트 작성과 기술 분석에 관한 몇 가지 기본적인 원칙을 기술했다. 이 저술은 체계적인 시장 예측 기법을 기록한 사례 중 하나이지만, 투자가들은 저렴한 컴퓨팅 파워가 월 스트리트 현장에 도착해 모델링 패러다임을 바꾸는 1980년대까지 기다려야 했다. 마침내 연필과 종이 대신, 컴퓨터와 디지털 데이터가 주요 설계 도구 및 하드웨어가 됐다.

월 스트리트에서 일하는 박사들

1960년대까지 거의 모든 백 오피스 업무(특히 주식 결제 업무) 처리는 수동으로 수행됐다. 그러다가 1960년대 후반에 주식 거래량이 엄청나게 증가(1965-1968년 뉴욕증권거래소의 하루 주식 거래량이 500만 건에서 1,200만 건으로 늘어났다.)하면서 펜과 종이로 거래 기록을 처리하는 데 엄청난 업무 가중이 발생했다. 이에 따라 컴퓨터를 활용한 업무 처리는 사업상 필수적으로 요구됐다. 1970년대까지 월 스트리트에서 백 오피스 업무가 디지털화됐으며, 몇 년 후에는 컴퓨터와 프로그램 언어들이 금융 산업의 구석구석에서 중요한 역할을 담당했다.

월 스트리트의 대형 금융기관 트레이딩 플로어에 컴퓨터가 등장하면서 이전에는 다루기 힘들었던 가치 평가 문제(옵션과 기타 파생상품의 가격 책정 및 데이터에 기반한 가격 예측 모델)를 해결했다. 그러나 컴퓨터가 문제를 해결하려면 새로운 유형의 시장 참여자가 필요했는데, 이들은 기존의 세일즈 및 트레이딩 관련 종사자가 아니었다. 기존의 월 스트리트 종사자가 아닌, 박사 학위 소지자와 분석적 마인드를 가진 다른 인재들이 새롭게 현대화한 트레이딩 플로어의 주요 참여자가 됐다.

새로운 산업

체계적인 알파를 추구하는 컴퓨터 기반 투자 방법의 얼리 어답터 중 한 명은 스토니 브룩 대학교Stony Brook University의 전 수학 학과장인 제임스 시몬스James Simons인데, 그는 수학 분야의 권위 있는 상을 수상한 인물이다.

1982년 시몬스는 시스테믹 마켓 중립systematic market-neutral strategy 전략을 성공적으로 운용 중인 뉴욕 소재 회사인 르네상스 테크놀로지스Renaissance Technologies를 설립했다. 6년 후, 전 컬럼비아 대학교 컴퓨터 과학과 교수인 데이비드 쇼David Shaw는 디이 쇼D.E. Shaw & Co를 창업했다. 창업자 쇼는 모건 스탠리에서 2년간 경력을 쌓았는데, 과거 가격 기록을 이용한 주식 예측 알고리즘을 개발하는 업무를 맡았다. 은행과 증권사 내부의 프랍 트레이딩Proprietary Trading 혹은 고객의 돈을 맡아 운용하는 헤지펀드 등이 뒤이어 대열에 합류했다. 시간이 지남에 따라, 퀀트 시장 중립 전략quantitative market-neutral investing은 확장 가능하고 신뢰할 수 있는 투자 전략으로 알려지게 됐으며, 2000년대 초 닷컴 시장이 붕괴하는 동안에 특히 잘 작동했다.

헤지펀드 산업이 성장하면서 퀀트 투자 전략으로 투자가들의 자산 배분도 증가하게 됐다. 영국의 「파이낸셜 타임스The Financial Times」에 따르면 2018년 1월 기준으로 헤지펀드 업계 전체 자산의 3분의 1이 퀀트 투자 방식으로 운용 중인데, 월드퀀트와 같이 계량 투자만 수행하는 투자회사, 혹은 자산의 일부를 계량 투자 접근법에 일부 투자하는 멀티에셋 헤지펀드에 의해 운용되는 것으로 추정됐다. 1990년대와 2000년대 초반에는 투자자들이 흔히 '블랙박스black box' 전략이라고 비하했지만, 다른 투자 전략에 비해 성과가 우수하다는 사실이 입증되면서 점차 이런 비난은 줄어들었다. 알고리즘, 인공지능, 머신러닝 등 테크놀러지 활용을 강조하는 계량 투자 전략은 머신machine에 의한 자동화를 인정하는 사회 분위기와 인간의 노력을 머신으로 대체하는 트렌드로부터 혜택을 보고 있다. 최초의 시스테믹 헤지 펀드가 출시된 지 40년이 지난 지금 모델링과 스마트 데이터 처리를 활용한 투자는 큰 무리가 아닌 것 같다.

그래도 계량 투자가 현재의 주요 투자 전략으로 자리잡게 되기까지 순탄하고 올곧은 길만 걸은 것은 아니다. 2007년의 '퀀트 붕괴quant meltdown'는 신뢰할 수 있는 장기 위험 조정 수익을 창출하는 계량 투자 능력에 대해 투자자와 참여자들이 의구심을 갖게 했다. 그 해 8월, 금융시장의 공황 상태로 많은 퀀트 펀드가 단기간에 포지션을 청산할 수밖에 없었고, 큰 규모의 수익률 하락을 감내해야 했다. 일부 참가자와 투자자는 펀드를 청산하는 막바지 출구로 몰렸다. 퀀트 붕괴 이후, 글로벌 금융 위기가 찾아왔으며 수익률은 큰 변동성을 실현했다. 2000년대에는 초단타 거래에서 시작해 상장지수 펀드(ETF)에 이르기까지 다양한 구조적 시장 변화가 발생했다. 이 기간에 퀀트 투자 접근법의 유연성과 탄력성이 확인됐으며, 알파를 창출하는 퀀트 투자업계가 새로운 시장 환경에 적응하고, 혁신하고, 궁극적으로 생존할 수 있음을 보여줬다. 다음 절에서는 위에서 설명한 계량 투자의 알파를 자세히 살펴보자.

통계적 차익거래

'통계적 차익거래statistical arbitrage'라는 용어는 알파, 또는 체계적으로 가격을 예측해 수익을 만들어내는 거래 전략으로 종종 활용된다. 자산 바구니를 동시에 사고 팔아서 무위험 수익을 확정하는 순 차익거래와 달리, 통계 분석 차익거래는 과거 데이터에 기반해 자산가격 간 관계를 활용하는 것을 목표로 한다. 추정 방법이 불투명할 뿐 아니라 자산 간의 정확한 관계를 알 수 없고 대단히 복잡하기 때문에 통계적 차익거래의 이익은 불확실하다. 추정 오류estimation error, 과적합overfitting, 불완전한 정보incomplete information, 이전 관계가 소멸하는 금융시장의 다이내믹 변화 등을 겪게 된다. 그럼에도 불구하고, 해당 거래를 실행하는 실무자의 목표는 데이터 분석과 통계적 가설 검증을 활용해 어떤 관계가 유효하기 때문에 자본을 할당할 수 있는지 알아내거나 거짓 관계에서 부진한 성과로 이어질 가능성을 발견하는 것이다.

자산가격 간 합리적인 관계를 찾는 과정에서 학술 문헌은 중요한 아이디어의 원천이다. 예를 들어, 자본자산 가격결정모형(주식 수익률을 시장 요소와 개별 구성 요소로 분해하는 것을 목적으로 하는 CAPM)과 파생상품에 관한 금융 경제학자들의 연구는 모형의 타당성을 입증하거나 증명하고자 다각도로 엄청나게 노력했으며, 요인factor을 추가해 설명력을 강화했다. CAPM에 대한 초기 연구는 1960년대에 발표됐고(예: 윌리엄 샤프William Sharpe 의 1964년 논문 'Capital Asset Prices: A Theory of Market Equilibrium under Conditions of Risk'), 1990년대까지 논쟁은 계속됐다(예: 유진 파마Eugene Fama 와 케네스 프렌치Kenneth French의 논문 'The Cross-Section of Expected Stock Returns'). 유명 저널인 「저널 오브 파이낸스The Journal of Finance」 2018년호에 'Factor Pricing'이 하나의 주제란을 차지했다(예: 셔르히 코작Serhiy Kozak, 스테판 나겔Stefan Nagel, 슈리하리 산토쉬Shrihari Santosh의 'Interpreting Factor Models').

그러나 학계의 모델들은 응용 연구를 수행할 때도 종종 불완전하거나 트레이더가 운영하는 실제 시장과 일치하지 않는 가정에 기반한다. 결과적으로, 이런 모델들은 성공적으로 실행되기 어렵거나 불가능할 수 있다. 이러한 경향은 금융 경제학의 모델뿐만 아니라 계량경제학, 응용통계학(시계열 분석, 머신러닝 또는 회귀분석), 산업공학과 최적화 분야 모델에서도 관찰된다. 예를 들어, 많은 회귀 모델이 계산 편의성을 위해 평균 제곱 오차mean-squared error 최소화에 기초해 추정한다. 그러나 트레이더trader가 평균 제곱 오차 방법을 통계적 차익거래 전략의 목적함수로 사용할 필요는 없다. 꾸준한 현금 흐름을 창출하고 현금 흐름의 하방 위험을 관리하는 데 더 관심이 있을 수 있다. 목적함수로 평균 제곱 오차 방법은 그 단순성을 완결성과 절충한 것이다. 대안 방법론이 가능하지만, 퀀트 투자회시가 시내에서 개발해 영업 비밀의 영역으로 간주하기 때문에 출판해서 공개하지 않는다. 대신 퀀트 개발자들 사이에 전수돼, 기업의 이익을 보호해야 한다는 제도적 지식 풀의 기초를 형성한다.

알파의 존재

알파와 통계적 차익거래 전략이 계속 존재해야 하는지 논의해보자. 실제로 금융 경제학의 학술 문헌은 이 문제를 철저히 다뤘는데, 시장과 정보의 성격 및 이것이 가격에 어떻게 영향을 미치는지 등을 검증했다. 금융시장, 시장 참여자와 그들의 합리성 수준, 참여자들이 어떻게 상호작용하는지 등에 관한 여러 가정에 근거해 결론을 도출했으며, 시장가격이 이용 가능한 모든 정보를 반영한다는 이론인 '효율적 시장 가설efficient market hypothesis'이라는 용어가 사용됐다. 효율적 시장 가설은 1960년대에 두각을 나타냈으며, 그 이후 가격과 펀드 매니저의 성과에 대한 경험적 연구로 펀드 매니저의 성과가 운 때문인지 아닌지 판단할 수 없을 정도로 시장이 충분히 효율적이라는 생각이 받아들여졌다. 효율적 시장 가설에 따르면, 가격과 공개적으로 이용 가능한 데이터를 활용해 알파를 획득할 수 있는 패턴을 찾는 투자 전략이 통계적 관점에서 투자자가 공감할 수 있는 전략으로 이어지지 않음을 암시한다.

효율적 시장 가설이 의미하는 바는 가격이 랜덤 워크random walk와 구별할 수 없는 형태로 진화한다는 것이다. 그러나 금융 경제학의 또 다른 연구에서는 효율적 시장 가설에 반론을 제시하고 있다. 행동 경제학자들behavioral economics은 투자자의 심리적 특징psychological trait이나 인지적 편향cognitive bias에서 비롯되는 시장의 불완전성을 연구한다. 금융시장의 불완전성imperfection은 과잉 자신감overconfidence, 과잉 반응overreaction, 또는 인간이 정보를 처리하는 방법상의 결함 때문에 발생할 수 있다. 효율적 시장 가설이 틀렸다는 실증적 연구는 다소 혼합된 연구 결과를 도출했다. 하지만 만약 어떤 투자가도 정보를 획득하고 분석하려는 노력을 하지 않는다면, 가격은 이용 가능한 모든 정보를 반영하지 않을 것이고 시장은 효율적이지 않을 것이다. 그러나 이렇게 된다면, 수익을 추구하는 투자자들은 정보를 분석하고 이를 기반으로 거래를 실행할 것이다. 따라서 시간이 지남에 따라 일부 투자자는 정보를 분석해 이익을 얻어야 한다.

여러 가지 가정하에서 알파의 존재를 인정하는 주장을 할 수 있어도 실제 예측 시 세부 내용은 매우 복잡하다. 정확도가 낮은 예측이나 가격 변동을 약하게 추정하는 예측은 업계 종사자의 관점에서 흥미롭지 않을 수 있다. 금융시장은 참여자들의 의도가 모두 종합된 것인데, 변화하는 기술, 거시 경제적 현실, 규제, 부류에 영향을 받는다. 이러한 것들이 예측을 수행하는 참여자들을 더욱 어렵게 하고 있다. 따라서 시장을 모형화하려면 금융상품 가격에 영향을 미치는 외생적 변수를 잘 이해해야 한다. 이것이 시장 예측 가들과 알고리즘 트레이더들이 직면하는 도전 과제다. 그렇기 때문에 복잡 성을 이해하는 노력 등이 큰 보상으로 이어질 것이라는 기대감으로 동기 부여가 이뤄진다.

실행

알파는 일반적으로 C++, 파이썬 또는 다른 유연하고 현대적인 컴퓨터 언어로 구현한다. 프로그래밍 언어로 구현될 때 알파는 데이터를 입력받아 투자 유니버스에 있는 자산의 미래 가격을 예측하는 출력 함수다. 가장 간단한 형태의 데이터는 현재 가격과 과거(역사적) 가격이다. 그 밖에 일반적으로 사용되는 데이터로는 거래량 및 기타 시장 기록, 기업의 이익 또는 현금 흐름표의 회계 변수, 뉴스 헤드라인, 소셜 미디어 관련 항목이 있다. 데이터의 질적 요건은 알파율 연구에서 중요한 요소다. 과거 데이터의 편향은 정확한 모델로 교정하는 것을 불가능하게 할 수 있다. 기술적 문제, 인간이 만든 오류, 예상치 못한 데이터 형태 변경 등과 같은 지속적인 데이터 문제는 모델의 예측 능력을 약화시킬 수 있다.

금융자산의 미래 가격을 예측하는 것은 어려운 일이다. 예를 들어, 뉴욕증권거래소(NYSE) 상장 주식의 다음 달 가격을 예측하려면 (1) 주식의 독특한 특징뿐만 아니라 (2) 그 주식이 포함된 산업을 이끄는 핵심 요소, (3) 궁극적으로 주식시장 전체를 움직이게 하는 요소, 즉 세계 경제를 이해할 필요가 있다. 문제의 복잡성은 상대적인 것에 집중함으로써 극적으로 줄일 수 있다. 예를 들어 XYZ 주식의 절대 수익률을 예측하는 대신, 같은 산업 내의 다른 주식과 비교해서 XYZ 주식의 상대적 수익률을 예측할 수 있다. 문제의 범위를 줄임으로써 (2)와 (3)을 고려하지 않을 수 있다. 실제로 투자자들은 시장 중립 투자 전략market neutral investment strategy을 활용해 상대가치 예측으로 수익을 극대화할 수 있다.

평가

좋은 알파란 무엇인가? 이 질문에 해답을 줄 수 있는 골든 프레임은 존재하지 않는다. 질문의 답은 알파를 활용하는 정도에 따라 부분적으로 다르다. 어떤 투자 전략은 매우 강력한 예측변수가 필요하지만, 다른 투자 전략은 약한 예측변수로부터 추가적인 이익을 획득하는 것으로 충분하다. 알파를 평가하는 과정에서 고려해야 할 주요 사항을 정리하면 다음과 같다.

- 표본에서 우수한 검증 결과가 실제 훌륭한 성과를 보장하지 않는다.
- 이상치outlier는 모형을 망치고 잘못된 예측을 초래할 수 있다.
- 여러 가정을 함께 검증하는 원칙은 더 많은 노력을 들일수록, 혹은 더 많은 대안을 고려할수록 최적의 모형을 선택할 가능성이 낮을 수 있다.
- 모델의 예측 능력을 검증하려면 표본 외 기간out of sample period에서 검증이 필요하다. 표본 외 기간이 길어질수록 모형의 신뢰도는 높아지지만, 모형을 보정하는 데 사용할 수 있는 표본 내 데이터in-sample data는 적어진다. 모델 구축에서 표본 내 데이터와 표본 외 데이터의 최적 비율은 모델의 복잡성에 따라 상이하다.

백테스팅(뒤돌아보기)

백테스팅은 예측이나 거래 전략이 역사적으로 어떻게 수행됐는지를 평가하기 위해 시간을 거슬러 올라가는 행위다. 백테스팅은 매우 중요하지만 (금융시장과 알파가 어떻게 창출되는지 보여주는 창 역할을 제공) 기억해야 할 두 가지 주요점이 있다.

- 역사는 정확히 반복되지 않는다. 그래서 알파 아이디어는 백테스팅에서 훌륭해 보일 수 있지만, 그것이 앞으로도 계속 알파를 달성할지 보장할 수 없다. 이는 컴퓨팅 능력이 향상되고 창조적 모형이 시장에 등장했기 때문에 예측력이 떨어지는 것이다. 컴퓨터 계산 능력의 향상으로 매우 많은 투자 아이디어와 그 실행을 평가할 수 있다. 하지만 어떤 투자 아이디어가 시도됐는지 추적하는 규칙이 없으며 모델이 단순한 통계적 결과가 아니라 진정한 모델일 가능성을 평가하는 것을 고려하지 않는다면, 석탄 덩어리를 금으로 착각하게 될 수도 있다.

- 새로운 알고리즘 모델 개발자들이 과거를 되돌아보고 나서 과거 시장이 실제보다 거래하기 훨씬 쉬웠다고 추정한다. 이것은 여러 이유 때문이다. 첫째, 사후 판단hindsight이 20/20이다. 둘째, 거친 과거 데이터를 교정하는 작업을 수행하면 알파를 창출하는 성능이 과도하게 좋아질 수 있다. 마지막으로, 컴퓨팅 파워와 기술이 진화했기에 오늘날 이용 가능한 도구는 과거에는 사용할 수 없었다. 예를 들어, 1980년대에 로터스Lotus 스프레드시트에서 프로그래밍할 수 있을 정도로 간단해 보였던 투자 아이디어는 사실 그 당시에는 발견과 구현이 그리 간단하지 않았다. 모든 시점에는 고유한 금융시장과 투자 기회 조합이 존재한다. 각 세대의 알고리즘 개발자들은 상당한 수익을 창출할 수 있는 강력한 시장 예측 도구를 발견하는 투자 기회를 나름 지니고 있다.

기회

시장 참여자의 투자 목표, 선호도(위험 감내도 등), 정보를 처리하는 능력이 서로 다르기 때문에 수익 창출이 가능한 가격 패턴이 존재하고 거래 가능한 예측 모델이 존재한다. 시장 참여자들은 한정된 자원을 갖고, 이런 자원이 부과하는 제약하에서 투자 전략을 최적화한다. 그들이 집중할 수 있는 범위와 능력을 벗어난 투자 기회는 다른 참여자가 활용할 수 있도록 남겨둔다. 장기적 관점에서 투자를 실행하는 시장 참여자들은 단기적 관점에서 투자를 집행하는 투자가에 비해 단기 가격 변동에 관심을 기울이지 않는 경향이 있다. 반대로 단기로 투자하는 트레이더는 대규모 자금 집행, 조세 편익, 장기 성과(또는 경우에 따라 지수와 관련된 성과)에 관심이 많은 기관 투자자가 사용하는 근본적인 가치 평가 원칙을 이해하지 않고도 효율적이고 효과적으로 자금을 운용할 수 있다. 차입^{leverage}을 활용하는 트레이더들은 대출이 없는 트레이더가 감내할 수 있는 정도의 변동성과 하락폭^{drawdown}을 용인할 수 없다. 기술 예산을 많이 투자하는 운용사는 인프라 기반을 활용한 단기 알파 획득, 대규모 데이터 처리를 활용한 수익률 추구, 또는 기술 집약적인 머신러닝이나 인공지능 예측 기법의 적용과 같은 분야에서 경쟁력을 보유하고 있다.

알파를 연구하는 사람들의 목표는 투자자들이 이익을 얻을 수 있는 예측 가능한 가격이나 가격 관계를 발견하는 것이다. 금융시장이 지속적으로 진화하고 새로운 정보와 정보원에 대응하고 있다는 사실 자체가 알파를 발견할 기회가 무한정 존재한다는 것을 보장한다. 이는 차세대 알파 연구자들에게는 좋은 소식이다. 하지만 더 이상 존재하지 않는 시장 상황에 맞춰 설계된 모델들은 그 역할을 다하지 못하고 기능이 정지될 것이며, 예측력은 시간이 지남에 따라 무한히 감소할 것이다. 알파를 탐구하는 연구는 결코 끝나지 않는다.

손절매

이고르 툴친스키(Igor Tulchinsky)

인간은 자연의 여러 경쟁자보다 더 효과적으로 환경을 이해하고 규칙을 개발할 수 있었기 때문에 성공한 생명체다. 수렵, 농업, 그리고 이후 수학과 물리학에까지 규칙이 확산됐다. 오늘날에는 금융, 과학, 인간 관계에서 자기계발 요법에 이르기까지 삶의 모든 분야에서 규칙이 적용되고 있다. 인간은 규칙 때문에 살아남는다.

무한한 수의 규칙이 현실을 묘사하고 있으며, 인간은 항상 규칙을 발견하고 다듬기 위해 애쓰고 있다. 하지만 역설적으로 모든 것을 지배하는 규칙은 오직 하나뿐이다. 그 규칙은 바로 어떤 규칙도 완벽하게 작동하지 않는다는 것이다. 나는 이것을 '탈규칙^{UnRule}'이라고 부른다.

어떤 규칙도 실제로 증명될 수 없다는 것은 과학적 원칙이다. 그것은 대신 오직 반증될 수밖에 없다. 오스트리아의 위대한 과학철학자 칼 포퍼는 1934년에 이 점을 지적했다. 그는 보편적인 진리를 검증하는 것은 불가능하지만, 단 한 번의 반론으로 그것을 반증할 수 있다고 주장했다. 포퍼는 순수한 사실이 존재하지 않기 때문에 모든 관찰과 규칙은 주관적이고 이론적이라고 강조했다.

이런 불확실성에는 이유가 있다. 현실은 복잡하다. 사람들과 그들의 사상은 불완전하다. 사상은 단어나 상징으로 표현된다. 규칙은 단지 이 복잡한 현실에 질서를 부여하는 은유적인 시도일 뿐이다. 따라서 모든 규칙은 결함이 있고, 어떤 규칙도 항상 효과를 갖지는 못한다. 단 하나의 도그마^{dogma}가 세상을 완전히 묘사하는 것은 아니지만, 각각의 규칙은 세계의 특정 측면을 묘사한다. 그리고 모든 규칙은 때때로 작동한다.

마치 예술가들이 캔버스에 천천히 이미지를 그리는 것과 같다. 한 획이 현실에 더 가까이 다가갈 수도 있지만, 그림이 결코 현실을 완벽히 해석할 수는 없다. 많은 사례가 있다. 수세기 동안 사물의 움직임을 완벽하게 설명하는 것 같았던 뉴턴의 법칙은 결함이 발견돼 아인슈타인의 상대성 이론에 자리를 내줬다. 우주에서 자신의 위치를 설명하려는 인간의 시도는 끊임없이 이어져왔다. 지구가 우주의 중심에 있다는 믿음에서 광대한 우주에서 표류하는 작고 연약한 존재라는 깨달음으로 진화했다. 마찬가지로 효율적인 시장에 대한 믿음에서 시작해 옵션가격결정모형 개발에 이르기까지 금융시장을 기술하고 심지어 예측하는 다양한 규칙들이 등장했다. 이 모든 것들은 대개 금융시장이 붕괴된 후에 결함이 있는 것으로 판명됐다.

그래서 역설을 볼 수 있다. 어떤 규칙도 항상 효과가 없다고 말하는 규칙이 효과가 있는 유일한 규칙이다. 규칙은 먼지 조각이며, 더 큰 현실의 일부 조각일 뿐이다.

탈규칙이 지배하는 금융시장이라는 이름의 자주 격동하는 바다를 항해하면서, 손실을 줄이는 것이 매우 중요하다. 어떻게 난기류와 날씨의 변화를 견뎌낼 수 있을까? 모든 규칙이 불완전하고 많은 규칙이 서로 상충하며, 서로 다른 환경과 가정을 바탕으로 하고 있는 무수히 많이 변화된 규칙들을 다루는 가장 좋은 방법은 무엇인가?

트레이딩은 현실의 축소판이며, 수백만 명의 참여자들이 규칙과 신념에 기초해 행동하고 반응한 후 이것이 다시 환경에 영향을 미치는 복잡하고 역동적인 환경이다. 트레이딩이 직면하는 가장 큰 도전은 시장을 설명하고 예측하는 규칙을 도출한 다음, 성공적으로 수익을 획득하는 것이다. 이때 규칙 자체를 파괴할 수 있는 시장 변화를 만들지 않는다.

거래 규칙으로 알파를 제시하는데, 이것은 증권의 미래 수익률을 예측하는 알고리즘이다. 금융시장의 여러 가설을 반영하는 수백만 개의 알파 전략을 관리하는 것은 그 자체로 복잡한 주제다. 수많은 알파 전략을 다룰 때, 어떤 규칙성은 명백하다. 하지만 복잡성(모든 규칙을 결국 작동하지 않는다는)을 다루는 가장 좋으면서 보편적인 방법은 손실을 언제 줄여야 할지 아는 것이다.

트레이딩 손실을 줄이는 개념은 오래전부터 존재해왔다. 그것은 상승(또는 하락)하는 증권이 계속 상승(또는 하락)할 것이라고 베팅하는 가장 오래된 형태의 거래, 이른바 추세 매매trend following에서 시작됐다. 일반적으로 새로운 최고 가격에 도달했을 때 거래를 실행하고, 누적 이익이 사전에 설정된 손실을 초과할 때 거래를 청산한다.

오늘날의 트레이딩 세계에서 알파와 거래 전략은 간단하지 않다. 특정 증권을 추종하는 대신, 여러 증권을 거래하는 다양한 알파 전략을 구성해 전체 누적 손익을 추구하는 시세 추종 전략을 적용할 수 있다.

쉽게 말하면, 손실을 줄이는 것은 더 이상 통하지 않는 규칙을 포기하는 것을 의미한다.

트레이딩에서 손실을 줄이는 논리는 쉽게 알 수 있지만, 그 원칙은 사업, 창업, 심지어 관계 등 삶의 다른 부분에서도 그대로 적용 가능하다. 가끔은

하고 있는 일이 잘 풀리지 않는다는 것을 인정하고 앞으로 나아가야 한다.

손실을 줄이는 것은 규율과 당신의 자아^{ego}를 통제하는 것이다. 전형적으로, 감정은 사고체계와 의사결정에서 큰 역할을 한다. 신경과학자들은 감정 처리에 관여하는 뇌의 특정 부위가 손상돼 아침에 입을 셔츠를 고르는 것과 같은 간단한 결정조차 내리지 못하는 환자들을 연구했다. 알파 전략을 개발하고 실행하는 과정에서 감정적인 자신감에 지배될 때가 있다. 트레이딩 전략을 구상할 때, 그 과정은 다음과 같이 시작한다. "나는 세상이 어떻게 돌아가는지 잘 이해한다. 나는 내 규칙을 믿는다. 여기에 내 규칙이 있어." 자아와 자존심은 자신감과 맞물려 있기 때문에 더 이상 규칙이 통하지 않는다는 증거 앞에서조차도 자신이 만든 규칙을 버리기가 어려울 수도 있다.

어쩌면 자아 때문에 손실을 줄이는 관행이 더 널리 지켜지지 않는지도 모른다. 혹은 사람들이 효과가 있는 대안 규칙에 관한 지식을 충분히 갖추지 못하기 때문에 손절매를 하지 못한다. 전략을 변경할 때 발생하는 높은 비용 때문에 더 이상 작동하지 않는 규칙을 포기하지 못할 수 있다.

어떤 특정한 이론이나 규칙만을 신봉하는 것은 피해야 한다. 모든 규칙을 믿을 수 있지만, 그중 어느 것도 완결하게 받아들이지는 말라. 때로는 효과가 있고, 때로는 효과가 없다. 규칙을 평가하는 가장 좋은 지표는 규칙이 이 순간에 얼마나 잘 작동하는지 따져보는 것이다. 나머지는 투기다. 어떤 규칙이 효과가 있다면 그것에 투자하고, 효과가 없으면 투자하지 않는다.

모든 아이디어를 취합한 후, 시간이 지나면서 수익률이 기록되면 무엇이 효과가 있는지, 언제 효과가 있는지를 확인할 수 있다. 역사적 데이터와 통계적 분석(때로는 근본적인 지혜의 손길로)에 근거해 새로운 아이디어, 규칙 또는 알파 전략을 도출하면 이들은 우리의 지식 체계에 들어간다. 이 광범위한 아이디어 속에서 금융 현실을 가장 잘 묘사하는 것을 찾고자 한다. 하지만 일을 잘 수행하려면 다음에 익숙해져야 한다. 우리가 알아야 할 모든 것을 결코 다 알지 못한다는 사실이다.

맹인들만 사는 땅에서는 외눈박이 남자가 왕이라는 옛말이 있다. 우리는 맹인의 땅에 산다. 특히 트레이딩과 금융시장은 모든 것이 어두컴컴해서 보이지 않는 세상이고, 좋은 눈 하나를 효과적으로 사용하는 것이 매우 큰 장점이다.

손실을 줄이는 탈규칙의 원칙을 적용하는 방법

불완전한 투자 아이디어는 수없이 많고, 진실은 알 수 없으며 알 수 없다는 사실을 인정한다. 그러나 각각의 불완전한 투자 아이디어가 현실을 어느 정도 묘사하기 때문에 우리가 가진 알파 전략이 많을수록 현실을 더 잘 묘사할 수 있고, 수익을 증가시킬 수 있는 '묘안'에 더 가까워진다.

어떤 규칙도 완벽하지 않으므로, 모든 규칙을 조합하면 가능한 한 완벽에 근접할 수 있다.

모든 규칙을 동시에 적용하는 것이 성공의 열쇠다. 예를 들어, 길을 건너기 위해 다음과 같은 세 가지 규칙을 염두에 두고 있을 수 있다.

1. 좌측을 보고 우측을 본다. 이어서 다시 좌측을 보고 건너면 안전하다.
2. 시끄러운 소리가 들리면 소음이 나는 방향으로 돌린다.
3. 자기 쪽으로 향하는 차가 보이면 달린다.

규칙 1을 믿고 길을 건너다가 경적 소리를 듣게 되면 규칙 2를 유발할 수 있다. 소음으로 인해 안전하지 않을 수 있다는 결론이 제시됐기 때문에 규칙 1을 즉시 포기해야 한다. 그런 다음 규칙 3을 적용한다.

여기에는 다음과 같은 의미가 있다.

- 가능한 한 많은 좋은 규칙을 마련할 필요가 있다.
- 어떤 하나의 규칙도 완전히 신뢰할 수 없다.
- 규칙을 동시에 사용하는 전략을 개발할 필요가 있다.

투자 전략이 작동하지 않는지를 어떻게 알 수 있는가? 투자 전략이 기대수익 범위를 벗어난 성과를 달성할 때, 일반적으로 다음과 같은 시그널이 나온다.

- 앞으로 발생할 손실이 이전의 일반적인 범위를 벗어난다.
- 전략의 샤프지수가 크게 하락한다.
- 과거 시뮬레이션에서 처음 관찰된 규칙은 더 이상 실시간 거래에서 유효하지 않다.

서로 다른 전략을 동시에 추구하고, 잘 작동하는 전략으로 노력을 전환하는 것이 중요하다. 예를 들어, 어느 시점에 금값이 오를지 설명하는 이론이 있다고 가정해보자. 그 이론은 50%의 적중률을 나타낸다. 열 개의 동등하게 확실한 다른 이론을 갖고 있다고 가정하자. 이론을 조합하면 그 어떤 이론보다 현실을 더 잘 묘사할 수 있다. 그중 어느 이론이 가장 정확한지를 확인하는 좋은 방법은 현재 어떤 이론이 잘 작용하고 있는지를 관찰하는 것이다.

그리고 손실을 줄이는 규율을 추가한다.

전략이 작동을 멈추면 처음에 아이디어를 유발한 믿음을 다시 검토한다.

만약 그 믿음이 명백히 거짓이었다면, 당신은 주사위를 갖고 놀고 있는 것이었다. 따라서 해당 활동을 종료하고 더 좋은 투자 전략에 참여하는 것이 최선이다.

집을 수리할 사람을 고용한다고 가정해보자. 수리업자가 그 일을 5만 달러에 하겠다고 약속했지만, 이미 4만 5,000달러를 사용했음에도 집 수리가 절반도 채 되지 않았다. 이쯤에서 다른 수리업자로 교체해 충분히 저렴하게 진행할 수 있다면, 지금의 건설업자와는 일을 그만해야 한다.

돈을 잃기 시작하는 어떤 행위(X라 부르자.)에 참여한다고 가정하자. 행위는 어떤 것이든 될 수 있는데, 아마도 트레이딩 전략이나 사업일 것이다. 여기서 다음과 같이 질문해볼 필요가 있다.

- X에서 손해를 보고 있는가?
- 최대 허용 손실은 얼마인가? (최대 허용 손실은 Y라고 한다.)
- 지금 측정된 손실액은 얼마인가? (측정 손실 Z를 호출한다.)

X를 시작하기 전에 최대 허용 가능 손실 Y를 식별해야 한다. 현재 실현된 손실 Z가 최대 허용 가능 손실인 Y를 초과하고 기존 거래인 X를 정리하는 비용이 너무 높지 않다면, 손실을 줄여야 한다.

요약

시작하기 전에 각각의 잠재적인 액션을 검토하라.

- 목표가 무엇인가?
- 예상되는 정상적 어려움은 무엇인가?

전략에서 저렴하게 빠져나올 수 있는 출구 전략을 미리 계획한다. 동시에 여러 전략을 추구한다. 기대를 벗어난 전략은 모두 중단한다.

PART 2

알파 설계 및 평가

알파 설계

스콧 벤더(Scott Bender), 용펭 히(Yongfeng He)

이 장에서는 원천 데이터를 시작으로 알파 설계 프로세스를 기술한다. 알파를 생성할 때 필요한 주요 설계 결정 사항과 알파에 관한 올바른 평가 방법을 논의한다. 이 장의 마지막 부분에서는 알파가 개발돼 운용에 투입된 후 발생할 수 있는 몇 가지 문제점을 강조한다.

알파로 데이터 입력

알파는 데이터에 의해 생성된다. 알파를 추구하는 핵심 역량은 공개 가능한 양질의 데이터, 데이터의 우수한 처리 또는 이 두 가지 모두에서 찾을 수 있다. 대표적인 데이터는 다음과 같다.

- 가격 및 수량. 기술 분석 또는 회귀 모델은 이 데이터를 기반으로 구축될 수 있다.
- 펀더멘털. 각 회사의 주요 지표 분석을 자동화하고, 일반적으로 매매 회전율이 매우 낮은 알파를 구축할 수 있다.
- GDP 수치와 고용률 같은 거시경제 데이터가 발표되면 시장 전체에 영향을 미친다.

- FOMC^{Federal Open Market Committee} 회의록, 회사 공시 정보, 보고서, 저널, 뉴스 또는 소셜 미디어와 같은 텍스트
- 비디오 또는 오디오 관련 멀티미디어. 예를 들어 오디오를 알파 모델을 제작하는 데 사용할 수 있는 텍스트로 변환하는 등 이러한 데이터를 처리할 수 있는 성숙한 기술이 있다.

때때로 데이터 제공이 금융시장의 방향 시그널을 생성하기 위해서가 아니라 예측의 잡음을 줄이고 다른 알파 시그널을 다듬기 위해 사용된다. 예는 다음과 같다.

- 리스크 팩터 모델. 리스크 익스포저^{risk exposure}를 제어하거나 일부 리스크 요인에 대한 노출을 제거함으로써 알파의 성능 향상을 도모할 수 있다.
- 일반적으로 어느 정도 서로 상관관계가 있는 지표를 사용하는 관계 모델이 있다. 어떤 지표는 다른 지표를 선행하거나 후행한다. 따라서 차익거래의 잠재적 기회를 창출할 수 있다.

오늘날, 정보가 폭발적으로 증가함에 따라 데이터라는 넓은 바다에서 시그널을 추출하는 것은 점점 더 어려워졌다. 솔루션 공간은 볼록하지 않고 불연속적이며 동적이다. 좋은 시그널은 종종 예상하지 못한 곳에서 나타난다. 어떻게 하면 이런 시그널을 추출할 수 있을까? 검색 공간을 제한하고 이전에 보물찾기가 사용했던 방법을 사용한다.

- 이전 발견 지점의 주변에서 검색한다.
- 너무 깊이 파고들지 않도록 자원을 절약한다.
- 확인된 단서를 사용해 발견할 수 있는 확률을 제고한다.
- 검증되지 않는 이론을 테스트하는 데 최소한 일부 자원(컴퓨팅 파워)을 할당한다.

알파 유니버스

알파 설계에서 중요한 단계는 거래할 대상 자산을 선택하는 것이다. 이 자산을 '알파 유니버스alpha universe'라 부른다. 유니버스는 다음과 같은 하나 이상의 차원을 따라 제한할 수 있다.

- 자산 분류(주식, ETF, 선물, 통화, 옵션, 채권 등)
- 지역 또는 국가
- 섹터 또는 산업
- 개별 금융상품

투자 유니버스는 입력 데이터나 알파 아이디어의 범위에 따라 일반적으로 정해지지만, 데이터가 더 넓은 범위를 갖고 있더라도 알파는 특정 유니버스에 맞춰 구체적으로 설계되고 조정될 수 있다.

알파 예측 주기

알파를 생성할 때 중요하게 고려해야 할 또 다른 설계 결정 사항은 예측 빈도다. 이것은 알파가 새로운 예측을 생성하는 시간으로 정의한다.

일반적인 주기는 다음과 같다.

- 틱tick. 새로운 예측은 금융시장에서 증권의 매매와 같은 사건에 의해 촉발된다.
- 일중intraday. 예측은 하루 중 미리 결정된 지점에서 여러 번 생성된다.
- 매일. 하루에 한 번 예측하며, 여기에는 몇 가지 형태가 있다.
    - 지연 1. 현재 거래일 이전에 이용할 수 있는 데이터만 예측에 사용할 수 있다.
    - 지연 0. 특정 시간 이전의 데이터를 사용해 예측을 할 수 있다.

- MOO^{Market on Open}/MOC^{Market on Close}. 예측은 장 시작 전 또는 장 종료 동시호가와 연계돼 있다.
- 주간 또는 월간

유니버스의 선택과 마찬가지로, 이 결정은 종종 입력 데이터의 빈도에 의해 결정된다.

알파의 가치

알파의 가치를 검증하는 궁극적인 방법은 알파가 전략의 위험 조정 수익 risk adjusted profit에 얼마나 기여하는지 확인하는 것이다. 실무에서는 다음과 같은 이유로 정밀하게 측정하기 어렵다.

- 알파에 사용할 수 있는 표준 전략은 없으며, 알파에 사용할 정확한 전략은 설계 시점에 미리 알지 못할 수 있다.
- 알파 전략을 취합할 때 종종 비선형 효과가 있어 수익을 개별적인 알파 전략에 정확하게 귀속시키기 어렵다.

그렇지만 알파가 전략에 가치를 더하는지 예측할 수 있고, 전략의 성과에 얼마나 기여하는지 합리적으로 예측 가능하다.

실제 알파 평가

알파를 설계할 때 트레이딩 전략이 알려져 있지 않을 수 있으므로, 알파 자체를 고려할 때 이것이 유용할지 어떻게 알 수 있을까? 또는 알파가 바뀌었을 때 정말 개선되는가? 이러한 질문에 답하려면 좋은 정량적 측정 방법이 필요하다.

트레이딩 전략의 우수성을 측정하는 일반적인 방법은 시뮬레이션(즉, 백테스팅)을 실행하고 정보비율과 같은 결과의 특성을 측정하는 것이다. 알파를 측정하는 한 가지 방법은 알파 예측을 거래 전략에 매핑한 다음 시뮬레이션을 실행하는 것이다. 이 매핑을 하는 여러 가지 방법이 있지만, 가장 간단한 방법은 알파 예측 강도를 거래 전략이 취하는 달러 포지션이라고 가정하는 것이다. 이 매핑 방식의 한 가지 문제점은 알파가 스스로 좋은 전략에 매핑되지 않는 경우가 많다는 것이다. 알파는 비용 차감 후 수익이 높은 전략을 만드는 것이 아니라, 단지 수익률을 예측하기 위해 고안됐기 때문이다. 이 문제를 해결하는 한 가지 방법은 시뮬레이션에서 거래비용을 부과하는 것이다.

시뮬레이션이 구성되면 취할 수 있는 몇 가지 유용한 조치는 다음과 같다.

- **정보비율**(IR)은 알파의 평균을 표준편차로 나눈 값이다. 이것은 알파가 얼마나 일관되게 좋은 예측을 하는지를 측정한다. 정보비율과 관측 기간의 길이를 결합하면 알파가 무작위 소음보다 낫다는 신뢰수준을 결정하는 데 도움이 된다. 5년 동안 관찰된, 거의 적합성이 없는 고유한 알파의 합리적 수준의 정보비율(연간)은 1.0이 될 것이다. 실제로 알파는 기존 알파와 어느 정도 적합하고 상관관계가 있기 때문에 일반적으로 정보비율은 이보다 조금 높다.
- **이윤**은 시뮬레이션에서 알파를 거래한 금액으로 나눈 값이다. 이것은 알파가 거래비용에 얼마나 민감한지를 보여주는 지표다. 마진^{margin}이 높으면 알파는 거래비용에 큰 영향을 받지 않는다는 뜻이다. 마진이 낮은 알파는 전략에서 다른 알파 전략과 크게 다르지 않는 한, 가치를 더하지 않을 것이다. 평균 일일 알파에 대해 일반적으로 5 베이시스 포인트$^{basis\ point}$의 마진을 허용할 수 있다.
- **상관관계**는 알파의 고유성을 측정하며 알파 풀에 존재하는 가장 상관

관계가 높은 알파에 대비해 측정된다.

상관관계가 낮을수록 알파는 더 독특하고 바람직하다. 알파의 최대 상관관계를 합리적으로 다음과 같이 해석한다.

- 0.7 이상: 기존 알파보다 유의하게 우수한 알파가 아니면 상관관계가 너무 높은 수준이다.
- 0.5~0.7: 경계에 있는 알파. 일부 다른 측정 기준에서 알파가 예외적으로 좋아야 한다.
- 0.3~0.5: 일반적으로 허용된다.
- 0.3 미만: 좋다.

위 측정을 더 복잡하게 만들 수 있다. 예를 들어, 알파가 유동성이 풍부한 주식(거래량이 많은 주식)과 비유동성 주식 모두에서 정보비율이 우수한지 시험한다. 알파가 비유동성 주식에서만 잘 예측할 수 있다면, 매우 큰 규모의 거래를 실행하는 전략에서는 그 유용성이 제한될 수 있다.

미래 성과

앞 절의 모든 성과 측정은 실제 예측 외에는 정보가 없을 때 알파를 평가하기 위한 것이다. 그러나 알파를 구축하는 방법과 같은 추가 정보는 앞으로 알파가 좋은 예측을 할지 결정하는 데 유용할 수 있다. 궁극적으로 중요한 것은 알파가 과거 예측이 아닌 사용 가능한 미래를 예측하는 것이다.

정보비율이 높지만 과거 데이터에 대한 경제적 설명이 없는 파라미터를 최적화해 구축된 알파를 생각해보자. 예를 들어, 알파에 12개의 파라미터가 있다고 가정하고(1배, 2배, …, 12배), 알파 규칙이 단순히 1월에는 모든 주식을 한 배 금액만큼, 2월에는 모든 주식을 두 배 금액만큼 산다고 가정하자. 1배~12배가 지난 1년간 데이터로 최적화됐다면 알파는 지난 1년간 좋은 예측을 할 수 있었지만, 그렇다고 해서 내년에도 좋은 예측을 할 것이라고 생각할 만한 이유는 없다.

일반적으로 과거 데이터를 관찰한 후 알파 최적화 또는 개선은 알파의 과거 성과를 어느 정도 개선하지만, 미래 성과는 보통 더 작은 정도만 개선할 것이다. 이러한 개선이 과거가 아닌 미래의 수익 개선에 기여해야 하므로 알파 설계자들은 특별히 주의해야 한다.

과거 예측에서 발견된 큰 향상과 비교해, 개선 및 향상이 미래 예측에서 매우 작은(또는 심지어 부정적인) 성과 향상을 이뤄낸다면 알파는 역사적 데이터에 지나치게 과적합돼 있다. 알파 설계자는 알파 설계(표본 외 데이터)에 사용되지 않은 데이터를 활용해 성과를 살펴보고, 이를 알파 개선(표본 내 데이터)에 사용된 데이터와 비교함으로써 과적합을 측정할 수 있다. 표본 내 성과와 표본 외 성과를 비교하는 것은 알파의 정도뿐만 아니라 특정 설계자의 모든 알파 전체에도 유용하다. 또한 특정 설계자의 알파 그룹 전체에도 유용하다. 알파 그룹에 대한 이러한 비교로 설계자의 방법론이 과적합하는 경향을 측정할 수 있다.

결론

이 장에서는 알파 설계의 주요 요소를 살펴봤는데, 그 논의 과정은 알파 설계의 실질적인 평가 방법을 포함한다. 또한 알파가 개발된 후 발생할 수 있는 몇 가지 잠재적인 문제도 다뤘다. 컴퓨팅 파워와 데이터의 무한한 성장세를 견고한 알파 설계 프레임워크와 결합해 금융시장과 함께 진화하는 알파와 트레이딩 전략을 도출한다.

알파를 개발하는 방법: 케이스 스터디

판카지 바클리왈(Pankaj Bakliwal), 홍지 첸(Hongzhi Chen)

이 장에서는 알파 설계 방법, 알파 뒤에 숨겨진 논리, 적절한 정보를 이용해 알파 아이디어를 수학적 예측 공식으로 변환하는 방법, 아이디어를 개선하는 방법 등을 설명한다. 또한 알파 성과 평가에 관한 몇 가지 중요한 개념도 소개한다.

알파 개발과 디자인을 더 이야기하기 전에 알파를 더 잘 이해할 수 있게 해주는 간단한 예를 공부하자.

자본금으로 100만 달러를 보유하고 있으며, 다음 두 개의 주식으로 구성된 포트폴리오에 지속적으로 투자하길 원한다고 가정해보자. 알파벳(GOOG)과 애플(AAPL)이라는 두 주식 사이에 투자금을 배분하는 방법을 알아야 한다. 매일 포트폴리오 재조정을 한다면 각 종목의 향후 수일간 수익률을 예측해야 한다. 이것을 어떻게 할 수 있을까?

거래자 행동 양상, 가격 트렌드, 뉴스, 펀더멘털한 기업 변화, 대형 기관투자가나 기업 내부자(즉, 회사 지분증권을 10% 이상 보유 중인 임원이나 이사, 주주)의 보유 지분 변동 등 주가에 영향을 미칠 수 있는 것들이 많다. 간단히 말하면, 우리는 예측 과정을 두 단계로 나눌 수 있다. 첫째, 뉴스나 가격 동향과 같은 단일 요소를 사용해 각 주식의 수익률을 예측한다. 둘째, 우리는 모든 다른 예측들을 종합한다.

두 주식의 일간 역사적 가격의 형태로 이용 가능한 데이터를 활용해 최근 가격 추세를 이용함으로써 알파 개발을 시도해보자. 다음 단계는 분별 있는 아이디어를 생각해내는 것이다. 예를 들어, 역사적 가격을 기준으로 볼 때 두 주식이 지난 주 동안 상승 추세를 보였다고 하자. 논리에 따르면, 추가 정보가 없는 상황에서 주가가 오르면 투자자들은 이익을 확정하고 롱long 포지션을 정리할 것이다. 결국 주가를 하락하게 만들 것이다. 동시에 주가가 하락하면 싼값에 주식을 살 수 있는 기회가 생기고, 이는 결국 주가를 상승시킨다.

아이디어를 수학적 표현으로 바꾸는 것이 항상 간단하지는 않다. 그러나 위의 경우 다음과 같이 간단히 할 수 있다.

$$알파 = -(일주일\ 수익률)$$

마이너스 기호는 상승할 때 숏short 포지션을 취하고, 하락할 때는 롱 포지션을 취한다는 것을 나타낸다. 특정 금융상품에서 롱숏long-short 포지션의 달러 투자 금액은 공식에서 주어진 값의 크기에 의해 결정된다. 가격 추세가 강할수록 가격이 하락할 가능성이 커진다는 의미다. 알고리즘이 각각 두 개의 주식에 대해 다음과 같은 값을 달성한다고 가정하자.

$$알파(GOOG) = 2$$
$$알파(AAPL) = -1$$

위의 값은 2 대 1의 비율을 갖고 있다. 이것은 AAPL보다 두 배 많은

GOOG를 보유하길 원한다는 것을 의미하며, 양수는 롱 포지션을 의미하고 음수는 숏 포지션을 의미한다. 따라서 100만 달러의 투자 금액을 예로 들면, 오늘 거래를 마칠 때 100만 달러의 GOOG 주식 롱 포지션과 50만 달러의 AAPL 주식 숏 포지션을 구축한다. 물론 이 사례는 거래비용을 0이라고 가정한다.

그래서 알파 모델은 실제로 입력 데이터(가격-볼륨, 뉴스, 기본 등)를 벡터로 변환하는 알고리즘인데, 이것은 각 금융상품을 보유하고자 하는 돈에 대한 비율이다.

알파(입력 데이터) → 알파 값 벡터

이제 알파가 무엇인지 알았으니 첫 번째 알파(알파 1)[1]를 만들자. 이 과정에서는 더 많은 개념을 소개할 것이다. 무엇보다도 유니버스를 정의하는 것, 즉 알파 모델을 구축하고자 하는 금융상품의 집합이다. 미국 주식시장에 집중하자. S&P 500 지수의 구성 종목을 활용하는 등 개별 주식 종목을 선택하는 방법은 다양하다. 미국에서 가장 유동적인 3,000개의 주식을 연구 유니버스로 사용한다고 가정하자(TOP3000이라고 부름).

다음으로 주가를 예측하는 아이디어가 필요하다. 위에서 언급한 것과 같은 평균-회귀 아이디어를 사용해 다음과 같이 수학 공식으로 표현할 수 있다.

알파 1 = -((오늘 종가 - 5일 전 종가) / 5일 전 종가)

이 아이디어가 제대로 작동하는지 알아내기 위해 백테스팅의 시뮬레이터가 필요하다. 이 목적으로 웹심을 사용할 수 있다.

---

[1] 이 장에서 설명한 알파와 수익률은 예제 목적으로만 포함되며, 월드퀀트 또는 그 계열사가 사용하는 전략을 나타내기 위한 것은 아니다.

웹심을 사용해 그림 5.1과 같이 알파에 대한 샘플 결과를 얻는다.

표 5.1은 알파 평가에 사용되는 몇 가지 성과지표를 보여준다. 가장 중요한 지표에 초점을 맞춘다.

백테스팅은 2010년부터 2015년까지 수행되므로, 출력물의 각 행에는 그 해의 연간 실적이 나열된다. 총 시뮬레이션의 금액 크기는 항상 2,000만 달러로 고정된다. 손익은 연간 기준이다.

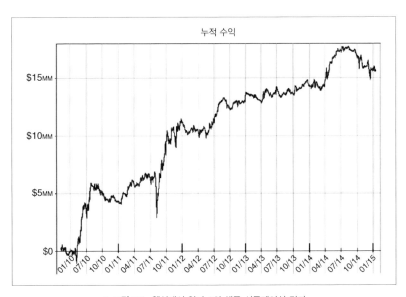

▲ **그림 5.1** 웹심에서 알파 1의 샘플 시뮬레이션 결과

▶ 표 5.1 알파 1 시뮬레이션 그래프 평가

년도	북 크기	손익	연 수익률	정보비율	최대 손실율	수익 발생 일수(%)	일간 매매회전율	거래당 달러 수익
2010	2.0E7	4.27E6	46.44%	1.32	16.63%	46.52%	62.69%	0.15¢
2011	2.0E7	6.93E6	68.70%	1.42	39.22%	50.79%	64.72%	0.21¢
2012	2.0E7	2.01E6	20.08%	0.96	14.66%	51.20%	63.36%	0.06¢
2013	2.0E7	1.04E6	10.34%	0.60	9.22%	46.83%	63.26%	0.03¢
2014	2.0E7	1.48E6	14.72%	0.61	28.67%	51.19%	62.36%	0.05¢
2015	2.0E7	−158.21E3	−32.96%	−1.38	4.65%	41.67%	64.34%	−0.10¢
2010−15	2.0E7	15.57E6	31.20%	1.00	39.22%	49.28%	63.30%	0.10¢

참고: 도식화 목적으로만 제공

연간 수익률은 다음과 같이 정의된다.

$$연간 수익률 = 연간 손익 / (평가 잔고 금액 / 2)$$

연간 수익률은 알파 전략의 수익성을 측정한다.

정보비율은 우리가 살펴볼 가장 중요한 단일 지표다. 이는 다음과 같이 정의된다.

$$정보비율 = (평균 일간 수익률) / (일간 변동성) * \sqrt{256}$$

정보비율은 알파 전략에 포함된 정보를 측정하는데, 이는 대략 알파 전략 수익성의 안정성을 의미한다(높은 것이 좋다).

최대 손실율max drawdown은 로컬 최댓값에서 후속 로컬 최솟값까지의 최대 고점 대비 바닥을 측정하는데, 전체 평가 잔고를 2로 나눈 (롱 혹은 숏 포지션) 값을 퍼센트로 표현한다.

수익이 발생하는 일수 비율은 양의 수익률이 연간 발생하는 비율을 퍼센트로 측정한다.

일일 매매회전율은 포트폴리오의 재조정 속도를 측정하며 다음과 같이 정의된다.

$$일일 매매회전율 = (매일 거래되는 평균 달러 금액) / 평가 잔고 금액$$

거래된 달러당 이익은 일간 달러 거래에서 얼마나 벌었는지를 측정하며 다음과 같이 정의된다.

$$일간 달러 거래당 이익 = 손익 / 전체 달러 거래 금액$$

알파 전략의 전체 정보비율이 대략 1이며 31.2%가량의 높은 수익률을 달성하지만, 39.22%의 매우 높은 최대 손실 폭을 가진다. 이는 위험이 매우 높기 때문에 손익이 그다지 안정적이지 않다는 것을 의미한다. 시뮬레이션된 최대 손실 폭을 줄이고자 몇 가지 잠재적 위험을 제거할 필요가 있으며, 몇몇 위험 중립화 기법을 사용함으로써 달성할 수 있다. 산업 위험과 시장 위험이 주식시장의 가장 큰 위험이다. 포트폴리오가 각 산업에서 롱숏 포지션에 균형을 유지하도록 함으로써 산업 위험을 부분적으로 제거할 수 있다.

다음과 같이 알파를 중립화한다.

합계(동일 산업 내 알파 2의 가치) = 0

이렇게 함으로써 그림 5.2와 같은 새로운 샘플 결과를 얻는다.

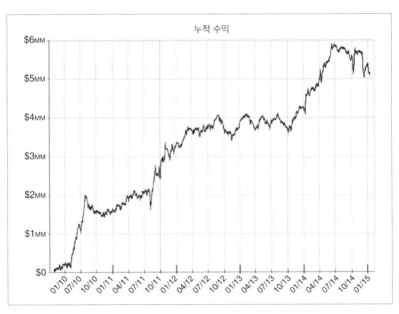

▲ **그림 5.2** 웹심을 활용한 알파 2의 샘플 시뮬레이션 결과

표 5.2에서 볼 수 있듯이 정보비율은 1.37이며 수익률은 10.22%로 감소하지만, 최대 손실 폭은 9% 미만으로 현저히 감소한다. 이것은 큰 발전이다.

알파 전략은 5일간 수익률인데, 예측변수로는 그리 정확하지 않다. 상대적인 크기가 더 정확할 수도 있다. 알파 개선을 위해 알파의 상대적 순위를 새로운 알파 값으로 사용하는 횡단면적 순위cross-sectional rank 개념을 도입한다.

$$알파\ 3 = 순위(알파\ 1)$$
$$합계(동일한\ 산업\ 내\ 알파\ 3의\ 가치) = 0$$

결과는 그림 5.3에 반영돼 있다.

표 5.3에서 볼 수 있듯이, 추가적으로 중요한 성과 개선이 이뤄졌다. 지금은 성과가 훨씬 좋아 보이지만 매매회전율은 여전히 조금 높다. 감쇄decay를 이용해 거래회전율을 줄일 수 있으며, 감쇄는 일정 기간 동안 알파 시그널을 평균화하는 것이다.

기본적으로 이것은 다음을 의미한다.

$$신규\ 알파 = 신규\ 알파 + 가중된\ 이전\ 알파$$

웹심에서 3일간의 감쇄를 시도하면 그림 5.4에 나타난 결과를 얻을 수 있다.

▶ 표 5.2 알파 2 시뮬레이션 그래프 평가

년도	북 크기	순익	연 수익률	정보비율	최대 손실율	수익 발생 일수(%)	일간 매매회전율	거래당 달러 수익
2010	2.0E7	1.59E6	17.30%	2.44	5.44%	51.30%	63.73%	0.05¢
2011	2.0E7	1.66E6	16.50%	1.81	5.27%	49.21%	63.85%	0.05¢
2012	2.0E7	518.24E3	5.18%	0.90	6.66%	55.20%	63.12%	0.02¢
2013	2.0E7	450.88E3	4.47%	0.80	4.97%	51.59%	62.99%	0.01¢
2014	2.0E7	1.11E6	11.02%	1.24	8.73%	53.17%	62.86%	0.04¢
2015	2.0E7	-231.40E3	-48.21%	-5.96	2.88%	33.33%	62.30%	-0.15¢
2010-15	2.0E7	5.10E6	10.22%	1.37	8.73%	51.92%	63.29%	0.03¢

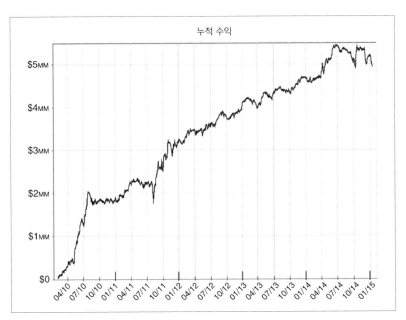

▲ **그림 5.3** 웹심을 활용한 알파 3의 샘플 시뮬레이션 결과

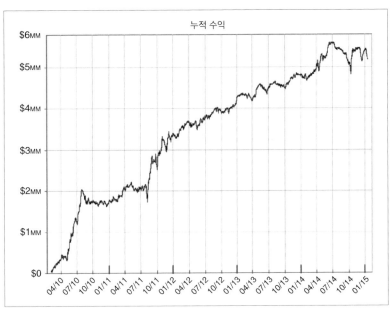

▲ **그림 5.4** 웹심을 활용한 신규 알파의 샘플 시뮬레이션 결과

▶ 표 5.3 알파 3 시뮬레이션 그래프 평가

년도	북 크기	손익	연 수익률	정보비율	최대 손실률	수익 발생 일수(%)	일간 매매회전율	거래당 달러 수익
2010	2.0E7	1.83E6	19.94%	3.43	3.11%	56.52%	59.43%	0.07¢
2011	2.0E7	1.34E6	13.30%	1.70	5.82%	53.17%	59.49%	0.04¢
2012	2.0E7	801.74E3	8.02%	1.89	1.93%	55.20%	58.94%	0.03¢
2013	2.0E7	692.73E3	6.87%	1.94	2.49%	53.57%	58.69%	0.02¢
2014	2.0E7	518.06E3	5.14%	0.93	5.43%	52.38%	59.20%	0.02¢
2015	2.0E7	-251.40E3	-52.37%	-10.45	2.78%	33.33%	59.59%	-0.18¢
2010–15	2.0E7	4.94E6	9.89%	1.76	5.82%	53.93%	59.15%	0.03¢

▼ 표 5.4 신규 일파 시뮬레이션 그래프 평가

년도	북 크기	손익	연 수익률	정보비율	최대 손실율	수익 발생 일수(%)	일간 매매회전율	거래당 달러 수익
2010	2.0E7	1.72E6	18.66%	3.09	4.11%	53.91%	42.48%	0.09¢
2011	2.0E7	1.61E6	15.94%	2.01	4.87%	51.19%	42.28%	0.08¢
2012	2.0E7	814.03E3	8.14%	1.90	2.05%	57.20%	42.09%	0.04¢
2013	2.0E7	643.29E3	6.38%	1.88	2.48%	54.76%	41.87%	0.03¢
2014	2.0E7	599.21E3	5.94%	1.03	7.74%	51.59%	42.09%	0.03¢
2015	2.0E7	−194.34E3	−40.49%	−7.20	2.58%	33.33%	41.82%	−0.19¢
2010−15	2.0E7	5.19E6	10.39%	1.82	7.74%	53.53%	42.15%	0.05¢

표 5.4는 훌륭해 보인다. 매매회전율이 줄어들었을 뿐만 아니라 정보비율, 수익률, 최대 손실율도 개선된다. 각 지점에서 알파의 성과를 평가한 후, 원래 아이디어로 돌아가 의미 있는 변화를 만들어냄으로써 성과를 더욱 향상시킬 수 있다.

결론

이 장에서는 알파 뒤에 숨겨진 논리를 설명하고, 몇 가지 아이디어를 제시 했으며, 아이디어를 수학적 표현으로 변환해 금융 포지션으로 변환하는 방 법을 논의했다. 또한 알파의 성과를 분석하고 개선하는 방법도 설명했다. 전체 알파 로직은 그림 5.5의 흐름도에 잘 요약돼 있다.

여러분은 알파를 향상시키는 더 많은 방법을 생각해볼 수 있다(단지 창의적 이 돼라). 다음 단계는 다른 아이디어와 데이터셋을 탐색해 정말 독특한 것 을 찾는 것이다. 독특한 아이디어는 다른 사람들보다 먼저 거래할 수 있고 잠재적으로 더 많은 이익을 얻을 수 있기 때문에 좋다.

행운을 빈다!

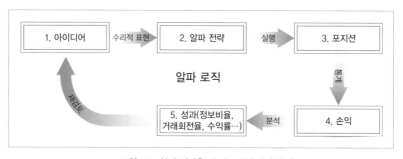

▲ **그림 5.5** 알파 전략을 만드는 다섯 가지 단계

데이터와 알파 설계

웨이지아 리(Weijia Li)

데이터는 알파 설계에서 중심적인 역할을 한다. 첫째, 백테스팅 시뮬레이션을 실행하려면 증권의 가격, 거래량 등과 같은 기본 데이터가 필요하다. 어떤 종류의 알파 아이디어를 검증해보려면 수익률, 샤프지수, 매매회전율과 같은 성과 통계 계산을 위한 기본적인 정보가 필요하다. 이러한 통계 정보 없이는 알파 아이디어가 좋은지 결코 알 수 없을 것이다. 둘째, 데이터 자체가 알파 아이디어를 자극시킬 수 있다(모든 알파 아이디어는 어떤 종류의 데이터와 연관돼 있다). 예를 들어, 일부 주식의 가격-거래량을 관찰함으로써 미래 예측을 위해 사용할 수 있는 역사의 반복 패턴을 발견할 수 있다. 만약 회사의 수익성 데이터에 접근할 수 있다면, 한 가지 투자 아이디어는 수익성의 변동에 근거해 주식을 거래하는 것이다.

이 장에서는 알파를 설계할 때 데이터를 효과적으로 사용하는 것을 논의한다. 일반적으로 데이터를 찾는 것이 알파 연구의 첫걸음이다. 데이터를 얻은 후에는 데이터의 사용 적합성을 검증하고자 일부 확인 검사를 수행해야 한다. 그런 다음 알파 연구를 시작할 수도 있다.

알파를 추구하는 데 도움을 주는 데이터를 발견하는 방법

알파 연구자에게 새로운 데이터를 찾는 것은 중요한 기술이다. 우리는 좋은 성과와 낮은 상관관계를 가진 알파 전략을 선호한다(새로운 데이터셋은 두 가지 목적을 모두 충족시킬 수 있다). 때때로 한 세트의 데이터로부터 시그널을 얻을 수 있지만, 개선하고자 최선을 다한 후에도 충분히 강하지 않을 수 있다. 만약 또 다른 종류의 데이터를 얻고 다른 각도에서 기업을 바라볼 수 있다면, 원래의 시그널을 개선할 수 있을 것이다. 우리는 알파 풀^{alpha} ^{pool}을 다양화하기 위해 항상 상관관계가 없는 알파를 만들길 원한다. 그러나 알파 아이디어가 다르더라도, 동일한 데이터셋으로부터 추출하는 시그널이 여전히 높은 상관관계를 가질 수 있다. 동일한 데이터가 사용됐기 때문에 시그널 사이에 본질적인 상관관계가 있을 수 있다. 만약 새로운 데이터셋을 갖게 되면, 새로운 아이디어와 데이터셋을 사용하는 새로운 방법에 영감을 줄 것이다. 이상적으로, 새로운 데이터셋에서 발견되는 알파 시그널은 다른 유형의 데이터를 기반으로 하는 시그널과 낮은 상관관계를 가질 것이다. 새로운 데이터를 사용함으로써 성과 향상과 다변화를 동시에 달성할 수 있게 된다.

문헌 데이터

새로운 자료를 만들어내는 것은 좋지만, 어떻게 새로운 자료를 얻을 수 있을까? 가능한 많은 출처가 있다. 가장 흔한 것은 학계 연구다. 인터넷에서 '주식 수익률'을 검색하면 '비정상 수익률'(즉, 알파율)을 포착하는 방법을 정립한 수천 개의 논문을 찾을 수 있다. 이 논문들에서는 연구에 사용된 데이터, 즉 가격-거래량, 펀더멘털, 기업 이익 등을 배운다. 일단 그 데이터를 얻으면, 알파 개발을 위해 논문에서 사용된 것과 같은 방법을 시도할 수 있다. 인터넷에서 공개적으로 이용할 수 있는 콘텐츠를 검색해 정보를 찾는 것도 가능하다. 데이터가 잘 알려지지 않을수록 더 가치가 있을 수 있다는 점을 명심하라. 자료가 잘 알려지면 많은 사람이 유사한 알파 모델을 갖고 있을 수 있으며, 이는 점차적으로 알파의 기회가 사라지고 있다는 것을 의미한다. 다만 데이터가 인기가 있더라도 우리가 원하는 방식으로 적용한 사람이 한 명도 없을 가능성이 있을 때는 여전히 유용하다.

데이터 공급업체로부터 획득한 데이터

데이터는 그 자체로 가치가 있으므로, 데이터를 제공하는 것은 하나의 사업이다. 데이터 수집, 구문 분석, 처리, 전달을 전문으로 하는 데이터 공급업체가 많다. 데이터가 단순할 경우 데이터 공급업체는 가격, 거래량과 같은 수집한 원시 데이터만 제공할 수 있다. 때때로 데이터 공급자는 고객에게 데이터를 제공하기 전에 구문 분석과 처리를 한다. 펀더멘털 데이터가 그 예다. 뉴스, 트위터 게시물 등과 같은 비정형적이면서도 정교한 데이터의 경우 공급업체는 일반적으로 원시 데이터의 내용을 분석하고자 자연어 처리 기술$^{natural\ language\ processing\ technique}$을 적용한다. 오직 사람이 읽을 수 있는 원시 데이터 대신에 고객의 머신이 읽을 수 있는 데이터를 제공한다. 일부 공급업체는 심지어 알파 모델을 직접 판매하기도 한다(이것은 데이터 자체가 알파 모델의 결과물이라는 것을 의미한다). 고객들은 데이터를 업로드하고 그것에 따라 거래하기만 하면 된다. 그러나 이러한 알파 모델은 같은 공급업체의 많은 고객이 동일한 모델을 거래하고 있어 과적합(또는 과밀)돼 있으므로 위험하다. 이러한 위험을 피하기 위해 모델 사용자는 데이터가 발표된 이후 표본 외 샘플로 신중하게 검증하고, 단순하지 않은 방법으로 사용해야 한다.

데이터 검증

알파 연구자들이 새로운 데이터를 얻었으면 시그널을 확인하기 전에 먼저 데이터의 사용 가능성을 확인해야 한다. 알파 시뮬레이션에서 데이터 전달

시간은 매우 중요한 요소다. 타임스탬프가 없으면 어떤 데이터도 소용없다. 이것은 데이터 포인트가 생성되는 시간을 알지 못하면, 데이터 포인트의 진행 상황을 효과적으로 도표화할 수 없기 때문이다. 본질적으로 데이터를 맹목적으로 사용하고 있으므로, 정확한 타임스탬프가 있어야 정확한 시뮬레이션을 할 수 있다. 데이터가 실제로 이용 가능하기 전에 사용하려고 시도하면, 미래지향적 편향forward-looking bias을 갖게 된다. 이것은 알파 성과가 시뮬레이션에서는 놀라울 만큼 좋아 보이지만, 실제 트레이딩에서는 실현 불가능함을 의미한다. 만약 데이터를 즉시 사용하지 않는다면 알파는 잠재력을 발휘하지 못할 것이다. 예를 들어 애플의 실적이 예상을 초과한다면, 다른 조건이 동일할 경우 주가가 상승할 가능성이 가장 높다. 즉, 애플이 실적을 발표할 때가 애플 주식을 매수하기에 좋은 시기일 것이다. 그러나 만약 애플 주식을 매수하기 위해 일주일을 기다렸더라면, 이미 좋은 소식이 주식의 가격에 반영됐기 때문에 그러한 수익을 실현할 수 없었을 것이다. 따라서 알파 연구에 사용하는 모든 데이터셋에 대해 데이터 전달 시간 표시data delivery timeline를 알아보고, 데이터가 사용 가능한 경우에만 데이터에 접근할 수 있도록 주의를 기울여야 하며, 미래 지향적인 편향이 없는 의미 있는 시뮬레이션 결과를 얻을 수 있도록 해야 한다. 또한 데이터가 알파 창출을 계속 지원할 수 있는지, 즉 신뢰할 수 있는 일정에 따라 데이터가 미래에 생성될 수 있는지 확인할 필요가 있다. 때때로 데이터 생산자가 데이터 생성을 중단한다는 것을 알게 된다. 이 경우에는 실시간으로 더 많은 데이터를 얻을 수 있는 방법이 없으므로 알파 전략에 해당 데이터를 사용할 수 없다.

또 다른 가능한 문제는 생존 편향이다. 데이터 공급업체가 성과가 좋은 알파 모델을 제안한다고 해서 모델의 미래 성과가 좋은 것은 아니다. 공급업체가 이 단일 모델을 선택하기 전에 얼마나 많은 모델을 개발하고 검증했는지 알 수 없기 때문이다. 만약 공급업체가 1,000개의 모델을 시도했는데

단 한 가지만 생존했다면, 우리는 생존 편향에 직면할 수 있다. 해당 편향은 공급업체가 유발한 것으로 우리가 통제할 수 없다. 이 경우 데이터셋에 대해 표본 외 검증이 유용할 수 있다. 표본 외 검증은 통제된 유니버스에서 실행되지 않았기 때문에 우수한 성과는 알파 시그널의 강건성을 나타내는 좋은 지표다.

과거 시뮬레이션에서는 하나의 특정 데이터가 전체 알파 시그널을 죽일 수 있다. 실제 운용에서 데이터가 항상 정확하다고 가정하는 것은 매우 위험하다. 데이터가 잘못될 경우 알파 시그널을 왜곡하고 상당한 손실을 초래할 수 있다. 알파 설계에 데이터를 사용하는 경우에는 항상 확인 검사를 해야 한다. 알파 코드에서 이상치를 제거하는 등 기본적인 점검을 해야 한다. 이러한 기본적인 안전장치로 알파가 더욱 강건해질 것이다.

사용하기 전에 데이터 이해

알파 연구는 데이터에 대한 깊은 이해를 기초로 한다. 몇 가지 간단한 데이터의 경우, 알파 전략 하나를 만들기 위해 숫자를 분석하는 것만으로도 괜찮을 수 있다. 그러나 복잡한 데이터의 경우 깊은 이해가 알파 연구에 본질적인 차이를 만든다. 때때로 추가적인 지식을 습득할 필요가 있다. 수백 가지 근본적인 요인을 이해하려면 기업재무에 관한 몇 가지 개념을 배워야 한다. 데이터를 완전히 이해해야만, 좀 더 강력하고 생존할 가능성이 높은 알파 아이디어를 생각해낼 수 있다.

빅데이터 시대의 도래

오늘날 이용 가능한 데이터는 다양성, 규모, 속도 면에서 폭발적으로 증가하고 있다. 과거에 거래자들은 주식 가격을 예측하는 데 가격-거래량과 기초 데이터만을 고려했을 수 있다. 오늘날에는 더 많은 선택이 있고, 이로써 많은 흥미로운 아이디어를 창출할 수 있다. 캄스트라 등(Kamstra et al., 2002)은 사드(SAD^{Seasonal Affective Disorder}) 효과를 제시했다. 허슐리퍼와 썸웨이(Hirshleifer and Shumway, 2003)는 한 국가의 주요 증권거래소를 비추는 아침 햇살을 활용해 그날 주요국 증시의 시장지수 수익률을 예측할 수 있다. 프리스 등(Preis et al., 2013)은 구글 트렌드 데이터를 활용해 '326%의 수익률 대 16%의 수익률'이라는 시장을 크게 이기는 알파 전략을 개발했다.

매일 엄청난 양의 데이터가 생성된다. 미국 주식시장의 경우 레벨 1 틱 데이터는 하루에 약 50기가바이트, 레벨 2 틱 데이터는 하루에 100기가바이트를 초과한다. 소셜 미디어가 또한 많은 데이터를 제공하는데, 트위터 사용자들은 평균 연령에 따라 매일 5억 개의 트윗을 보낸다.

오늘날은 데이터가 빠르게 생성된다. 초단타 매매 트레이딩 회사는 지연 시간을 한 자릿수 마이크로 초 단위로 측정할 수 있다. 데이터 공급업체는 더 많은 고객을 확보하고자 데이터 속도를 무한대로 높이고 있다.

데이터를 처리할 수 있다면, 더 많은 데이터가 항상 더 낫다. 급증하는 데이터를 관리하는 것은 매우 어려운 일이며 저장 장치, 컴퓨팅 머신, 맞춤형 데이터베이스 등의 비용을 고려해야 한다. 하지만 만약 데이터가 정확하고 효율적으로 사용될 수 있다면, 더 나은 알파 전략을 도출하는 것을 목표로 삼을 수 있다.

결론

알파 연구에서 항상 양질의 데이터를 찾는 것은 높은 우선순위를 가진다. 이용 가능한 데이터 유형이 다양하므로 알파 연구에 가장 적합한 데이터를 찾는 것이 어렵지만, 성공하면 그 보상이 상당할 수 있다. 정보가 풍부한 데이터셋은 많은 알파 아이디어에 영감을 주고, 많은 알파 전략을 이끌

어낸다. 좋은 데이터 출처 하나가 알파나 포트폴리오의 성과에 큰 차이를 가져올 수 있다. 따라서 데이터 검색, 데이터 정리, 데이터 처리 등에 대한 투자는 알파 전략의 생성에서 중요한 부분이다.

매매회전율

프라틱 파텔(Pratik Patel)

일반적으로 정보비율(IR)과 정보계수(IC) 같은 지표로 알파 예측의 정확성과 그 질적 수준을 측정한다. IR은 벤치마크 대비 초과 수익을 초과 수익의 변동성으로 나눈 비율이다. 그 이면의 개념은 높은 알파와 낮은 변동성을 가진 알파 전략은 일정 기간 동안 미래 수익을 일관되게 잘 예측하는 것이다. IC는 예측 값과 실현 값 사이의 상관관계를 측정하는데, 이 값 1.0은 완벽한 예측 능력을 나타낸다.

알파 전략을 평가하는 맥락에서 높은 IR과 높은 IC는 분명 바람직하지만, 대부분의 경우 실제 세계의 제약 조건을 고려하지 않고 알파 전략의 예측 능력을 측정한다. 유동성이 무궁무진하고, 거래가 자유로우며, 우리 자신 외에는 다른 시장 참여자가 없다고 가정한다. 그러나 실제 거래 전략은 특정 제약 조건을 준수해야 하므로, 예측을 잘 수행하는 알파 전략이 시장 상황에 대한 합리적인 가정도 충족한다면 더 폭넓게 활용될 것이다.

알파 기간

새로운 정보를 이용할 수 있게 되면 예측은 수정된다. 주식이 한 틱이 움직이거나 애널리스트가 추천을 수정했거나 기업 실적이 발표되면, 이러한 정보 변화로 거래 활동이 촉진된다. 이 거래 활동을 매매회전율(거래된 총 시장가치를 보유 총시장가치로 나눈 값이다.)로 측정한다. 기업의 주식 가격이 해당 기업의 주당이익보다 훨씬 더 자주 변동하기 때문에 주식 가격의 움직임에 바탕을 둔 알파(예: 가격 회귀) 전략은 보통 회사 펀더멘털에만 근거한 알파 전략보다 높은 매매회전율을 가진다. 더 많은 기회를 제공하기 때문에, 일반적으로 가격에 기반한 알파 전략의 IR과 IC가 펀더멘털에 기반한 알파 전략보다 높은 경향이 있음을 발견한다.

좀 더 구체적으로 말하면, 알파 전략의 매매회전율은 예측 시간과 관련이 있다(즉, 가격 이동이 예측되는 미래의 시간과 관련돼 있다). 예를 들어 5일을 목표로 하는 알파 전략은 지금부터 5일 후의 가격 움직임을 예측하는 것을 목표로 한다. 또한 시간이 길어질수록 불확실성이 커진다는 것을 발견한다 (기상학자는 내일 날씨를 지금부터 두 달 후의 날씨보다 훨씬 더 정확하게 예측할 수 있고, 우리는 내년 이맘때 우리가 무엇을 할 것인지보다 다음 주에 무엇을 할 것 인지를 더 잘 예측할 수 있다). 급변하는 정보를 활용하고 그에 상응하는 대응을 할 수 있는 능력이 일반적으로 예측을 높인다. 마찬가지로 알파 연구에서 예측 기간이 짧고 매매회전율이 높은 알파 전략이 매매회전율이 낮고 예측 기간이 긴 것보다 예측 능력이 더 좋을 것으로 예상한다.

다만 기간이 짧아질수록 실행하는 데 필요한 시간이 제약되는 것도 분명하다. 예측 기간 5일짜리 알파 전략을 사용하는 트레이더는 이 가격 움직임을 완전히 잡기 위해 오늘 거래를 해서 5일 후에 거래를 정리해야 한다. 이에 비해 예측 기간이 3개월인 알파 전략은 거래 간 가격 움직임을 포착하기 위한 시간이 훨씬 길어져 같은 기간에 매매 건수가 적고, 매매회전율도 감소한다. 매우 단기적인 알파 전략(예: 초에서 분)의 경우, 원하는 포지션을 구축하기 위해 호가를 뛰어넘어 거래해야 하므로 높은 거래비용이 발생한다. 긴 거래 실행 시간과 긴 예측 기간이 더 나은 실행 최적화와 더 많은 거래를 가능하게 한다. 또한 시장 충격 때문에 발생하는 비용이 수익보다 커지기 전에 많은 자본을 투자하는 것이 가능하다.

거래에 수반되는 비용

모든 거래에는 비용이 발생한다. 주식을 살 때는 중개인에게 수수료를 지불할 뿐만 아니라, 스프레드spread 비용도 지불한다. 매수자가 제시하는 가장 높은 가격(매수호가)은 일반적으로 매도자가 받아들이려고 하는 최저 가격(매도호가)보다 낮다. 이것이 매수-매도 호가 스프레드bid-ask spread다. 양의 수익률을 실현하려면 매수한 주식을 더 높은 가격에 매도하거나, 공매도의 경우 차입한 주식을 매도한 가격보다 더 낮은 가격에 매수해야 한다.

우리는 이러한 비용이 시장이나 투자 유니버스의 유동성에 비례할 것으로 기대한다. 유동성이 풍부한 시장에서는 스프레드가 매우 타이트하게 유지되는데, 매수자와 매도자의 관심이 어느 때보다 많기 때문이다. 매수자는 매수호가를 올리기 위해 스프레드를 넘어서 거래하고, 매도자는 일반적으로 유리한 가격 이동을 이용하고 매도 가격을 다시 낮출 수 있다. 반면 유동성이 낮거나 투자자의 관심이 한쪽에 집중될 때는 가격이 더 쉽게 움직여서 변동성이 커지고 스프레드 폭이 넓어진다. 미국 주식시장에서 유동성이 풍부한 상위 500대 주식은 스프레드가 평균 5bps다. 이에 비해 동남아시아와 같은 소규모 시장은 평균적으로 25~30bps의 스프레드만큼 확산될 수 있다.[1] 거래비용은 이들 시장에서 훨씬 더 높기 때문에 알파 기간과 매매회전율이 해당 시장에 적합한지 이해하는 것이 중요하다. 이러한 시장은 효율성이 떨어지고(즉, 변동성이 높아짐) 더 큰 수익 기회가 있다는 주장이 제기될 수 있다. 알파 전략의 수익이 거래비용을 정당화하면 이는 확실한 사실이다.

---

1   웹심 시뮬레이션 결과에 근거한 추정량이며, 단지 참고용으로만 언급했다.

알파 전략에 거래비용을 부과할 때, 투자 기간이 긴 알파 전략은 짧은 전략에 비해 전체적인 거래비용이 낮다는 것을 확인할 수 있다. 더욱이 비록 비용 고려 이전에는 그 반대일 수 있지만, 투자 기간이 긴 알파 전략이 짧은 알파 전략보다 전체적인 성과를 향상시킬 수 있다. 일단 현실 세계에 제약이 가해지면 전체 그림은 매우 다르게 보일 수 있으므로 연구 과정에서 이 점을 염두에 두는 것이 유익하다.

알파 설계 시 이 효과를 설명하고자, 가격과 거래량 데이터를 사용해 다음 날 가격을 예측하는 두 가지 가상의 거래를 고려한다. 두 개의 알파 전략은 동일한 일련의 지침에 따라 작동하며, 두 전략 모두 동일한 수익률과 IR을 갖고 있다고 가정해보자. 첫 번째 전략은 최근의 변동성을 바탕으로 금융상품에 투자하고, 두 번째 전략은 현재의 시장 규모를 기준으로 투자한다.

$$\alpha 1 = \text{std}(수익률)$$
$$\alpha 2 = \log(거래량)$$

첫 번째 전략은 변동성이 높은 금융상품에 투자하고 있으며, 변동성이 높은 주식은 거래량이 적고 스프레드가 확대돼 있기 때문에 이런 수익률을 실제 수익으로 전환하는 데 어려움이 있어 많은 투자 금액을 할당하는 전략을 실행하기가 어렵다. 한편, 두 번째 전략은 유동성이 풍부한 대형주에 투자하고 실제적인 거래를 가정했을 때 더 나은 성과를 낼 가능성이 있다. 또한 거래량 데이터가 가격 변동성에 비해 시간이 지남에 따라 더 안정적이라고 가정한다면, 두 번째 전략의 매매회전율이 낮기 때문에 그 매력이 더욱 높아질 것으로 예상할 수 있다.

호가 교차 효과
그렇다면 우리는 알파를 평가할 때 비용 차감 후 성과만을 고려해야 하는

가? 왜 비용 차감 전 알파를 평가하는 데 신경을 쓰는가? 모든 알파에 거래 비용을 반영하면 문제가 해결되지 않을까? 불행하게도, 그것은 그렇게 간단하지 않다. 일반적으로 개별 알파는 너무 약하고 스스로 전략을 잘 수행할 가능성이 낮다. 즉, 수익성이 높은 거래 전략을 구축하기 위해 포트폴리오 매니저는 여러 개의 알파 전략을 결합해야 한다. 다양한 많은 알파 전략을 결합하면 거래비용과 기타 거래 제약을 극복할 가능성이 높은 좀 더 강력하고 충분한 정보를 바탕으로 한 예측을 하게 된다. 다양한 알파 전략은 여러 아이디어, 방법, 데이터를 필요로 하기 때문에 상이한 매매회전율을 가진 알파가 발생한다. 다른 방법으로 말하자면 알파 매매회전율에 차이가 있다. 서로 다른 투자 기간을 가진 알파는 다른 유형의 정보를 고려할 가능성이 높으며, 이것은 더 낮은 상관관계를 초래할 수 있다.

여러 알파 전략을 단일 투자 전략으로 결합하면, 알파 전략이 만들어내는 반대 방향의 매매 거래는 '크로스cross'로 거래 가능하다. IBM 주식 200주를 매입하려고 하고, 반대 견해를 가진 IBM 주식 300주를 매도할 것을 제안하는 두 가지 결합된 알파 전략을 고려해보자. 두 알파 전략의 동일한 가중치가 1이라고 가정할 때, 결과적으로 결합된 거래는 IBM 주식 100주를 팔 것이다. IBM 주식 200주를 크로스하면 거래비용이 발생하지 않는다. 해당 거래가 주식시장에서 매매되지 않기 때문에 비용이 들지 않는다. 비용은 거래할 100주에만 발생한다.

알파 전략 사이에 적절한 크로스가 있는 경우, 결과적으로 결합된 알파 전략의 매매회전율과 총거래비용이 개별 알파 집합의 매매회전율과 거래비용보다 낮을 수 있다. 이런 식으로, 여전히 높은 매매회전율을 갖고 있는 알파 전략을 이용해 거래비용을 통제하면서 예측력을 높일 수 있다. 비록 개별적인 알파 전략에 거래비용을 부과하고 알파 전략의 성과가 어떻게 될지 확인하는 것이 실행 가능한 검증이지만, 지나치게 엄격한 요구 조건을 부과하게 되면 매우 제한적이고 한계가 있는 결과를 얻을 것이다. 매매회전율은 여전히 개별 알파 전략에서 통제돼야 하며, 이러한 교차 효과로 인해 알파를 결합한 전략의 성과가 현저하게 좋다면 비용 차감 후 성과는 덜 중요할 것이다.

매매회전율 통제

정보는 항상 변하고 있지만, (1) 모든 유형의 정보가 동일한 속도로 변경되는 것은 아니며, (2) 모든 정보가 특히 유용하지는 않다. 예를 들어, 우리의 알파 시그널은 단지 기초적인 데이터일 뿐 특별한 변환은 없다고 가정해보자.

$$\alpha = \text{데이터}$$

데이터는 예측이며, 데이터 빈도가 알파 전략의 매매회전율을 이끄는 것은 분명하다. 데이터가 많이 변할수록 매매회전율은 높아진다.

극단적으로, 데이터가 각 주식의 일일 가격이라고 가정하자. 가격이 올랐다면 살 것이고, 이미 내려갔다면 팔 것이다. 거의 모든 거래에서 가격이 변하기 때문에 알파 전략에 높은 매매회전율을 기대할 수 있다. 하지만 시장에서 대부분의 거래는 중요하지 않다는 것을 알고 있으며, 우리가 원하는 것보다 훨씬 더 많이 거래할 가능성이 있다. 그로 인해 알파 전략이 평균적으로 손해를 볼 가능성이 높다.

한편 분기별 회사 발표는 매년 몇 차례만 발생하며, 이 데이터만을 바탕으로 예측하는 알파는 당연히 거래 기회가 적고 매매회전율이 낮을 것이다. 그러나 이 데이터는 본질적으로 적다. 만약 이 사실에 주의를 기울이지 않는다면, 알파 전략의 일일 매매회전율을 그래프에 그려보면 분기별 이벤트를 중심으로 거래 급증세가 보인다. 이것은 알파 전략이 분기 지점에서 매우 빠르게 실행되고 잠재적으로 너무 빨리 거래하고 있다는 것을 암시한다. 그러한 알파 전략은 긴 투자 기간을 갖고 있으므로 이런 거래 급증은 차선책일 수 있다. 따라서 자연적으로 낮은 매매회전율을 가진 알파 전략 조차도 데이터를 평활화하고 장시간에 걸쳐 거래를 분산시킴으로써 개선의 여지가 있을 수 있다. 이 책은 데이터를 처리하고 변환하는 다양한 방법에 관한 시그널 처리와 유사 분야로 작성됐다. 이 목적을 달성하기 위해 몇 가지 간단하고 수준 높은 접근법이면 충분하다.

첫째, 매우 큰 데이터 값이 유의한지 또는 이상 징후인지(즉, 이상치) 판단하는 것이 유용하다. 테스트 결과 이상치가 실제로 있는 경우, 이를 줄이는 한 가지 방법은 미리 정의된 최솟값과 최댓값으로 큰 데이터를 줄임으로써 데이터를 간단히 클램프^{clamp}하는 것이다.

$$\alpha = 클램프(데이터, 최솟값, 최댓값)$$

데이터 경계는 데이터 분포의 백분위수 또는 일부 표준편차와 같은 다양한 방법으로 선택할 수 있다. 접근법과 관련 파라미터는 데이터의 특성에 따라 달라지며, 몇 가지 합리적인 접근법만 시도하고 과적합을 방지하기 위해 주의하면서 백테스팅을 활용해 평가할 수 있다.

반면 데이터의 가장 작은 변화가 불필요한 거래를 유발할 수 있다. 여기서 이러한 작은 움직임들은 우리가 데이터에서 제거해야 하는 잡음일 뿐이라고 가정한다. 테스트에서 데이터의 작은 변화가 완전히 불필요하며, 변화가 심각하게 유의하시 않으면 전혀 거래하지 않는다. 한 가지 간단한 접근 방식은 임계값(또는 '험프^{hump}')을 초과하면 변경하고, 그렇지 않으면 이전 값을 보존하는 것이다.

$$\text{델타} = \text{데이터}_{t-1} - \text{데이터}$$

$$\text{험프 델타} = \text{험프}(\text{델타, 임계값})$$

$$a = \text{데이터}_{t-1} + \text{험프 델타}$$

여기서, 절댓값(델타)이 임계값보다 작을 경우 험프 델타는 0이다. 이는 궁극적으로 제공된 임계값보다 작은 데이터의 모든 변화를 제거하며, 알파 전략의 매매회전율이 감소할 것이다. 그러나 험프 접근 방식은 더 집중적인 거래 형태를 낳는다. 알파 값이 임계값을 넘을 때까지 일정 기간 동안 변하지 않을 것이며, 그 시점에서 큰 거래가 발생할 것이다. 이것이 바람직한 효과라면 아무 문제가 없다. 다른 경우에는 지수 이동 평균을 사용해 트레이딩을 완전히 중단하지 않고 평활^{decayed}할 수 있다.

$$a = \beta * \text{데이터}_t + (1 - \beta) * a_{t-1}$$

혹은 단순 이동 평균이나 가중 이동 평균을 사용한다.

$$a = \beta * \text{데이터}_t + \beta_1 * \text{데이터}_{t-1} + \cdots + \beta_n * \text{데이터}_{t-n}$$

이러한 접근 방식은 매매회전율에 비슷한 감소 효과를 제공할 수 있지만 거래 형태는 더 부드러워진다. 이러한 방식으로 시그널을 느리게 할 때, 사용할 방법과 파라미터를 결정하는 것은 데이터와 알파 투자 기간에 따라 달라진다. 세심한 실험과 백테스팅으로 이상치와 노이즈가 감소하고, 시그널이 매끄러워지고, 매매회전율이 낮아지고 성과가 향상되는 최적의 지점을 선택할 수 있다. 그러나 매매회전율을 너무 많이 줄이면(즉, 알파 투자 기간을 넘어) 수익 포착에 필요한 지점 이상으로 시그널이 느려지기 때문에 성과가 저하된다. 투자 기간이 짧은 더 빠른 이동 시그널은 투자 기간이 긴 시그널보다 더 적은 감쇠를 견딜 수 있으므로 수익률과 매매회전율 간 상충 관계를 최적화하는 것이 중요하다.

예제

매매회전율이 비용에 미치는 영향을 설명하고자 모든 가격이 결국 평균 가격으로 되돌아간다고 가정하는 5일 회귀 알파를 생각해보자. 지난 5일 동안 가격이 오른 주식을 매도하고 가격이 내린 주식은 매수하는 간단한 투자 전략 실행이다.

$$a = -1 * (종가_t - 종가_{t-5})$$

두 가지 버전의 알파 전략이 그림 7.1에 나타나 있다. 첫 번째는 산업별로 중립화된 미국 시장에서 가장 유동성이 많은 종목 3,000개로 운용한 것이다. 두 번째는 상위 1,000개의 유동성이 높은 주식으로만 운용한 것이다. 그래프는 비용 전후의 성과를 보여준다(즉, 백테스팅에서 모든 거래에 스프레드 비용 절반을 부과하는 것).

비용 차감 전 알파 전략 하나를 평가할 때는 일반적으로 큰 유니버스가 정보비율을 개선할 것이라는 점을 알 수 있다(더 큰 유니버스에서 더 많은 베팅을 할 수 있고, 이는 포트폴리오를 다양화하고 잠재적 위험을 줄이는 데 도움이 된다). 그러나 거래의 추가 비용을 고려할 때 성과가 상당히 다르게 보인다는 것을 알 수 있다. 범위가 넓고 유동성이 떨어지는 유니버스에서 거래 비용이 훨씬 더 높다. 그래프 아래 통계표에서 ($pnl/$traded)의 마진을 비교하면 상위 1,000개 종목에서 사후 마진이 약 4bps만큼 악화되는 것을 볼 수 있다. 상위 3,000개 주식에는 유동성이 적고 그에 따라 비용이 더 높은 주식들이 포함돼 있으므로, 두 포트폴리오 모두 거의 비슷한 매매회전율을 갖고 있음에도 불구하고 거의 10bps에 달하는 훨씬 더 악화된 수익률을 볼 수 있다. 알파 전략의 유동성은 매매회전율 관련 비용을 결정하는 데 큰 역할을 한다.

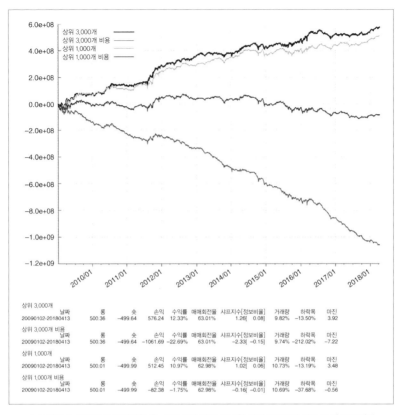

상위 3,000개								
날짜	롱	숏	손익	수익률	매매회전율	샤프지수[정보비율]	거래량	하락폭	마진
20090102-20180413	500.36	-499.64	576.24	12.33%	63.01%	1.26[0.08]	9.82%	-13.50%	3.92

상위 3,000개 비용								
날짜	롱	숏	손익	수익률	매매회전율	샤프지수[정보비율]	거래량	하락폭	마진
20090102-20180413	500.36	-499.64	-1061.69	-22.69%	63.01%	-2.33[-0.15]	9.74%	-212.02%	-7.22

상위 1,000개								
날짜	롱	숏	손익	수익률	매매회전율	샤프지수[정보비율]	거래량	하락폭	마진
20090102-20180413	500.01	-499.99	512.45	10.97%	62.98%	1.02[0.06]	10.73%	-13.19%	3.48

상위 1,000개 비용								
날짜	롱	숏	손익	수익률	매매회전율	샤프지수[정보비율]	거래량	하락폭	마진
20090102-20180413	500.01	-499.99	-82.38	-1.75%	62.98%	-0.16[-0.01]	10.69%	-37.68%	-0.56

▲ **그림 7.1** 업종별로 중립화한 후, 유동성이 가장 풍부한 상위 3,000개 미국 주식 종목에서
5거래일 평균 회귀 전략의 성과와 유동성이 풍부한 상위 1,000개 종목의 동일한 전략을 비교한 예제

해당 알파 전략의 하루 매매회전율은 약 63%다. 지난 20시간 동안 선형
감쇠된 방법을 사용해 해당 전략의 매매회전율을 제어하려고 할 때 알파
의 특성이 어떻게 변하는지 살펴보자.

$$a = \beta * \text{데이터}_t + \beta_1 * \text{데이터}_{t-1} + \cdots + \beta_n * \text{데이터}_{t-n}$$

그림 7.2는 알파 디케이 버전의 이전과 이후 성과를 보여준다. 비용 차감
전 일부 성과를 희생하면서 매매회전율이 현저히 낮아진다(63%에서 19%

로). IR과 수익은 모두 원래 버전보다 낮다. 더 중요한 것은 디케이로 인해 마진이 실질적으로 증가(3.9bps에서 9.02bps로 증가)해 비용 차감 후 성과가 크게 향상된다는 점이다.

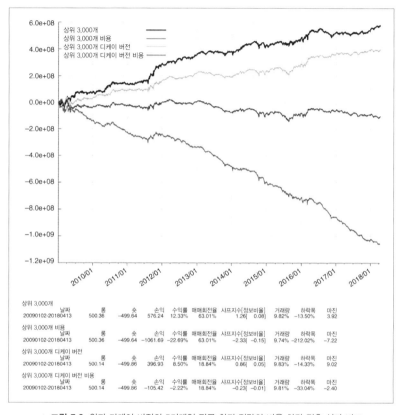

상위 3,000개

	롱	숏	손익	수익률	매매회전율	샤프지수[정보비율]	거래량	하락폭	마진
날짜 20090102-20180413	500.36	-499.64	576.24	12.33%	63.01%	1.26[0.08]	9.82%	-13.50%	3.92

상위 3,000개 비용

	롱	숏	손익	수익률	매매회전율	샤프지수[정보비율]	거래량	하락폭	마진
날짜 20090102-20180413	500.36	-499.64	-1061.69	-22.69%	63.01%	-2.33[-0.15]	9.74%	-212.02%	-7.22

상위 3,000개 디케이 버전

	롱	숏	손익	수익률	매매회전율	샤프지수[정보비율]	거래량	하락폭	마진
날짜 20090102-20180413	500.14	-499.86	396.93	8.50%	18.84%	0.86[0.05]	9.83%	-14.33%	9.02

상위 3,000개 디케이 버전 비용

	롱	숏	손익	수익률	매매회전율	샤프지수[정보비율]	거래량	하락폭	마진
날짜 20090102-20180413	500.14	-499.86	-105.42	-2.22%	18.84%	-0.23[-0.01]	9.81%	-33.04%	-2.40

▲ **그림 7.2** 알파 디케이 버전의 5거래일 평균 회귀 전략의 비용 차감 전후 성과 비교

하지만 상위 1,000개의 비용 차감 알파가 상위 3,000개를 상회하고 상위 3,000개 버전은 매매회선율을 줄인 후에도 비용 차감 후 성과가 좋지 않지만, 이는 상위 3,000개 알파가 유용하지 않다는 것을 의미하지 않는다. 앞에서 언급한 바와 같이, 개별 알파는 전형적으로 스스로 비용을 차감한 후에 좋은 성과를 낼 만큼 충분히 강력하지 않다. 전략 구축의 핵심 요인은

합칠 때 알파 전략 간에 교차가 일어나는 효과다. 더 많은 증권이 포함된 투자 유니버스는 당연히 교차 확률이 더 높을 것이고, 더 넓은 유니버스의 비용 차감 전 성과는 일반적으로 소규모 투자 유니버스의 성과를 능가한다. 이는 투자 전략과 포트폴리오 수준에서도 마찬가지다.

교차 빈도도 알파 전략의 매매회전율에 따라 달라진다. 더 빠른 거래 프로파일을 가진 알파 전략은 평균적으로 더 균일한 거래를 하는 사람들보다 교차 기회를 적게 가질 것이다. 예를 들어 5일간의 회귀 알파는 시장 변동성이 일정하게 유지되는 한, 일반적으로 매일 비슷한 금액을 거래할 것이다. 한편, 이익-모멘텀 알파earnings-momentum alpha 전략은 기업 이익 발표 시기를 전후해 거래도 급증하면서 순환적 매매 패턴을 보일 가능성이 높다. 다음의 알파 전략을 생각해보자. 기업 이익 발표 N일 전에 주식 롱 포지션을 취한다.

$$a = 1 \text{ if } (0 < \text{기업 이익 발표 전 일수} < N), \text{ 아니면 } 0$$

업종별로 중립화된 유동성이 가장 풍부한 상위 3,000개 미국 주식 종목의 성과는 그림 7.3과 같다. 평균 매매회전율 35%는 회귀 알파의 매매회전율 63%에 훨씬 못 미친다. 그러나 그림 7.4는 알파 전략의 일간 매매회전율을 나타내며, 비록 이익-모멘텀 알파 전략은 평균적으로 낮은 매매회전율을 보이지만 매년 몇 차례 더 높은 매매증가율을 보여준다.

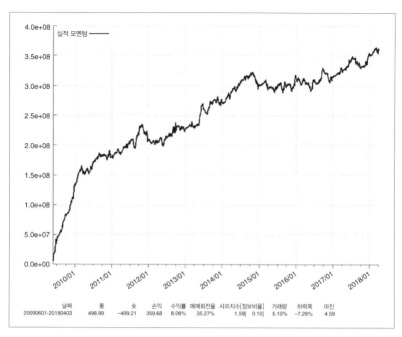

날짜	롱	숏	손익	수익률	매매회전율	샤프지수[정보비율]	거래량	하락폭	마진
20090601-20180403	498.99	−499.21	359.68	8.08%	35.27%	1.59[0.10]	5.10%	−7.28%	4.59

▲ **그림 7.3** 업종별로 중립화한 후, 유동성이 가장 풍부한
상위 3,000개 미국 주식 종목의 알파 전략 성과

알파 전략의 유동성, 매매회전율, 거래 패턴을 시각화하고 분석하는 것은
유용한 통찰력을 제공할 수 있다. 이 예제에서 매매회전율이 적은 날에 거
래하는 것이 의미 있는 가치를 창출하고 있는지, 또는 걸러내야 하는지, 혹
은 급작스러운 (이변) 거래를 하기보다는 며칠에 걸쳐 점진적으로 거래함
으로써 스파이크^{spike}를 완화시킬 수 있는지 등을 검토할 필요가 있을 것이
다. 알파 전략의 특성과 거래 행위를 이해하면 예측 능력이 향상된다. 또한
실제 현실 세계의 제약하에서 알파 전략이 어떻게 사용될 수 있는지 유용
한 피드백을 발견할 수 있다.

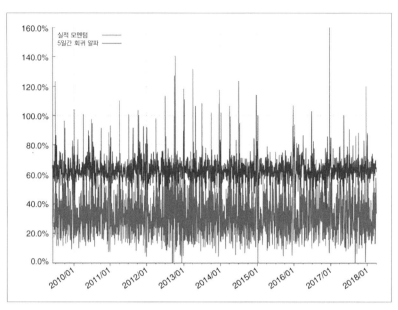

▲ **그림 7.4** 유동성이 가장 풍부한 상위 3,000개 미국 주식 종목을 활용한
알파 전략 두 개의 일간 매매회전율

회전율 조정

선형 디케이$^{linear\ decay}$와 같은 스무딩^{smoothing} 방법은 실제로 매우 적은 거래 이벤트로 희박한 시그널의 성능을 개선할 수 있다. 정보 변화에 대한 지나친 민감성이 불필요한 포지션 변경으로 이어지는 경우, 이상치 값을 제한하거나 데이터 디케이를 실시하면 그 자체로 매매회전율을 감소시키는 데 도움을 줄 수 있다. 단일 기법의 효용성은 궁극적으로 알파에 달려 있다. 결과와 상관없이 알파가 다양한 매매회전율에서 어떻게 작동하는지 이해하는 것이 트레이딩 가능성을 확인하는 데 도움을 준다. 약간의 매매회전율 감소 이후 수익의 대부분을 유지하는 알파 전략은 수익률 전부를 잃어버리는 알파 전략보다 일반적으로 더 쉽고 폭넓게 활용된다.

알파 아이디어의 강건성과 트레이딩 가능성을 이해하려면, 다양한 금융상품에서 시험하고 각 시장의 유동성을 이해하는 것이 무엇보다도 중요하다. 특정 매매회전율 수준이 가장 유동성이 풍부한 유니버스에서는 허용될 수 있지만, 유동성이 부족한 투자 증권을 포함해 확장될 경우 거래가 불가능할 수 있다. 또한 한 국가에서는 잘 작동하지만 발달된 다른 시장에서는 작동하지 않을 수 있다. 예를 들어, 유동성이 상위 500개인 미국 주식에 X% 매매회전율로 거래하는 알파 전략은 완벽히 허용될 수 있다. 하지만 유동성이 낮은 증권이 포함된 더 넓은 투자 유니버스를 갖고 있는 유사한 알파 수준의 전략(예: 미국 내 상위 3,000개 유동성 주식), 혹은 성장하고 있는 시장에서 거래하는 알파 전략은 거래비용을 생각하면서 낮은 매매회전율 환경하에 성과를 평가하는 것이 현명할 것이다.

수익률 혹은 IR과 매매회전율 간 비율을 최대화하는 것이 이상적인 매매회전율 수준이다. 또한 다양한 유동성 증권과 매매회전율에서 알파 전략의 성과를 시험하고 분석하는 활동이 알파의 견고함과 거래 가능성에 대한 통찰력과 자신감을 제공할 수 있다는 사실이 더욱 중요하다. 결국 모두 상대적인 것이다.

08

알파 상관관계

친 당(Chinh Dang), 크리스핀 부이(Crispin Bui)

알파는 정보비율, 수익률, 최대 손실 폭, 매매회전율, 마진과 같은 다양한 많은 지표로 평가된다. 이러한 지표는 주로 초과 손익(PnL)에서 도출된다. 예를 들어, 정보비율은 평균 알파를 알파의 표준편차로 나눈 값일 뿐이다. 알파에 관한 또 다른 핵심은 고유성으로, 주어진 알파가 다른 기존 알파 사이의 상관계수에 의해 평가된다. 일반적으로 상관계수가 낮은 알파는 알파 풀에 더 많은 가치를 더하는 것으로 간주한다.

풀에 있는 알파가 적으면 상관관계의 중요성이 낮다. 그러나 알파의 수가 증가함에 따라, 이들 사이의 상관계수를 측정하는 다른 테크닉들이 투자자의 포트폴리오를 다각화하는 데 중요하다. 포트폴리오 매니저는 포트폴리오를 다각화하면 위험을 줄이는 데 도움이 되기 때문에 상대적으로 상관관계가 낮은 알파를 포트폴리오에 포함하길 원한다. 풀의 다른 알파에 비해 특정 알파의 고유성을 식별할 수 있어야 좋은 상관계수를 측정하는 도구가 된다(더 작은 값이 좋은 고유성을 나타낸다). 또한 양호한 상관계수를 측정하는 도구는 두 개의 알파 PnL 벡터(시계열 벡터)의 이동 추세를 예측할 수 있는 능력이 있어야 한다. 알파 PnL 상관관계 또는 알파 값의 상관관계에 기반해 알파 간 상관계수를 계산할 수 있다.

알파 PnL 상관관계

두 개의 알파 PnL 벡터가 있다(벡터에는 굵은 글씨를 사용한다).

$$\mathbf{P}_i = \left[P_{i1}, P_{i2}, \ldots, P_{in} \right]^T \in \mathbb{R}^n$$
$$\mathbf{P}_j = \left[P_{j1}, P_{j2}, \ldots, P_{jn} \right]^T \in \mathbb{R}^n \tag{1}$$

여기서 P_{it}와 P_{jt}는 t번째 날의 i번째와 j번째 PnL을 나타내고, n은 상관계수를 계산할 때 사용되는 일 수이며, T는 행렬 전송 위치를 나타낸다(참고로, 테스트에서는 일반적으로 전체 이력 대신 2년 또는 4년 단위로 상관관계 일수를 선택해 계산 자원을 절약한다).

피어슨 상관계수

피어슨 곱-모멘트 상관계수Pearson product-moment correlation coefficient라고도 알려진 피어슨 상관계수Pearson Correlation Coefficient는 단위가 없으며 −1에서 +1까지의 값을 취할 수 있다. 이 수학적 공식은 1895년 카를 피어슨Karl Pearson이 처음 개발했다.

$$r = \frac{\mathrm{cov}\left(\mathbf{P}_i, \mathbf{P}_j \right)}{\sigma_{\mathbf{P}_i} \sigma_{\mathbf{P}_j}} \tag{2}$$

여기서 $\mathrm{cov}\left(\mathbf{P}_i, \mathbf{P}_j \right) = \mathrm{E}\left[\left(\mathbf{P}_i - \mu_{\mathbf{P}_i} \right)\left(\mathbf{P}_j - \mu_{\mathbf{P}_j} \right) \right]$는 공분산이고, $\mathbf{P}_i$와 $\mathbf{P}_j$의 표준편차가 각각 $\sigma_{\mathbf{P}_i}$와 $\sigma_{\mathbf{P}_j}$다. PnL 벡터에서 계수는 표본 공분산과 분산을 사용해 계산된다. 특히 다음과 같다.

$$r = \frac{\sum_{t=1}^{n} \left(P_{it} - \overline{P_i} \right)\left(P_{jt} - \overline{P_j} \right)}{\sqrt{\sum_{t=1}^{n} \left(P_{it} - \overline{P_i} \right)^2} \sqrt{\sum_{t=1}^{n} \left(P_{jt} - \overline{P_j} \right)^2}} . \tag{3}$$

계수는 두 변수의 선형 변환에 불변하다. 상관계수의 부호가 양수라면, 두 개의 알파 전략 PnL이 같은 방향으로 이동하는 경향이 있다는 뜻이다. $\mathbf{P}_i$의 수익률이 양수(음수)일 때 $\mathbf{P}_j$의 수익률도 양수(음수)인 경향이 있다. 반대로, 음의 상관계수는 두 개의 알파 전략 PnL이 반대 방향으로 이동하는 경향이 있음을 보여준다. 0 상관관계는 두 PnL 벡터 사이에 관계가 없음을 의미한다. 그림 8.1은 2년치 데이터를 사용해 거래 시그널의 함수로서 상관관계의 최대 변동폭을 보여준다.

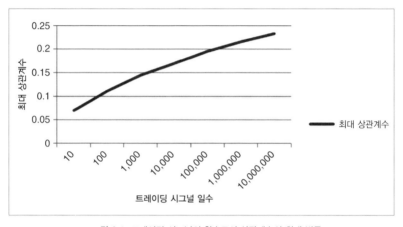

▲ **그림 8.1** 트레이딩 시그널의 함수로서 상관계수의 최대 변동

알파 전략들은 다양한 금융상품의 미래 움직임을 예측하려고 한다. 따라서 분석을 시계열로 확장할 필요가 있으며, 시계열에는 시간과 함께 랜덤 변수 순서가 포함된다. 알파 PnL 벡터의 경우, 관측치는 하루 동안의 알파 이익(+) 또는 손실(-)이다. 아래에서는 내적 곱$^{dot\ product}$을 간략하게 검토한 후 시간 기반 상관관계를 논의한다.

시간 기반 상관관계

내적(내부) 곱은 두 개의 숫자 시퀀스에 반응하는 항목들의 곱의 합으로 정의된다.

$$\mathbf{P}_i.\mathbf{P}_j = |\mathbf{P}_i||\mathbf{P}_i|\cos(\theta) \qquad (4)$$

여기서 $|\mathbf{P}|$는 PnL 벡터의 양 또는 크기이며 θ는 두 벡터 사이의 각이다. 내적 곱의 한 가지 중요한 적용은 두 벡터 사이의 각도를 찾는 것이다. 그 각도 θ는 다음과 같은 방법으로 찾을 수 있기 때문이다.

$$\cos(\theta) = \frac{\mathbf{P}_i.\mathbf{P}_j}{|\mathbf{P}_i||\mathbf{P}_i|} = \frac{\sum_{t=1}^{n} P_{it} P_{jt}}{\sqrt{\sum_{t=1}^{n} P_{it}^{\,2}}\sqrt{\sum_{t=1}^{n} P_{jt}^{\,2}}}. \qquad (5)$$

각도가 0이면 PnL 벡터 두 개가 같은 선에 위치하고 $\cos(\theta) = \pm 1$이다. 각도가 $\frac{\pi}{2}$일 때 벡터는 직교이고 $\cos(\theta) = 0$이다.

시간 기반 상관관계temporal-based correlation는 각 알파 PnL 벡터를 시계열 시퀀스로 간주하고 매일의 값에 가중치를 할당한다. 따라서 두 PnL 벡터 사이의 상관관계는 다음과 같이 정의된다.

$$r = \frac{\sum_{t=1}^{n} w_t P_{it} P_{jt}}{\sqrt{\sum_{t=1}^{n} w_t \left(P_{it}^{\,2} \right)}\sqrt{\sum_{t=1}^{n} w_t \left(P_{jt}^{\,2} \right)}}. \qquad (6)$$

자연적으로, 더 큰 가중치는 최근의 PnL 값에 할당된다($w_t > w_{t+1}$, $t = \overline{1,...,n}$). 예를 들어 $w_t = 1 - \dfrac{t}{n}$는 시간 인덱스 t에 반비례한다. 벡터($\mathbf{P}_i$, $\mathbf{P}_j$)의 입력 쌍을 시간 척도 벡터로 변환하고 두 척도 벡터 사이의 각도를 계산하는 공식은 다음과 같다.

$$\mathbf{P}'_i = \left[\sqrt{w_1}\,P_{i1},\ \sqrt{w_2}\,P_{i2},\ \dots,\ \sqrt{w_n}\,P_{in} \right]^T \in \mathbb{R}^n$$

$$\mathbf{P}'_j = \left[\sqrt{w_1}\,P_{j1},\ \sqrt{w_2}\,P_{j2},\ \dots,\ \sqrt{w_n}\,P_{jn} \right]^T \in \mathbb{R}^n. \tag{7}$$

그 결과, 시간 기반 상관관계는 교감적commutative, 분배적distributive, 이선적 bilinear 특성과 같은 전통적인 내적 곱의 많은 바람직한 측면을 여전히 보존하고 있다.

피어슨 상관계수는 공식 7의 두 벡터에 대해 계산할 수 있다. 중심 변수는 상관관계가 0이거나 피어슨 상관계수(즉, 각 벡터의 평균을 그 벡터의 원소에서 빼는 것) 관점에서 상관관계가 없는 것을 알 수 있다. 반면에 직교성은 원시 변수의 속성이다. 0의 상관관계는 두 개의 비대칭 벡터demeaned vector가 직교한다는 것을 의미한다. 격하 과정demeaning process은 종종 각 벡터의 각도와 두 벡터 사이의 각도를 변화시킨다. 따라서 두 벡터는 상관관계가 없지만 직교하지 않을 수 있으며, 그 반대의 경우도 마찬가지일 수 있다. 선형 독립 변수, 직교 변수, 상관관계가 없는 변수에 대한 자세한 내용은 조셉 로저 등(Joseph Rodgers et al., 1984)의 연구를 참조하라.

일반화 상관관계

데이터 변환은 적절한 데이터 분석을 위한 중요한 도구가 될 수 있다. 변환에는 선형과 비선형이라는 두 가지 형태가 있다. 선형 변환(예: 곱하기 또는 상수 추가)은 변수 간의 선형 관계를 보존하므로 변수 간의 상관관계가 변하지 않는다. 아래에서는 일반적으로 두 변수 사이의 상관관계를 수정하는 비선형 변환을 고려한다.

위의 두 상관관계 공식은 일일 PnL 값을 사용해 상관계수를 계산한다. 일반화된 상관관계는 행렬 $M^{k \times n}$을 생성한 다음 두 PnL 벡터를 다른 유클리드 공간으로 변환한다.

$$\mathbf{Q}_i = \boldsymbol{M}^{k \times n} \mathbf{P}_i \in \mathbb{R}^k$$
$$\mathbf{Q}_j = \boldsymbol{M}^{k \times n} \mathbf{P}_j \in \mathbb{R}^k.$$

(8)

현재 정규 상관관계는 변환된 도메인에서 계산되며 변환된 행렬 $\boldsymbol{M}^{k \times n}$에 의해 추가된 몇 가지 추가 특성이 있다. 만약 $\boldsymbol{M}^{k \times n} = \boldsymbol{I}^{n \times n}$이 단위 행렬이면, 정규 상관관계를 얻는다. 여기서는 다른 특히 유용한 변환을 살펴본다.

주간 PnL 상관관계는 일일 대신 주간 PnL 벡터를 활용해 계산된다. 이 경우 $k = \left[\dfrac{n}{5}\right]$이고 변환 행렬은 다음과 같게 된다.

$$\boldsymbol{M}^{k \times n} = \left[m_{i,j} \right]_{\left[\frac{n}{5}\right] \times n}$$

(9)

여기서 $m_{i,(i-1)*5+t} = \dfrac{1}{5} \left(i \in \left[1, \left[\dfrac{n}{5}\right]\right] \text{ and } t \in [1,5] \right)$이고 다른 모든 요소는 0이다. 주간 상관관계는 보통 일간 상관관계보다 높지만, 이것은 알파를 이해하는 또 다른 방법이다. 월간 PnL 상관관계는 유사한 접근법을 사용해 계산한다.

시간 기반 상관관계는 대각선 변환 행렬에 해당하는 또 다른 형태의 일반적인 상관관계다.

$$\boldsymbol{M}^{k \times n} = \left[m_{i,j} \right]_{n \times n}$$

(10)

여기서 $\begin{cases} m_{i,j} = \sqrt{w_i} & \text{if } i = j \\ m_{i,j} = 0 \end{cases}$이다. 이 변환에서 입력 PnL 벡터는 공식 7에서와 같이 시간 척도 벡터로 변환된다.

부호 PnL 상관관계는 PnL 벡터 상관관계의 또 다른 형태이며, 값 자체 대신 PnL 값의 부호에 대해 상관관계를 계산한다. 현재 변환 행렬은 데이터에 의존하는 대각 행렬이며 그 요소 값은 입력 PnL 벡터에 의존한다. 결과적으로 입력 쌍(P_i, P_j)은 다음과 같은 형태로 변환된다.

$$\mathbf{Q}'_i = \left[\mathrm{sgn}\left(P_{i1}\right), \mathrm{sgn}\left(P_{i2}\right), \dots, \mathrm{sgn}\left(P_{in}\right) \right]^T \in \mathbb{R}^n$$
$$\mathbf{Q}'_j = \left[\mathrm{sgn}\left(P_{j1}\right), \mathrm{sgn}\left(P_{j2}\right), \dots, \mathrm{sgn}\left(P_{jn}\right) \right]^T \in \mathbb{R}^n \tag{11}$$

여기서 $\mathrm{sgn}(x)$는 기호(또는 signum) 함수로서 값 x(양수, 0, 음수)에 해당하는 $(1, 0, -1)$ 값을 취한다.

알파 가치 상관관계

t번째 날의 알파 포지션 벡터를 다음과 같이 나타낸다.

$$\boldsymbol{\alpha}_i^{(t)} = \left[\alpha_{i1}^{(t)}, \alpha_{i2}^{(t)}, \dots, \alpha_{im}^{(t)} \right]^T \in \mathbb{R}^m \tag{12}$$

여기서 m은 증권의 개수이고, $a_{ik}^{(t)}(\leq k \leq m)$은 (혹은 비례해) k번째 증권에 투자된 금액이다. PnL 벡터뿐만 아니라 알파 위치 벡터를 고려하는 것이 유용할 때도 있다. 특히 포트폴리오 매니저는 포지션에 기반해 두 가지 상관관계를 측정하는데, 즉 포지션 상관관계와 트레이딩 상관관계를 고려하는 경우가 많다.

d일 동안 두 개 알파 전략의 포지션 상관관계는 다음의 두 벡터를 구성해 계산한다.

$$\boldsymbol{\alpha}_i = \left[\boldsymbol{\alpha}_i^{(1)}, \boldsymbol{\alpha}_i^{(2)}, \dots, \boldsymbol{\alpha}_i^{(d)} \right]^T \in \mathbb{R}^{(m*d)}$$
$$\boldsymbol{\alpha}_j = \left[\boldsymbol{\alpha}_j^{(1)}, \boldsymbol{\alpha}_j^{(2)}, \dots, \boldsymbol{\alpha}_j^{(d)} \right]^T \in \mathbb{R}^{(m*d)}. \tag{13}$$

d일의 기간 동안 두 알파 전략의 거래 상관관계는 두 가지 차이 벡터를 구성해 계산한다.

$$\boldsymbol{\alpha}_i = \left[\boldsymbol{\alpha}_i^{(1)} - \boldsymbol{\alpha}_i^{(2)}, \, \boldsymbol{\alpha}_i^{(2)} - \boldsymbol{\alpha}_i^{(3)}, \, \dots, \, \boldsymbol{\alpha}_i^{(d)} - \boldsymbol{\alpha}_i^{(d+1)} \right]^T \in \mathbb{R}^{(m*d)}$$
$$\boldsymbol{\alpha}_j = \left[\boldsymbol{\alpha}_j^{(1)} - \boldsymbol{\alpha}_j^{(2)}, \, \boldsymbol{\alpha}_j^{(2)} - \boldsymbol{\alpha}_j^{(3)}, \, \dots, \, \boldsymbol{\alpha}_j^{(d)} - \boldsymbol{\alpha}_j^{(d+1)} \right]^T \in \mathbb{R}^{(m*d)}. \tag{14}$$

보통은 20일이면 충분하므로 알파 벡터는 '20차원 * 투자 유니버스의 금융상품 숫자'로 계산한다. 만약 두 개의 알파 전략이 다른 투자 유니버스에 있는 증권에서 포지션을 취한다면, 두 유니버스의 교차점이 계산에 활용된다.

알파 풀과의 상관관계

위의 상관관계 방법은 두 개의 개별적인 알파 사이의 상관관계를 확인하는 데 사용된다. 당연히 알파 풀이 주어진다면, 최대 상관관계는 주어진 알파 전략으로 추가된 가치를 측정하는 데 사용한다. 알파의 수가 증가함에 따라, 평균 상관관계는 단일 최대 상관관계보다 더 중요하다.

T-corr은 다른 모든 알파에 대해 주어진 알파의 상관관계의 합으로 정의된다. 평균 상관관계와 T-corr은 최대 상관관계와 함께 추가적인 알파 값의 측정 도구를 제공한다.

상관 밀도 분포는 단일 최댓값 또는 평균 상관 값보다 더 중요하다. 표 8.1은 상관 밀도의 표본 히스토그램(크기 0.1의 빈bin 20개)을 보여준다. 히스토그램에서 최대 상관관계와 평균 상관관계 외에도 수많은 형상을 추출할 수 있다. 예를 들어, 알파 풀과 함께 알파 한 개의 스케일링 평균 점수는 $\sum_{j=-10}^{9} c_j * \frac{j}{10}$($c_j$는 표 8.1에서 가져왔다.)와 같이 정의될 수 있다. 점수의 범위는 다음과 같이 [-1, 1]이다. 양의 상관관계를 가진 알파들이 증가하거나 음의 상관관계를 갖는 알파들이 감소하면 점수는 증가한다.

▼ 표 8.1 상관관계 히스토그램

빈	cnt(%)	개수
0.9	c9	0
0.8	c8	0
0.7	c7	0
0.6	c6	0
0.5	c5	0
0.4	c4	167
0.3	c3	5,102
0.2	c2	70,294
0.1	c1	283,436
0	c0	438,720
−0.1	c_1	286,478
−0.2	c_2	36,889
−0.3	c_3	1,293
−0.4	c_4	59
−0.5	c_5	0
−0.6	c_6	0
−0.7	c_7	0
−0.8	c_8	0
−0.9	c_9	0
−1	c_10	0

결론

PnL과 알파와 알파 풀 사이의 상관관계를 평가하기 위한 몇 가지 다른 접근 방식을 조사했다. 물론, 스피어맨의 순위 상관관계Spearman's rank correlation와 켄달 순위 상관관계Kendall rank correlation 같은 상관관계를 평가하기 위한 더 많은 통계적 접근법과 대수적 접근법이 있다. 이 장의 범위 내에서는 알파 상관관계를 평가하는 가장 일반적인 방법 중 일부만 다뤘다. PnL 상관관계는 계산 자원의 한계 때문에 알파 가치 상관관계(짧고, 최신의 데이터를 요구)와 비교해 더 긴 기간(2-4년 이상)에 걸쳐 평가할 수 있다.

다른 기술과 데이터셋에 따라 하나의 합리적인 아이디어가 수많은 알파를 개발하는 데 사용될 수 있다. 그들은 하나의 아이디어를 사용해 개발되므로, 이러한 알파들은 높은 상관관계를 가지는 경향이 있다. 때때로 한 개의 알파만 선택하고 다른 모든 알파를 제거하는 방법 대신, 상관관계가 높은 알파 전략의 일부 또는 전부를 결합하는 것이 유익한 경우가 있다. 두 개의 알파는 높은 상관관계를 갖고 있을 수 있지만, 미래는 불확실하고 어떤 것이 더 많은 가치를 부가할 수 있을지는 항상 명확하지 않다. 따라서 두 개의 고상관성 알파 전략(예: A와 B)의 자원 할당 측면에서, 모든 자원을 하나의 알파에 할당하는 대신 A와 B에 자원(필수적으로 동등하지는 않음)을 나눌 수 있다. 하나의 알파 전략이 한 아이디어의 모든 측면을 완전히 설명할 수는 없지만, 각각의 알파 전략은 다른 방식으로 아이디어를 나타낸다. 따라서 이러한 모든 알파를 동시에 사용하면, 아이디어를 좀 더 완전하게 볼 수 있고 전체 전략을 좀 더 견고하게 만들 수 있다.

알파 상관관계의 궁극적인 목표는 알파 전략의 수가 증가함에 따라 기존 알파 전략 풀에 새로운 알파 전략 하나를 추가해 진정한 가치를 더하는 것이다. 다중 상관계수 접근법을 사용하면 긴 과거 데이터뿐만 아니라 최근 데이터에서도 알파 시그널을 더 잘 이해할 수 있다. 완전히 새로운 트레이딩 아이디어에 기반한 알파 전략은 일반적으로 독특하고 알파 전략 풀에 가장 많은 가치를 더한다.

백테스팅 - 시그널 혹은 과적합?

장시 팡(Zhuangxi Fang), 펭 얀(Peng Yan)

서론

지난 10년 동안 꽤 많은 퀀트 펀드가 알파 포트폴리오를 통해 금융시장에서 엄청난 성공을 거뒀다. 하지만 이것이 곧 알파 전략이 주가를 효과적으로 예측할 수 있다는 뜻일까? 더 구체적으로 말하면, 미래에 주어진 날짜에 주식의 가격을 예측할 수 있는가? 불행히도, 아마 합리적인 신뢰수준에서는 단 하나의 예측도 할 수 없을 것이다. 통계적 재정거래의 속성으로 인해 예측은 오직 '통계적'으로만 가능하다. 즉, 다수의 예측을 활용해 랜덤 오차를 전체적으로 비교적 정확한 수준에서 평균화한다. 더 흥미롭게도, 이러한 통계적 가격 예측을 하는 많은 방법이 있다.

통계적 차익거래

통계적 차익거래statistical arbitrage의 핵심적 가정은 금융상품의 가격이 일관된 규칙에 의해 움직인다는 것인데, 이는 금융상품의 역사적 행동 양상에서 발견돼 미래에 적용할 수 있다. 금융상품의 가격은 트레이딩의 미시적 구조, 근본적인 가치 평가, 투자자 심리 등 여러 요인에 의해 영향을 받는다. 따라서 다양한 종류의 가격 주도price-driving 규칙을 발견해 알파를 만드는 데 활용할 것으로 기대된다. 유가증권의 가격은 복수의 규칙, 즉 요인에 의해 결정되므로 모든 규칙이 특정 시점에 특정 금융상품에 적용되지는 않는다.

실제 가격 주도 규칙과 이 규칙에 근거한 우수한 알파 전략은 모든 거래 일에 걸쳐 조사된 유가증권을 취합해 적용 시 통계적 유의성으로 예측되는 것처럼 보여야 한다. 간단한 예로 잘 알려진 평균 회귀 규칙이 있는데, 이 규칙은 주식 가격이 시간이 지남에 따라 평균 가격으로 되돌아가는 경향이 있다. 주식시장에서는 평균 가격이 특정 방향으로 특정 기간 동안 가격이 계속 오르거나 내려가는 종목을 여전히 쉽게 찾을 수 있다. 그러나 M 거래일에 걸쳐 N개의 주식을 합친 결과, N과 M이 충분히 크면 이러한 $N \times M$ 샘플 포인트의 50% 이상이 평균 회귀 규칙을 준수하는 것을 발견할 수 있다.

동일한 기본 가격 주도 규칙에 기초하더라도 규칙을 다른 방법으로 구현하는 한, 다른 알파가 만들어질 수 있다. 예를 들어 평균 회귀 규칙을 이용하고자 평균을 다양한 방법으로 계산하고 여러 방식으로 평균 회귀 경향을 정의하면 알파가 달라질 수 있는데, 이 모든 방법은 수익성이 높고 상대적으로 관련이 없을 수 있다. 아이디어를 정의하는 필수적인 제약 조건과 구체적인 구현 선택을 구별하는 것이 중요하다. 자동차 바퀴를 생각해보자. 바퀴는 보통 둥글지만, 왜 바퀴는 둥글어야만 할까? 바퀴 모양에 대한 진정한 제한은 일정한 폭을 가진 볼록하고 평면적인 것이어야 한다. 이 규칙 아래에서는 뢰루 삼각형 이론the theory of the Reuleaux triangle에 의해 설명되듯이 바퀴를 둥글지 않고 다른 모양으로 만드는 것이 가능하다. 서로 다른 구현은 종종 다른 장단점을 가지기 때문에 좋은 앙상블 구현은 일반적으로 어떤 개별 사례보다 더 견고하다.

백테스팅

시그널을 발생시키는 두 가지 기본적인 방법이 있다(하나는 아이디어를 통한 방법이고, 다른 하나는 데이터를 통한 방법이다). 아이디어 주도 과정에서 알파의 씨앗은 가설, 논문, 이야기, 영감 또는 무작위 아이디어일 수 있다. 데이터 기반 프로세스에서는 내부 또는 데이터 공급업체가 수집한 데이터셋에서 시그널이 나오지만, 발견된 잠재적으로 중요한 시그널은 모두 검증해야 한다. 대부분의 연구는 어떤 형태의 혼합 방법론을 따른다. 초기 아이디어는 데이터에 기초해 수정된다. 또한 새로운 데이터 소스는 연구의 새로운 방향을 제시한다. 두 방법론 모두에서 백테스팅은 프로세스의 중요한 구성 요소다.

학문 연구처럼, 많은 가정이 틀리고 많은 시도가 헛된 것일 수 있다. 그들 중 몇몇만이 실제 환경에서 일관된 수익을 창출할 수 있는 잠재력을 갖고 있다. 많은 경우에 연구자는 모형이 효과가 있겠지만 검증한 후에 모형이 작동하지 않는다는 사실을 발견할 것이라는 강한 믿음을 갖게 될 것이다 (또는 반대로 처음에 회의적인 연구자는 뜻밖의 혹은 반론적인 가설에서 발견되는 아이디어에서 큰 경험적 가치를 발견할 수 있다). 근본적인 힘이 시장에 존재할 수 있지만 다른 요소들보다 더 약한 영향을 미칠 수도 있으며, 금융시장이 종종 반직관적으로 행동하기 때문에 초기 아이디어는 단순히 잘못됐을 수도 있다.

시뮬레이션과 백테스팅

가설의 타당성을 시험허는 방법은 다음과 같이 여러 가지가 있다.

- 증권의 가치에 영향을 미치는 불확실성의 다양한 출처를 시뮬레이션해 다양한 결과물을 얻는 몬테카를로 시뮬레이션^{Monte Carlo simulation}

- 자산가격을 계산하는 가격 책정 모델(예: 블랙-숄즈$^{Black-Scholes}$ 옵션가격 책정 모델)
- 역사적으로 어떤 일이 일어났는지 분석하는 설명 모델

우리의 작업 환경에서 시뮬레이션은 백테스팅을 의미한다. 백테스팅은 특정 시장의 가정과 위험 제약 조건에 따라 편향되지 않은 과거 데이터에 특정 모델을 적용해 시뮬레이션 성과를 검증하는 과정이다. 백테스팅의 암묵적인 가정은 그 아이디어가 역사적으로 통했다면, 미래에도 통할 가능성이 높다는 것이다. 모델은 일반적으로 시뮬레이션에서 검증되지 않는 한 고려하지 않는다.

백테스팅 결과는 모델의 사전 선택, 다른 모델 비교, 알파 전략의 잠재적 가치 판단 등에 사용된다. 이러한 결과를 수익률, 샤프지수(위험 대비 수익률), 매매회전율(거래 빈도), 다른 알파와의 상관관계 등 다양한 방법을 사용해 평가할 수 있다.

그러나 좋은 백테스팅 결과가 수익성 있는 전략을 만드는 데 충분하지는 않으며, 다른 많은 요소가 투자 성과에 영향을 미친다. 일반적으로 투자자는 백테스팅 검증 시뮬레이션 결과에만 근거해 자본을 투자하면 안 된다. 그 이유 중 일부는 다음과 같다.

- 현재 시장은 과거 기간과 같지 않을 수 있다. 시장 규칙은 항상 변화하고, 시장 참여자의 균형은 시간이 지남에 따라 변화하며, 새로운 이론과 신기술은 시장 행동에 영향을 미칠 수 있다.
- 시뮬레이션에서 설정하는 가정은 현실적이지 않을 수 있다. 자산을 사거나 팔려면 투자자가 시장에 영향을 미칠 수 있는 거래를 실행해야 하며, 거래비용이나 수수료를 지불해야 한다. 이 숫자에 대한 합리적인 추정량은 시뮬레이션 결과를 평가할 때 중요하다.

- 미래를 내다보는 편향이 있을 수 있다. 작년에 유행을 타고 수익을 올리는 것을 봤다면, 유행을 따르는 모델을 시험해보고, 동일 기간에 걸쳐 좋은 역사적 시뮬레이션을 얻을 수도 있다. 더 나은 이해 없이, 미래의 투자에서 이익을 낼 수도 있고 내지 못할 수도 있다.
- 과적합일 가능성이 있다. 때때로 투자자들은 단순히 무작위적인 우연에 기인하고 사전 예측이 전혀 없는 좋은 시뮬레이션 결과를 본다.

과적합

'과적합^{overfitting}'이라는 단어는 통계 머신러닝 분야에서 유래한다. 계량적 세계에서 과적합 또는 부정확한 것으로 판명된 가격 주도 규칙의 명백한 발견은 모든 백테스팅 체계에 내재된 위험이다. 가짜 관계는 역사적 데이터에서 통계적으로 의미 있는 것처럼 보일 수 있다. 그리고 나서 미래에 사라지고 다시는 나타나지 않는다. '문자 'C'가 이름에 포함된 주식이 수요일에 오르는 경향이 있다'와 같은 알파는 비록 과거에 수익성이 있었다고 보여지더라도 미래에 투자하기에 좋은 알파 전략은 아닐 것이다.

이런 현상은 일상생활에 가까운 분야에서 자주 나타난다. 2006년 월드컵 축구 대회가 열리기 전에 '3,964' 공식이 발견됐다. 아르헨티나는 1978년과 1986년에 우승했는데, 두 숫자를 더하면 3,964가 된다. 마찬가지로 독일은 1974년과 1990년, 브라질은 1970년과 1994년, 그리고 다시 1962년과 2002년에 우승을 차지했다. 이 공식은 통계학자들이 2006년도 우승국을 예측하기 위해 사용하기 전까지는 아름다워 보였다. 2006년 월드컵 우승은 1958년에 우승했던 브라질의 몫이 될 것이라고 주장했지만, 브라질이 아닌 이탈리아가 우승했다. 놀랄 것도 없이, 스페인이 챔피언 클럽의 새로운 회원이 된 2010년에도 이 규칙은 실패했다. 그러나 단순히 이 거짓 알파를 보고 웃는 대신, 우리는 분별 있는 무엇인가를 배울 수 있다. 모든 국가 대표팀 중에서 이미 우승을 차지했던 국가는 경쟁자들보다 더 강한 힘을 가진 경향이 있으므로, 그들은 다시 승리할 가능성이 더 높을 것이다. 여기서 얻을 수 있는 교훈은 순전히 숫자를 분석하는 것이 중요한 결과를 찾는 데 도움을 줄 수 있지만, 좋은 알파 전략을 만들려면 기본적으로 가격을 변화시키는 원칙을 이해하고 이를 가짜 소음으로부터 분리하는 것이 중요하다.

전문 투자자들은 슈퍼컴퓨터, 클러스터와 이제 클라우드까지 사용해 가격 이동 패턴을 찾고자 과거 데이터에 대한 엄청난 수의 시뮬레이션을 실행한다. 현대 그래픽 처리 장치의 거대한 조합적 힘을 감안할 때 과적합의 위험, 또는 거짓 관계를 발견할 가능성이 특히 높다. 매우 좋은 시뮬레이션 결과를 본다면, 모형의 과적합 위험을 평가하는 데 매우 주의해야 한다.

한 연구원이 연간 샤프지수가 1보다 높은, 2년 이상의 백테스팅 기간을 하나 이상 식별하려 한다고 가정해보자. 그가 전략 구성을 충분히 시도한다면, 특정 전략 하나를 발견할 것이다. 결국 실제로 무작위이므로 표본 외 검증에서 샤프지수가 0이 될 것이다. 충분한 수의 전략 구성을 시도함으로써, 백테스팅은 항상 고정된 샘플 길이에서 원하는 성과를 과적합하는 것이다.

시그널을 다음과 같이 정의한다. 마지막 M일 일일 손익의 샤프지수가 S보다 높은 전략 구성이 시그널이다. 표 9.1에서는 최소 샤프 요건을 만족하는 무작위 시뮬레이션 횟수를 보여주는데, 상단 전체에 걸쳐 실행되며 요건을 만족하는 시그널이 왼쪽 열에서 실행될 것으로 예상할 수 있다. 이 숫자는 다음에 의해 생성된다. (1) 무작위로 생성된 길이가 M인 정규 분포 벡터 10억 개, (2) 그러한 무작위 시도 중 몇 개가 S보다 높은 절대 샤프지수를 갖는지 확인(한 시그널의 비율이 음수이면 플립할 수 있음), (3) 10억 개를 (2)

에서 관측된 수로 나눠 필요한 시뮬레이션 예상 횟수를 계산한다.

▼ 표 9.1 다양한 샤프지수 목표치를 달성하는 백테스팅 기간

목표 샤프지수						
날짜 수	0.5	1.0	1.5	2.0	2.5	3.0
20	1.12	1.27	1.46	1.70	2.00	2.38
60	1.24	1.59	2.12	2.97	4.32	6.58
120	1.37	2.03	3.28	5.82	11.31	24.14
250	1.61	3.11	7.29	20.87	73.45	317.53
500	2.07	6.25	28.34	196.60	2,104.14	34,698.13
1,000	3.13	21.39	345.77	13,700.13	1,340,483	500,000,000

과도한 과적합을 방지하는 방법

과적합 위험을 줄이기 위해 교차 검증cross-validation, 규제화regularization, 사전 확률prior probability 등 다양한 기술이 제안됐다. 10배 교차 검증은 데이터를 $n/10$ 크기의 열 개 데이터셋으로 나누고, 아홉 개 데이터셋에서 모델을 학습시키고, 한 개 데이터셋에서 검증한 다음 그 과정을 10회 반복해 평균 정확도를 취하는 과정이다. 통계학이나 머신러닝에서는 모델 선택에 규제화가 사용돼 파라미터 값이 극단적으로 높은 모델에 불이익을 줘서 과적합을 미리 방지한다. 최근 베일리 등(Bailey et al., 2014a)의 연구를 비롯해 베일리 등(Bailey et al., 2014b), 보단(Beaudan, 2013), 번즈(Burns, 2006), 하비 등(Harvey et al., 2014), 로페즈 드 프라도(Lopex de Prado, 2013), 쇼르페이드와 올핀(Schorfheide and Wolpin, 2012)의 연구 등과 같이 계량 투자 분야의 과적합 이슈에 관한 논문이 꾸준히 발표되고 있다.

통계적 머신러닝 분야의 개념을 빌려, 과적합을 방지하는 몇 가지 구체적

인 지침을 소개하면 다음과 같다.

표본 외 검증: 알파 모델을 평가하려면 실제로 표본 외 검증이 실행돼야 한다. 즉, 모델을 만들어 실제 환경에서 매일 테스트하고 어떻게 작동하는지 모니터링하는 것이다. (1) 모델을 가장 최근의 N년 데이터에 기초해 백테스팅한 다음에 그 이전 N년 기간의 데이터를 표본 외 데이터로 사용하거나, (2) 해당 모델을 거래 증권의 하위 집합에 대해 백테스팅하고 다른 증권도 표본 외 검증에 사용한다면, 이것은 진정한 의미의 표본 외 검증이 아니다. 첫 번째 사례에서는 최근 N년의 시장 이력은 과거 이력에 영향을 받았으므로, 최근에 잘 작동한 모델들이 과거에도 작용하는 경향이 있을 수 있다. 두 번째 경우, 서로 다른 증권들이 상관돼 있다. 즉, 특정 투자 유니버스에서 성과가 좋은 모델들은 다른 유니버스에서도 좋은 성과를 발휘하는 경향이 있다.

참고: 표본 외 검증에서 검사하는 알파 전략 수가 증가함에 따라 표본 외 검증이 더 편향될 것이다. 알파 전략은 운이 좋아서 무작위로 잘할 수 있다. 많은 알파 전략을 검증하면, 알파 전략 하나의 표본 외 검증 성과가 불충분할 수 있다.

표본 검증에서 샤프지수 요구 사항 증가: 샤프지수가 높을수록 과적합 위험이 감소한다. 가능하다면 샤프지수의 기본 법칙(정보비율은 정보계수에 투자 유니버스 넓이의 제곱근을 곱한 것과 같다(Grinold and Kahn, 1999))에 따라, 더 높은 샤프지수가 요구되는 폭넓은 투자 유니버스에서 검증하는 것이 좋다. 현실 세계에는 불행히도 종종 데이터셋에서 다루는 거래 가능한 증권의 총수 또는 데이터셋에 포함된 하위 증권에 관한 제약이 있다.

더 긴 이력에 대해 모델을 시험한다: 표 9.1에서 알 수 있듯이, 백테스팅 기간을 연장하면 우발적인 과적합 확률이 감소된다. 그러나 데이터가 충분히 오랫동안 제공되지 않거나 시장이 너무 많이 바뀌어서 이전 역사적 데이터가 의미가 없을 수 있으므로 더 긴 데이터가 항상 좋은 것만은 아니다.

서로 다른 증권으로 교차 검증: 우수한 알파 모델은 모든 자산과 전 지역에 걸쳐 잘 작동한다. 예를 들어 미국에서 개발된 주식 모형을 유럽과 아시아에 적용할 수 있다.

모델을 우아하게 만들기: (1) 단순하고 이해하기 쉬운 초과 수익, (2) 단순한 경험적 발견이 아니라 훌륭한 이론이나 논리를 갖고 있으며, (3) 설명될 수 있고 그 뒤에 숨겨진 이야기를 말할 수 있다면 알파 전략이 더 좋다. 예를 들어 '알파 전략 = 수익률'은 좋은 모델이 될 수 있지만 '알파 전략 = 수익률 + Δ(거래량)'은 그렇지 않다. 두 개의 다른 단위를 의미 있게 추가할 수 없기 때문에 후자는 작동하지 않을 것이다(예: 수익은 달러를 사용하고 거래량은 주식 수와 같은 정수를 사용한다).

파라미터 및 작업 최소화: 머신러닝에서와 같이 자유도가 낮은 모델은 파라미터 변화에 덜 민감하다. 이것은 과적합 위험을 줄이는 데 도움을 줄 수 있다. 파라미터를 최적화하는 데 추가적으로 들어가는 시간에 비해 가치를 더하는 것이 작으며, 과적합 위험성이 개선된 적합성 편익보다 더 크기 때문에 일정 시점에 오히려 부가가치가 음수(-)가 된다.

결론

금융상품의 가격은 통계적 차익거래의 기초를 형성할 수 있는 다양한 규칙과 요소에 의해 좌우된다. 모든 알파 전략은 실패 모드를 갖고 있으며 모든 조건에서 금융상품에 알파가 작동하지 않지만, 진정한 가격 주도 규칙의 상이한 측면을 포괄하는 실제 알파 전략의 합리적인 조합은 완전한 수익 창출 포트폴리오로 이어질 가능성이 더 높다. 시그널을 개발하고 검증하려면 백테스팅이 필요하지만 과적합의 위험이 따르며, 과적합 위험을 통제하는 많은 방법이 있다. 모든 것을 포괄하는 아이디어는 일반적인 원칙으로서 작동하고 특정 변수나 조건에 너무 민감하지 않은 강력한 알파 전략을 찾는 것이다.

사람들은 학술 연구 논문과 셀 사이드sell-side 측 연구 보고서에서 아이디어를 얻지만, 이런 논문과 보고서는 좋은 결과만을 기술하고 성과가 충분하지 않으면 출판하지 않는다는 것을 명심하라. 몇 번을 시도했는지 말하지 않고, 실패를 보고하지도 않는다. 많은 경우, 이런 모델은 복제될 수 없다.

게다가 금융시장은 기억력 효과memory effect도 있으며, 많은 퀀트 투자자가 동일한 과거 데이터를 보고 있다. 어떤 패턴은 식별 가능한 이유가 없거나 계량 모델이 다룰 수 있는 범위 밖에 존재하는 이유로 역사적 데이터에서만 발생한다. 그러한 패턴은 한 가지뿐 아니라 많은 소음 모델에 의해 포착될 수 있다. 이런 고도로 과적합된 패턴을 거래하면, 특히 대규모 트레이딩에서 시장가격이 모델에 반해 움직일 수 있으므로 손해를 볼 수 있다.

편향 통제

아난드 이이어(Anand Iyer), 아디트야 프라카시(Aditya Prakash)

서론

투자 편향은 행동 금융 분야와 문학 분야 모두에서 전력을 다해 이해의 폭을 넓히고 있다. 비록 계량 투자 과정이 투자자들에게 그러한 편향을 관리하고 중재할 수 있는 수단을 제공하지만, 많은 계량 포트폴리오 매니저들은 결국 체계적이든 그렇지 않든 편향bias을 도입하게 된다. 이 장에서 다루는 내용은 편향을 통제하는 방법에 대한 실무자의 성찰이며, 계량 포트폴리오 매니저와 연구자를 대상으로 한다.

우선 두 가지 종류의 편향을 식별하는 것으로 시작해서, 이 범주 안에 존재하는 다양한 유형의 편향을 탐구한다. 계량 실무자와 기업을 위한 몇 가지 실용적인 제안을 해본다.

편향의 범주

편향을 체계적systematic 혹은 행동적behavioral인 것으로 광범위하게 분류한다. 투자자들은 계량 투자 과정에 무심코 그것을 코드화함으로써 체계적 편향systematic bias을 도입한다. 이와 대조적으로, 투자자들은 자신의 인간 행동에 뿌리를 둔 즉흥적인 결정을 함으로써 행동적 편향behavioral bias을 도입한다. 일정 기간 동안, 체계적 편향과 행동적 편향 모두 차선의 투자 결과를 산출한다.

체계적 편향

체계적 편향의 두 가지 중요한 원천은 바로 미래 참조 편향look-ahead bias과 데이터 마이닝data mining이다.

미래 참조 편향

시뮬레이션이나 백테스팅에서 특정 시점의 시그널 또는 투자 전략을 알 수 없거나 이용할 수 없는 미래 시점의 데이터를 사용할 때, 미래 참조 편향이 생긴다. 이것은 종종 시뮬레이션 결과를 실제보다 더 좋게 보이도록 한다. 비록 눈에 잘 띄지 않지만, 계량 분야에서는 놀랄 만큼 미래 참조 편향이 만연해 있다.

타임스탬프에서 미래 참조 편향

미래 참조 편향의 주요 원인 중 하나는 데이터의 타임스탬프 부족이다. 모든 기준점은 발생 날짜/시간과 도착 날짜/시간이 함께 이중 타임스탬프를 찍어야 한다. 발생 일시는 데이터와 관련된 이벤트가 발생한 시기를 식별한다. 예를 들면 다음과 같다.

> XYZ 애널리스트는 20171017 10:00:00(동부시간) 기준으로 주식 PQR을 매수로 추천 변경했다.

도착 일시는 연구자가 데이터 배포자 또는 공급업체로부터 앞 사건의 정보를 받은 시간이다. 예를 들면 다음과 같다.

공급업체 ABC가 20171018 15:00:00(동부시간)에 상기 애널리스트의 매수 추천 변경 정보를 받았다.

도착 시간을 사용하지 않고 발생 시간에 맞춰진 어떤 시그널은 데이터 수집과 관련된 실제 지연 시간을 무시하므로 비현실적인 시뮬레이션 결과를 초래할 수 있다.

계량 용어로 이중 타임스탬프 데이터^{dual-timestamped data}를 시점 데이터^{point-in-time data}라고도 한다. GDP 추정과 같은 많은 시계열은 경제학자들이 자료를 수집하고 분석하기 때문에 잦은 데이터 수정을 하게 된다. 데이터 공급업체는 일정 기간 동안 데이터 오류를 수정할 수도 있다. 이러한 모든 경우, 이중 타임스탬프는 해당 시점에 대해 정확한 시뮬레이션을 수행할 수 있도록 한 시점에 사용할 수 있는 데이터를 재구성한다.

글로벌 투자 전략과 관련해 부실한 타임스탬프의 또 다른 형태는 데이터가 기록되는 세계 시간대^{time zone}를 기록하지 않는 것이다. 이것은 특히 런던과 뉴욕처럼 서로 다른 시간대를 동시에 거래하는 전략과 관련이 있다. 다른 시간대에 걸쳐 동시에 거래되는 트레이딩 시그널의 시뮬레이션은 시간대를 가로질러 데이터 시간을 하나의 시간대로 변경함으로써 정확하게 재구성할 수 있다.

마지막으로 계량 포트폴리오 매니저는 데이터 공급업체에 의존한다. 자체 데이터 수집 및 분리 프로세스에 사용된 미래 참조 편향을 활용해 데이터 공급업체는 투자 모델로 만들 수 있다. 따라서 계량 투자자는 이중 타임스탬프가 찍힌 과거 데이터만 받고, 잦은 데이터 수정의 대상이 되는 모든 데이터 소스를 철저히 조사해야 한다. 모델은 공급업체의 샘플링 기간(데이터를 실시간으로 전달하기 전)과 후속 샘플링 기간 사이의 일관성을 시험해야 한다.

머신러닝의 미래 참조 편향

머신러닝 기법을 사용하는 연구자들도 미래 참조 편향을 도입할 수 있다. 특히, 그들은 전체 데이터 샘플에서 일부 하이퍼파라미터^{hyperparameter}를 조정한 후 백테스팅에서 이런 파라미터를 사용할 수 있다. 하이퍼파라미터는 항상 과거 데이터만 사용해서 조정해야 한다. 마찬가지로 감정 분석 분야에서도 연구자들은 미래 전망 데이터에 학습될 가능성이 있는 데이터 공급업체의 감정 사전$^{sentiment\ dictionary}$을 주목해야 한다.

데이터 마이닝

연구자는 좋은 샘플 성과를 가질 때까지 구조물을 땜질해 시그널을 데이터에서 채굴할 수 있다. 이를 일반적으로 과적합이라고 한다. 데이터 마이닝을 제어하는 표준 접근 방식은 홀드아웃^{holdout}과 관련이 있다. 홀드아웃은 시뮬레이션에서 데이터를 보류하는데, 시계열 데이터 홀드아웃이나 자산 홀드아웃이라는 두 가지 광범위한 형태 중 하나를 취한다. 시계열 데이터 홀드아웃에서 연구자들은 주어진 시간 동안 백테스팅을 수행하지 않는다. 이와 유사하게, 자산 홀드아웃 연구자들은 특정 자산 집합에 대해 백테스팅을 수행하지 않는다. 홀드아웃이 백테스팅에 통합된 후, 성과가 일관적인지 확인하고자 별도의 백테스팅이 수행된다.

시계열 홀드아웃을 사용할 때는 두 가지 일반적인 접근법이 있다.

1. 연속적인 시간 스트레칭을 생략한다. 전형적으로 이것은 시계열 데이터의 끝부분에서 일어난다.
2. 전체 백테스팅 기간 내에서 인터리브^{interleave}된 여러 시간 간격을 유지한다. 예를 들어, 해당 창 내에서 격주마다 홀드아웃을 실시한다. 인터리빙을 사용할 때 데이터의 계절성^{seasonality} 또는 자기상관관계가 결과

에 미치지 않도록 해야 한다.

자산 홀드아웃을 위해 자산의 보유 표본이 전체 자산 유니버스와 동일한 광범위한 특성을 갖도록 해야 한다. 전체 자산 유니버스와 비교해 국가, 산업, 규모 또는 유동성 편향이 없어야 한다. 홀드아웃 표본은 다른 자산과 상대적으로 독립적이어야 하며, 상관관계가 높은 경우에는 홀드아웃 가치가 제한된다.

데이터 마이닝은 합성 편향 위험을 수반하고 있는데, 동일한 데이터셋에 사용할 시그널 공식의 선택과 관련돼 있다. 예를 들어, 모멘텀 시그널은 3, 6 또는 12개월의 가격 데이터를 사용해야 하는가? 과거 거래량 데이터를 활용하는 시그널이 과거 거래량의 평균을 사용하는가, 아니면 루트 평균 제곱의 과거 거래량을 사용하는가? 매매회전율과 샘플 내 샤프지수와 같은 시그널 특성이 공식 결정을 추진하는 데 도움이 될 수 있지만, 샘플에서 어떤 공식이 가장 잘 작동할지는 알 수 없다. 한 가지 완화적 접근 방식은 균등 가중치 또는 위험 패리티^{risk parity} 가중치와 같은 편향되지 않은 가중치를 사용해 혼합함으로써 공식을 다양화하는 것이다.

행동적 편향

계량 투자 공간에는 다음과 같이 밀접한 몇 가지 행동 함정이 있다.

스토리텔링

퀀트 연구원과 포트폴리오 매니저는 증명할 수 없는 이야기에 맞춰 성과를 정당화하는 경향인 스토리텔링^{storytelling}의 위험에 처해 있다. 연구자는 이론에 근거한 시그널의 감성을 설명할 수 있다(이론적 적합이라고 불리는 현상이다). 연구자는 또한 주어진 샘플 기간에 대해서는 올바르지만 그 외 기간에서는 틀리다고 주장할 수 있다. 예를 들어, 평균 회귀 시그널은 프랑스 주식에는 적용되지 않는다. 이와 유사하게, 포트폴리오 매니저는 가설을 엄격하게 검증하지 않고, 상관관계가 있는 포트폴리오에서 발생한 대규모 환매 때문에 큰 폭의 성과 하락이 있었다고 설명할 수 있다. 편향된 스토리를 바탕으로 포트폴리오를 재편하다 보면, 추가 비용만 발생시키고 투자 성과를 떨어뜨린다.

확증 편향

확증 편향confirmation bias은 실무자의 사전 확률 분포와 일치하는 정보만 믿고 그 반대의 경우를 믿지 않는 경향이다. 검증할 수 없는 인터넷 정보의 가용성 때문에 이러한 편향의 희생자가 되기 쉽다. 퀀트 연구원들이 겪을 수 있는 고전적인 함정은 최신 연구가 가장 뛰어나다고 생각하는 오류다. 특히 더 큰 투자 커뮤니티가 지지하는 유행어 같은 것도 확증 편향을 키운다.

친숙한 편향

친숙한 편향familiarity bias은 친숙한 자산에 투자하는 경향이다. 개인 투자자들은 지리적 근접성이 있는 기업에 투자하는 경향이 있다는 연구 결과가 나왔다. 예를 들어, 투자자가 실리콘 밸리에 기반을 둔다면 기술주에 투자할 가능성이 더 높다. 이는 다각화에 바탕을 둔 계량 투자 접근법의 취지에 어긋나지만, 계량 투자자들은 자신도 모르게 이런 편향을 자신의 모델에 도입할 수도 있다. 많은 실무자가 잠재적으로 생소한 이름의 더 넓은 투자 유니버스 대신 친숙한 S&P 500 구성 종목으로 유니버스를 구축한다. 친숙한 편향의 또 다른 형태는 통계적 재정거래, 팩터 주도factor-driven 및 이벤트 주도event-driven 전략 등과 같이 특정 스타일의 시그널을 독점적으로 추구하는 것이다.

좁은 프레임

좁은 프레임narrow framing은 더 큰 포트폴리오를 고려하지 않고 투자 결정을 내리는 경향이다. 전반적인 상관관계와 관련 비용을 고려하지 않고 자산 배분을 전환하는 포트폴리오 매니저가 한 예다. 또 다른 예로는 성과 급락 시, 이에 대응해 모델을 변경하는 포트폴리오 매니저다.

가용성 편향

가용성 편향availability bias은 유사한 사건에 대한 최근의 기억으로 미래 사건을 판단하는 경향이다. 영국의 브렉시트Brexit 투표 전날 그리스가 그렉시트Grexit를 하지 않았기 때문에 영국의 브렉시트가 일어나지 않을 것이라고 추측한 포트폴리오 매니저를 생각해보자. 마찬가지로, 계량 투자가는 최근의 성과에 기초해 전략에 더 많은 자산을 배분할 수 있다.

허딩 편향

허딩herding은 투자자들이 같은 포지션으로 몰려드는 성향을 말하며, 금융 거품의 핵심 동력으로 지목돼 왔다. 특히 계량 투자자들은 서로 높은 상관관계를 갖고 있는 것으로 알려져 있는데, 이는 허딩 편향herding bias이 그들의 모델에 포함될 수 있음을 시사한다. 많은 투자자가 학술 연구에 영감을 받고 나서 유사한 데이터 소스를 사용해 동일한 데이터로부터 유사한 투자 전략을 수립하기 때문에 발생할 수 있다. 비록 말처럼 쉽지는 않지만, 이런 편향을 경계하는 최선의 방법은 차별화된 투자 전략을 연구하는 것이다.

결론

편향을 제거하는 것은 불가능하지만, 개인적 인식을 활용해 더 잘 통제할 수 있다. 포트폴리오 매니저는 특히 성과 하락 시에 편향된 행동을 하려는 경향이 가장 뚜렷한데, 이때 개입을 줄이겠다고 약속함으로써 자신의 행동적 편향을 통제할 수 있다. 사전에 성과 하락 지침서를 작성하는 것이 효과적인 해결책이 될 수 있다. 마찬가지로, 연구자들은 자신들의 최근 연구에 치우친 행동적 편향을 억제할 필요가 있다. 이와는 대조적으로, 체계적 편향을 포함시켜 미래 참조 편향과 과적합을 피하려는 시간과 정교한 기술을 투자하는 지속적인 헌신이 필요하다.

세 개 축 계획

니티쉬 마이니(Nitish Maini)

계량 투자 세계는 극도로 빠르게 성장하고 있다. 퀀트^{Quant}들은 수학, 컴퓨터 프로그래밍, 끊임없이 증가하는 데이터셋 배열을 사용해 시장 변동을 예측하는 새로운 방법을 개발하고 있다. 그러나 새로운 알파 전략을 발견하는 것은 새로운 퀀트들에게 만만치 않은 골칫거리가 될 수 있다. 가능한 알파들의 광대한 유니버스, 즉 우리가 '알파 공간^{alpha space}'이라고 부르는 것을 효율적으로 탐구하려면 구조화된 전략^{structured strategy}, 앵커링 포인트^{anchoring point}, 방향 기법^{orientation technique}을 필요로 하는데, 그것은 트리플 축 계획^{Triple-Axis Plan}(TAP), 즉 '탭'이라고도 한다.

탭은 알파 검색을 개념화하는 프레임워크를 제공해 새로운 퀀트 매니저가 알파 공간을 정의하는 데 도움을 줄 수 있다. 또한 세 축을 구성하는 실체를 정의한 다음, 포트폴리오에서 기존 알파를 분석할 수 있는 능력을 가진 경험 많은 퀀트 매니저가 좀 더 효율적으로 자신의 노력에 집중할 수 있도록 돕는다.

새로운 퀀트는 알파를 개발하려는 도전에 쉽게 압도될 수 있다. 그들은 스스로에게 다음과 같이 묻는다. "알파 전략을 어떻게 찾을까? 이것을 어떻게 시작하지?" 많은 퀀트와 함께 일한 경험 많은 퀀트들조차도 강력하고 다각화된 포트폴리오를 구축하는 데 필요한 핵심 요소들을 놓칠 수 있다. 예를 들어, 알파 전략 포트폴리오 구축의 가장 어려운 측면 중 하나는 포트폴리오의 다양화 수준을 최적화할 필요가 있다는 점이다. 자동 매칭 거래 시스템에서는 다각화 결정이 인간 개입의 주요 영역을 차지한다. 수백, 수천 개의 알파 전략이 상호작용하고 있는 포트폴리오의 많은 부분을 시각화하기는 쉽지 않다.

이러한 우려에서 탭이 등장했다. 새로운 퀀트들이 알파 연구를 시작했을 때, 많은 사람은 인터넷에서 알파 전략 개발에 관한 기사를 검색하는 것으로 시작한다. 대부분의 기사들은 회귀와 모멘텀에 초점을 맞추고 있으며, 그 결과 초심자들은 회귀나 모멘텀을 개발하는 데 많은 시간을 할애할 수 있다. 하지만 새로운 퀀트들이 점점 더 숙련되면서, 포트폴리오에 새로운 알파를 추가했을 때 실제로 많은 가치를 창출하고 있는지 궁금해하기 시작한다. 비록 그들이 포트폴리오를 다양화하고 있다고 생각하지만, 같은 종류의 알파 전략을 계속해서 발전시키고 있을 수 있다. 비록 낮은 상관관계를 갖고 있는 것처럼 보일 수 있지만, 동일한 알파 유형의 변형은 동일한 실패에 이르는 경향이 있어서 진정으로 다각화된 포트폴리오의 완전한 이점을 제공하지 못한다.

거의 모든 사람이 알파 전략을 연구하기 시작할 때 이 함정에 빠진다. 모든 성공한 퀀트는 금광을 갖고 있다. 그들은 가능한 한 많이 추출하기 위해 광산을 더 깊이 파고든다. 한 사람은 매우 강한 모멘텀을 개발하고, 다른 사람은 매우 강한 펀더멘털인 것을 개발하며, 누군가는 매우 강한 회귀 전략을 구축한다. 그러나 그들은 종종 금광산이 여러 개 있다는 사실을 잊고 있다. 한 곳에서 금을 캤다면, 다른 금광 장소를 찾고 탐사하기 위해 이동해야 한다.

탭은 단지 복잡하고 다차원적인 알파 전략을 조직하기 위한 도구일 뿐이며, 포트폴리오 다각화를 위한 많은 이점을 제공한다. 알파 공간은 광활하고 자유도가 높으며 거의 무제한의 개수가 존재한다. 또한 각 지역이나 집단에 알파 전략이 있으며, 이를 발견하고 탐구하는 데 필요한 다양한 지형도가 포함된다. 퀀트는 선택의 폭이 넓다. 퀀트는 몇 초에서 몇 년까지의 간격을 두고 거래할 것이라는 예측을 할 수 있다. 가장 일반적인 주식, 채권, 상품, 통화에 대해 예측할 수 있다. 그러나 퀀트가 조작할 수 있는 가능한 요소 집합은 항상 증가하고 있다. 더 많은 데이터셋, 더 많은 파라미터, 더 많은 아이디어 등이다.

이용 가능한 데이터가 이렇게 빠른 속도로 확장되는 상황에서는 데이터가 너무 많기 때문에 합리적인 성공 확률을 가진 이 복잡한 풍경을 정리하는 계획을 세우는 것이 중요하다. 모든 성공적인 퀀트는 소음 세계 내에서 실행 가능한 시그널을 식별하고, 가능한 유니버스 내에서 특정 영역을 대상으로 하며, 목적에 가장 적합한 데이터 유형과 특정 금융상품의 종류를 선택한다. 탐색을 구성하기 위한 모델이 필요하다. 탭은 그런 모델이다.

가장 광범위한 유사 알파 전략들에서 개별 알파 전략을 일반화할 필요성 때문에 탭을 활용하게 됐다. 유용한 세 가지 범주, 즉 일반화를 위한 축은 (1) 아이디어와 데이터셋, (2) 성과 파라미터, (3) 지역 및 유니버스(투자 유니버스)다.

탭

이 복잡한 풍경에서 알파 전략을 찾는 과정은 알파 전략과 원하는 목적함수의 아이디어에 따라 달라질 수 있다. 목적함수는 매매회전율, 거래 빈도, 거래 가능한 금융상품 등의 속성을 포함하고 있다. 이를 좀 더 쉽게 시각화하고자 탭 구조는 3차원 공간의 클래스를 강조한다(그림 11.1 참조).

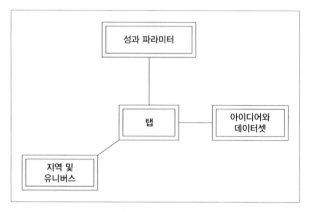

▲ **그림 11.1** 탭의 세 축 계획

알파를 개발하는 데 사용되는 아이디어는 평균 회귀, 모멘텀 또는 페어 트레이딩pairs trading과 같은 전통적인 지표에서부터 머신러닝, 앞섬–지연lead-lag 또는 계절성과 같은 덜 일반적인 지표에 이르기까지 다양하다. 컴퓨팅 파워가 증가함에 따라, 이러한 알파 아이디어를 구현하는 데 사용할 수 있는 데이터셋의 수가 증가했다. 따라서 다양한 시그널의 풀을 여러 데이터셋을 사용해 측정할 수 있게 됐다. 가장 널리 사용되는 데이터셋으로는 가격과 거래량, 회사 펀더멘털, 애널리스트 추천, 주식 센티멘트stock sentiment, 소셜 미디어, 옵션 외에도 여러 가지가 더 있다.

이러한 아이디어는 지역별로 서로 다른 금융상품 그룹에서 생성하고 구현할 수 있다. 개별 증권거래소의 시가총액과 특정 지역 또는 국가의 규제 환경은 일반적으로 퀀트의 지역 선택을 정의한다. 비록 아시아 시장이 최근 몇 년 동안 관심을 끌었지만, 미국과 유럽은 전통적으로 가장 많은 거래를 해왔다. 거래 금융상품은 알파의 아이디어에 따라 유동성, 섹터나 산업과 같은 분류 특성, 또는 알파 아이디어 관점에서 정의할 수 있다.

서로 다른 시장 조건에서 성공을 추구하기 위해 퀀트는 보통 성과를 설명하는 속성과 관련된 하나 이상의 객관적 목표 함수를 달성하는 알파 전략을 개발함으로써 다양하고 강력한 포트폴리오를 구성할 수 있다. 퀸트는 샤프지수와 수익률을 최대화하거나 최대 손실 폭과 거래비용을 최소화해 수익을 창출하는 것을 목표로 한다. 탭 접근 방식은 각 축에 초점을 맞출 수 있는 다른 렌즈를 제공해 이 세상에서 여러분이 중심을 잡는 한 가지 방법이다. 접근법에 따라 각 축에 많은 요소를 추가할 수 있다. 표 11.1은 세 개의 축에 대한 간단한 도식을 제공한다. 물론 각 축의 가능한 구성 항목은 훨씬 더 확장될 수 있다.

▼ 표 11.1 탭을 확장하는 일부 아이디어, 데이터셋, 지역, 유니버스, 성능 파라미터

세 축		
아이디어와 데이터셋	지역 및 유니버스	성과 파라미터
아이디어 • 회귀 • 모멘텀 • 계절성 • 학습 • 앞섬 – 지연 **데이터셋** • 펀더멘털 • 애널리스트 • 센티멘트 • 소셜 미디어 • 옵션	**지역** • 미국 • 유럽 • 아시아(일본 또는 일본 제외) • 글로벌 **유니버스** • TOP50, TOP100, TOP200, TOP1500과 같이 유동성 프로파일을 사용해 정의할 수 있음 • 특정 섹터 또는 산업 • 선택된 증권 또는 증권 집합	• 높은 수익률 • 높은 샤프지수 • 낮은 비용 • 낮은 최대 손실율

탭 구현

탭은 알파 공간의 복잡한 금융 현실을 반영하고 체계화하는 비교적 단순하고 기계적인 프로세스를 채택한다. 또한 전략가가 세 축의 빈칸을 채울 수 있도록 해서 포트폴리오의 누락 가능한 구성 요소를 찾아낸다.

탭은 세 가지 레벨에서 작동한다. 첫 번째는 초점을 맞출 초기 영역을 식별하는 것이다. 사용자는 아이디어로서의 모멘텀이나 미국이나 유럽 같은 특정 지역 또는 높은 샤프지수나 최대 손실 폭 최소화 같은 성과 파라미터 등 비교적 일반적인 단일 축에 초점을 맞출 수 있다. 2단계는 다른 축의 요소를 체계적으로 채움으로써 초점을 가다듬는 것이다. 탭은 퀀트가 한 축의 타깃을 선택하고 다른 두 축을 조작할 수 있는 유연성을 유지할 수 있도록 한다. 각 대상에 대해 독립적으로 작업하는 것은 퀀트가 기술을 개발하고 지식을 수집해 그 지역에서 알파 전략을 개발하는 데 도움이 된다. 세 번째 단계에는 실행이 수반된다(코드로 알고리즘을 구현하고 초기 아이디어를 테스트한 다음, 세 개의 축을 가로질러 작업함으로써 기본 개념을 다듬는 것이다).

비교적 간단한 예를 들어보자. 퀀트가 주로 유동성이 풍부한 주식의 유니버스에서 작동할 수 있는 아이디어를 탐구하고 있다고 가정하자. 그는 먼저 지역 혹은 유니버스 축에 집중하기로 하고, 미국 내 500대 또는 300대 기업 중 유동성이 풍부한 유니버스를 선정한다. 이후 지리적으로 다양화하려면 미국뿐 아니라 아시아와 유럽을 위한 알파 전략이 필요할 것이다. 이것은 비교적 쉬운데, 이미 모멘텀과 평균 회귀 알파 전략을 개발하고 유동성이 풍부한 유니버스의 속성에 익숙해진 후에 이 지식을 유럽과 아시아에 적용하는 것이기 때문이다. 이와 동시에, 연구자는 초과 수익들의 비용을 줄이거나 샤프지수를 늘리는 것에만 집중하는 것은 충분하지 않다는 사실을 깨닫는다. 높은 수익을 내는 것 또한 중요하다. 그러나 더 높은 수익을 얻으려면 종종 다른 파라미터의 효과에 대한 절충이 필요하다. 따라서 더 높은 수익을 추구하는 데는 더 높은 수준의 기술이 필요하다. 이제 퀀트는 이전 업적을 활용해, 다시 한 번 고수익 모멘텀 알파 전략, 고수익 평균 회귀 알파 전략, 고수익 유동성 알파 전략을 계속 개발한다.

원하는 레벨을 달성하기 위해 탭의 세 축 사용을 숙달하는 다각화가 필요하다.

- 모멘텀 알파에 초점을 맞추는 선택은 아이디어와 데이터셋 축을 고정한다. 이 경우, 다음 단계는 모멘텀 알파 전략을 개발하기 위해 금융상품의 지역 및 유니버스를 선택해 다른 두 축을 다변화하고, 다른 종류의 성과 파라미터를 최적화하는 알파 전략을 목표로 한다.
- 마찬가지로, 미국 금융 섹터를 대상으로 하는 알파 전략 개발은 지역 및 유니버스의 축을 고정하지만, 다양한 아이디어 또는 데이터셋을 사용해 여러 성과 파라미터를 최적화할 수 있는 유연성을 유지한다.
- 고수익 알파 개발을 하려면, 성과 파라미터 축을 고정해 원하는 수익률 목표를 달성하고자 모든 종류의 데이터셋, 아이디어, 지역, 유니버스에서 다른 두 축을 변경할 수 있는 유연성을 남겨둔다.

금융시장의 복잡성은 광범위한 세분화^{granularity}와 정밀성^{precision}을 허용하는데, 이는 알파 공간에 풍부함을 제공하고 새로운 알파들을 찾는 재미를 더한다. 단 하나의 실패를 방지할 수 있는 솔루션이 없다는 사실을 인식하는 것이 중요하다. 금융계는 자산, 수익, 리스크에 관한 개인의 가치 평가에서 나타나는 독특한 차이에 의해 형성된다. 그러므로 잠재적 가치는 가능한 한 널리 알려진 곳을 치밀하게 탐구하는데, 소음으로 종종 무시되는 영역까지도 포함한다. 그것들은 잠재적으로 무한한 지식의 원천이 될 수 있다. 퀀트는 단지 그 검색을 어디서 시작할 것인지, 노력을 어떻게 구성할 것인지를 신중히 선택해야 한다.

결론

탭은 알파 성능에 영향을 미치는 다양한 차원을 시각화하는 도구다. 그 결과로, 복잡한 알파 공간에 대한 명확성과 통찰력을 퀀트에게 제공한다. 탭은 성공을 보장하는 비밀 무기는 아니지만 경험이 적은 퀀트들이 검색을 시작하고 근본적인 문제를 이해하는 데 도움이 되며, 경험이 많은 전략가가 매우 복잡한 알파 포트폴리오를 다각화하는 것을 돕는다. 가장 효과적이 되려면 탭을 알파 개발, 정제, 검증, 실행의 모든 필수 단계에 통합해야 한다.

알파 강건성 향상을 위한 기법

마이클 코즐로프(Michael Kozlov)

서론

알파 연구의 주요 목표는 시장을 예측하고 그것을 넘어서고자 노력하는 것이다. 그러나 대부분의 투자자들은 수익률뿐만 아니라 낮은 위험 노출과 거래 결과를 예측할 수 있는 능력을 원한다. 이러한 요구 사항을 염두에 두고 강력한 알파를 정의해보자.

강력한 알파는 다음과 같은 특성을 가져야 한다.

- 거래된 투자 유니버스의 수정 속에서도 **불변**: 알파는 통계적 특성을 반영해야 하는데, 거래할 특정 금융상품의 선택과는 독립적이어야 한다. 금융상품에 관한 변경은 규제 변경, 고객 선호도, 유동성 축소, 공매도 금지 등의 결과로 자주 발생한다.
- 극한 시장 상황에 대한 **견고성**: 알파는 벤치마크에 대비해 지나치게 급격한 하락이 있어서는 안 된다. 알파 성과 측정에 가장 많이 사용되는 벤치마크 지표로는 정보비율, 최대 손실율, 수익률 등이 있다.

강건성 개선을 위한 방법

이 절에서는 알파 강건성을 향상시키기 위한 가장 보편적이고 확립된 기법을 소개한다. 일반적으로, 우리의 목표는 입력 데이터 이상치나 모형 가정으로부터의 작은 이탈에 대해 과도한 영향을 받지 않는 안정적인 알파 성과를 달성하는 것이다.

강건성 개선을 위한 방법으로 순서 방법ordering method, 정규분포에 대한 근사치approximation to normal distribution, 제한 방법limiting method이라는 세 가지 범주로 분류할 수 있다. 아래에서는 세 가지 방법을 모두 상세히 논할 것이다.

순서 방법

알파 연구에서 순서 방법을 적용하는 강력한 동기는 불변의 알파 특성을 개선하는 것으로, 입력 데이터나 거래된 유니버스가 어떤 식으로 변형될 때 시험 결과가 변하지 않는다는 것을 의미한다.

순서형 척도는 순서만을 전달하는 척도다. 이러한 척도는 한 값이 다른 값보다 크거나 작다는 것을 나타내기 때문에 순위 간의 차이는 의미가 없다.

일반적으로 순서 기반 절차는 비모수적 방법의 하위 집합이며, 많은 상황에서 모수적 방법보다 강건함 측면에서 장점이 있다. 파라미터 절차가 특정 가정(예: t 및 F 검정)에 크게 위반될 경우 선호된다. 예를 들어, 극단적 이상치가 들어 있는 데이터셋이 정규분포 가정을 충족하지 않을 때 이러한 상황이 발생할 수 있다. 또한 본질적으로 비모수적 방법론에 기초한 알파 전략은 모수적 대안보다 더 적은 가정과 파라미터가 요구된다.

랭킹: 랭킹ranking은 벡터의 요소를 어떤 정렬 기준에 따라 순위로 대체하는 연산이다. 일반적으로 벡터의 원소는 간격 [0, 1]에 있도록 재조정된다.

두 값이 같을 경우 해당 포지션의 평균 연령과 동일하게 순위를 매긴다.

랭킹은 스피어맨의 순위 상관관계를 정의하는 데 사용할 수 있다 (Spearman, 1904). 많은 경우에 스피어맨 상관관계는 피어슨 상관관계 측 정치(Pearson, 1895)보다 훨씬 안정적이다. 예를 들어, 피어슨 상관관계는 고정되지 않은 입력 및 비선형 입력에 대해 불안정하다고 알려져 있다.

데이터 순위에 기초한 통계는 단조로운 변환으로 바뀌지 않아야 한다. 단조로운 변환은 관측치의 상대적 순위에 영향을 미치지 않기 때문이다. 따라서 순위 기반 통계량은 결과가 원래 척도로 측정되는지, 아니면 다 른 임의 척도로 측정되는지에 따라 달라지지 않는다.

분위수 근사치: 분위수^{quantile}는 랜덤 변수의 누적 분포 함수에서 일정한 간 격을 갖고 있다는 점에 착안했다. 순서가 지정된 데이터셋을 동일한 크 기의 데이터 하위 집합으로 분할하는 것이 q-분위수의 동기이며, 수량은 연속적인 하위 집합 사이의 경계를 표시하는 데이터 값이다.

예를 들어, 최소 제곱법은 비정상 입력이나 비선형 입력의 경우 불안정할 수 있다. 그러나 최소 분위수 제곱$^{Least\ Quantile\ of\ Squares}$(LQS)으로 대체할 수 있으며, 목적은 제곱 잔차의 일부 분위수를 최소화하는 것이다. 다양한 LQS 방법 중 가장 인기 있는 것은 중위수 제곱 최소화$^{median\ squares\ minimization}$다.

정규분포에 대한 근사치

정규분포는 다음과 같은 확률밀도함수에 의해 정의된 랜덤 변수 분포다.

$$f(x \mid \mu, \sigma^2) = \frac{1}{\sqrt{2\pi\sigma^2}}\, e^{-\frac{(x-\mu)^2}{2\sigma^2}}$$

여기서 μ는 분포의 평균이고, σ는 표준편차, σ^2은 분산이다. 정규분포는 다음과 같이 기술하는 이른바 중심 극한 정리 때문에 통계학에서 특별한 중요성을 갖는다. 특정 조건에서 많은 랜덤 변수의 합은 근사적으로 정규분포를 가질 것이다.

여기서는 임의 분포 함수를 근사적으로 정규분포 함수로 변환하는 몇 가지 방법을 설명할 것이다. 기초 분포가 대략 정상이지만 이상치와 두터운 꼬리로 오염된 경우, 다음과 같은 강력한 방법은 극단적인 시장 조건에서도 안정적인 성능을 유지하는 데 도움이 될 수 있다.

피셔 변환 공식: 랜덤 변수 x가 1로 경계된다고 가정하면, 피셔 변환 공식 fisher transform formula은 다음과 같이 정의할 수 있다.

$$F(x) = \frac{1}{2}\ln\left(\frac{1+x}{1-x}\right) = \mathrm{arcth}(x)$$

$F(x)$가 x의 피셔 변환이고 N이 표본 크기인 경우 $F(x)$는 다음과 같은 표준 분포를 근사적으로 따르는데, 표준편차는 $1/\sqrt{N-3}$이다.

Z-점수: 데이터의 Z-점수Z-score는 평균과 단위 표준편차가 0인 분포를 초래한다. Z-점수는 다음과 같이 정의된다.

$$Z = \frac{x-\mu}{\sigma}$$

즉, Z-점수는 표준편차의 단위로 원 데이터와 모집단 평균 사이의 거리를 나타낸다.

제한 방법

극단값^{extreme value}은 관측된 수량의 통계적 특성에 유의하면서 일반적으로
유해한 영향을 미칠 수 있다. 따라서 강건한 방법의 한 가지 목적은 이상치
의 영향을 줄이는 것이다.

트리밍: 트리밍^{trimming}을 사용할 경우 일부 임계값보다 높거나 낮은 데이터
의 특정 부분을 제거하면 된다.

윈저화: 윈저화^{winsorization}는 헤이스팅스 등(Hastings et al., 1947)이 제안했고,
이후 호수우와 레로리(Rousseeuw and Leroy, 1987)가 좀 더 체계적으로
주장했다. 허위 이상치의 영향을 줄이기 위해 데이터의 극단값을 제한하
는 변환이다. 윈저화는 트리밍과 비슷하지만, 극단값을 버리는 대신 컷
오프 값으로 대체한다.

트리밍과 윈저화가 3, 5, 7, 10, 100의 숫자 데이터 표본 집합의 단순 추정
기 계산에 어떤 영향을 미치는지 설명하자. 평균, 중위수, k-트리밍 평균,
k-윈저화 평균을 아래에서 정의한 대로 고려하자.

a. 평균: 표본 데이터의 산술 평균

$$평균 = (3 + 5 + 7 + 10 + 100) / 5 = 25$$

b. 중위수: 데이터 표본의 상위 절반과 하위 절반을 구분하는 값

$$중위수: 7$$

c. k-트리밍 평균: 데이터셋의 양 끝에서 주어진 비율 α를 잘라낸 다음
평균을 취한다.

$$20\% \text{ 트리밍 평균} = (5 + 7 + 10) / 3 = 7.33$$

d. k-윈저화 평균: 데이터셋의 양 극단에서 비율 k에 해당하는 값을 가장 가까운 관측치로 대체한 후 평균을 계산한다.

$$20\% \text{ 윈저화 평균} = (5 + 5 + 7 + 10 + 10) / 5 = 7.4$$

위의 예에서 k-트리밍 평균과 k-윈저화 평균 모두 산술 평균보다 이상치에 대해 훨씬 안정적이라는 것을 알 수 있다. k-트리밍 평균과 k-윈저화 평균은 또한 잘 알려진 강력한 추정 모수인 중위수에 매우 가깝다.

위의 모든 추정 모수들(평균, 중위수, k-트리밍 평균, k-윈저화 평균)은 L-통계학의 특정 사례 또는 순서 통계량의 선형 결합으로 간주할 수 있다. 예를 들어, 특정 표본 값의 경우 최소 순서 통계량은 표본의 최솟값이다($X_{(1)} = \min\{X_1, ..., X_n\}$). 가장 큰 순서 통계량은 최댓값이다($X_{(N)} = \max\{X_1, ..., X_n\}$). k번째 순서 통계량은 각 기점의 순서를 정할 때 k번째 데이터다.

결론

벌치마스 등(Bertsimas et al., 2004)의 주장처럼, 강건한 방법은 극단적인 시장 상황에서 알파 행동을 측정하는 여러 벤치마크를 유의적으로 개선할 수 있다. 오늘날, 점점 더 많은 실무자가 지난 수십 년 동안 개발된 강건한 방법론이 제공하는 이점을 이용하고 있다. 대부분의 표준 통계 소프트웨어 패키지는 강력한 데이터 분석을 위한 다양한 도구를 포함한다.

강건한 방법은 기초 분포가 대략 정규분포이지만 이상치와 무거운 꼬리로 오염됐다고 가정한다. 본질적으로 왜곡된 데이터이거나 데이터의 많은 비율이 동일한 경우에는 이 방법이 잘못된 결과를 초래할 수 있다.

강건한 방법을 더 자세히 알고 싶다면 피터 후버와 엘베지오 론체티의
『Robust Statistics』(Peter J. Huber and Elbezio M. Ronchetti, 2009)를 참조
하라.

알파와 리스크 팩터들

펭 완(Peng Wan)

이 장에서는 역사적 관점에서 알파를 추구하는 관행을 검토한다. 연구가 잘된 몇 개의 알파를 검토해 어떤 것들이 '헤지펀드 베타', 즉 위험 요인으로 진화하는지 관찰할 것이다.

포트폴리오의 기대수익률과 분산에 관한 마코위츠의 연구(Markowitz, 1952)를 바탕으로 트레이너(Treynor, 1962), 샤프(Sharpe, 1964), 린트너(Lintner, 1965), 모신(Mossin, 1966)은 1960년대에 자본자산가격결정모형 Capital Asset Pricing Model(CAPM)을 개발했다. CAPM에 따르면, 주식의 예상 수익률은 주식시장 위험에 대한 투자자의 보상이다.

기대수익률 = 무위험 수익률 + 주식시장 베타 * 시장 위험 프리미엄

CAPM은 탄생 이후 제한적 가정과 실증적 데이터와의 불일치 때문에 많은 도전을 받았다. 로스(Ross, 1976)에 의해 개발된 차익거래가격결정론 (APT)은 CAPM의 엄격한 가정을 요구하지 않는다. APT는 완벽한 경쟁 시장에서 주식의 기대수익률은 불특정 다수의 요인 민감도의 선형 함수라고 주장한다.

기대수익률 = 무위험 수익률 + Σ(주식 요인 베타 * 요인 위험 프리미엄)

CAPM과 APT는 주식 수익률 분석과 알파 평가의 이론적 토대를 제공했다. 실제로 APT의 요인으로 주식 포트폴리오를 구성할 수 있으며, 대부분은 달러 중립형dollar-neutral 포트폴리오와 시장 중립형market-beta-neutral 포트폴리오로 구성될 수 있다. 이러한 베타 달러 중립형beta-dollar-neutral 요인은 각각 잠재적으로 거래 가능한 알파로 평가할 수 있다.

1980년대에는 몇 가지 중요한 요인들이 보고됐다. 반즈(Banz, 1981)는 소형주가 대형주를 능가하는 경향이 있다고 말하는 기업 규모를 발표했다. 바수(Basu, 1983)는 물론 로젠버그 등(Rosenberg et al., 1985)도 수익 대 가격 비율(E/P)과 장부가 대비 시장가 비율(BE/ME) 등 다양한 형태의 가치 요인을 발표했다. 파마와 프렌치(Fama and French, 1992, 1993)는 주식 수익을 설명하는 여러 문서화된 요인을 분석하고, 이를 파마-프렌치 3요인 모델Fama-French three-factor model로 요약했다. 이 모델은 시장 위험, 기업 규모, 가치 요소로 구성된다. 학자들이 이론적인 틀에서 이것을 분석하기 전에 투자운용업계에서는 이를 활용해 수익을 얻었을 수도 있다는 것을 언급하자. 예를 들어, 가치 투자는 현대 포트폴리오 이론이 공식화되기 훨씬 전인 1930년대에 벤자민 그레이엄Benjamin Graham과 데이비드 도드David Dodd에 의해 촉진됐다. 또 다른 예로, 마젤란 펀드는 피터 린치Peter Lynch가 펀드 매니저였던 1980년대에 소형주 비중을 높였다(Siegel et al., 2001).

파마-프렌치 3요인 모델로 요인에 관한 검색이 끝나지 않았다. 대신, 계량 투자 산업의 급속한 팽창에 발맞춰서 연구자들은 더 많은 요인을 발표했다(파마와 프렌치는 그것들 중 일부를 파마-프렌치 5요인 모델(2015)에 흡수하려고 노력했다). 새로운 모델은 시장 리스크, 기업 규모, 가치 요인 외에 수익성과 투자를 추가했다. 수익성 요인은 자산에 대한 총이익 등 영업 수익성이 더 견실한 종목의 기대수익률이 더 높은 것으로 보고 있다. 투자 요인은 그 외 모든 것이 동일하면서 회사 이익에 대한 보수적인 재투자(즉, 배당금 발행 및 주식 매입)를 실시하는 종목이 더 높은 기대수익률을 갖고 있음을 의미한다.

파마 프렌치 5요인 모델에 흡수되지 않은 요인은 최근 승자가 패자의 수익률을 능가하는 경향이 있는 모멘텀 효과(Jegadeesh and Titman, 1993), 유동성이 적은 유동성 효과(Amihud and Mendelson, 1986; Pástor and Stambaugh, 2003), 그리고 발생액 이상 현상accrual anomaly, 즉 회계상 발생주의 수익성이 높은 기업의 기대수익률이 떨어지는 현상(Sloan, 1996)이다.

이런 위험 요소들은 금융의 이론과 실행에서 중요한 역할을 해왔다. 우리가 발견한 알파는 미래에 상대적인 주식 수익의 큰 부분을 계속 견인할 것으로 예상되므로 일부 위험 요인에 의도하지 않게 추가될 것이다. 예를 들어, 뉴스 센티멘트news sentiment에서 만들어진 알파는 모멘텀 요인에 노출된다. 가격 정보를 전혀 반영하지 않는(그 대신에 모멘텀 요인이 내재돼 있음) 알파를 구축하더라도, 언론 종사자들이 고공 행진 중인 주식에 흥분하기 때문이다.

각 요인이 비합리적인 투자자 행위의 결과인지, 어느 정도 체계적인 리스크를 안고 있는 것에 대한 보상인지 구분하기는 어렵다. 실무자의 경우 이런 요인의 위험 프리미엄이 앞으로도 지속될지 여부를 아는 것이 더 중요하다. 불행히도 이 또한 예측하기 어렵지만, 앤드류 로(Andrew Lo, 2004)가 제안한 적응형 시장 가설Adaptive Market Hypothesis(AMH)이 행동경제학과 효율적 시장 가설을 바탕으로 한 금융 이론을 결합했기 때문에 약간의 통찰력을 얻을 수 있다. AMH는 시장이 균형을 이룬다고 보지 않는다. 대신 진화 과정에 의해 시장의 역동성을 설명하려고 한다. 그것은 시장에서의 수익 기회를 다른 종들이 경쟁하는 지역 생태계의 음식과 물에 비유한다. AMH 는 진화 과정으로부터 통찰력을 이끌어내면서, 시장 기회의 위험과 보상은 시간이 지남에 따라 안정적이지 않을 것이며 투자 전략이 퇴색할 수도 있 다고 예측하고 있다. 기회들이 사라졌다가 몇 년 후에 다시 나타날 수도 있 다. 로[Lo]의 가설은 경쟁적인 환경에서 최상의 기회는 다른 동물이 발견하 기 전에 짧은 시간 동안만 이용할 수 있을 가능성이 높다는 것을 암시한다. 적응형 시장에서 이러한 요인들이 광범위하게 알려지면 투자가의 행동을 변화시키는데, 시장 참여자들이 새로운 정보에 따라 행동하기 때문이다.

예를 들어, 그림 13.1은 가치 요인의 장기 누적 수익률을 보여준다(이 요인 은 BE/ME에 의거해 순위가 하위 30%인 미국 주식을 매도하고 BE/ME의 순위가 상위 30%인 미국 주식을 매수하는 것으로 구성된다. 월간 수익률 시리즈는 케니스 프렌치[Kenneth French] 웹 사이트 http://mba.tuck.dartmouth.edu/pages/faculty/ken. french/data_library.html#Rearch에서 다운로드할 수 있다). 이 요인은 장기적으 로 긍정적인 수익을 얻었지만, 1990년대 후반의 '기술 거품[tech bubble]' 이후 와 2008년 금융 위기 동안에 큰 손실을 입기도 했다. 또 다른 관측은 1950 년과 1989년 사이에는 연간 샤프지수가 0.56이었지만 1990년과 2017년 사이에는 0.11에 불과했다는 것이다. 해당 요인을 널리 공표한 것이 그 행 동에 변화를 줬다는 증거일 수 있다.

연구 과정에서 다음과 같은 위험 요소와 관련된 몇 가지 문제를 인지할 필 요가 있다.

- 앞서 살펴본 바와 같이, 샤프지수는 얼마나 시장에 잘 알려져 있는지 를 고려할 때 높을 수 없다. 스마트 머니는 성과가 덜 매력적이 될 때 까지 빠르게 수익률을 획득한다.

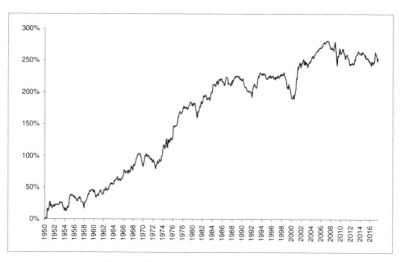

▲ **그림 13.1** 가치 요인의 장기 누적 수익률(1950 – 2017년)

- 기업 규모와 유동성 같은 일부 위험 요인은 롱 포지션 요인과 숏 포지션 요인 사이의 불균형이 존재한다. 이는 실제 실행에서 바람직하지 않으며, 특히 시장 위기 상황에서 균형 잡힌 방식으로 양측을 청산하기 어렵기 때문에 리스크 관리 측면의 우려가 크다.

- 이러한 위험 요인은 일반적으로 달러당 변동성이 더 높다. 그들은 거시적인 경향의 결과로 장기적인 하락을 겪을 수 있다. 더구나 업계에서는 이런 위험 요인 일부를 대안 베타 상품으로 포장하는 추세이므로 향후 변동성이 커질 수 있다. 그림 13.2는 프렌치와 그의 팀이 수행한 연구의 결과인데, 2009년 모멘텀 요인이 급반전하면서 발생한 큰 폭의 수익률 하락을 보여준다.

- 잘 연구된 위험 요인은 계량 투자업계의 많은 운용사에 의해 일반적으로 구현된다. 일부 대형 보유자가 보유 자산을 처분할 경우, 가격 영향이 다른 보유자에게까지 미쳐 손실을 악화시킬 수 있을 정도로 높을 수 있다. 이 근거는 2007년 8월 '퀀트 위기'에서 가장 생생하게 증명됐다. 인기 있는 계량 위험 요인들이 큰 손실을 입었는데, 이는 일부 대

형 플레이어들의 공격적인 매도(Khandani and Lo, 2007)에 따른 결과일 가능성이 높다. 그림 13.3은 2007년의 위기 동안에 가상의 퀀트 요인이 갑작스럽고 큰 손실을 봤다는 것을 보여준다. 요인은 모멘텀과 가치 조합으로 구성된다. 프렌치 웹 사이트에서 매일의 수익률 시리즈를 다운로드했으며, 콤보 팩터를 활용해 연간 10%의 변동성을 목표로 했다. 이런 종류의 재앙적 위험을 피하는 방법은 다른 위험 요인과 차별화하는 것이고, 공통적인 위험 요인에 대한 노출을 통제하는 것이다.

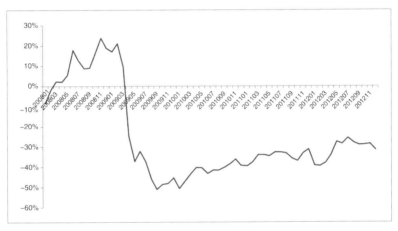

▲ **그림 13.2** 모멘텀 요인의 누적 수익률(2008 – 2012년)

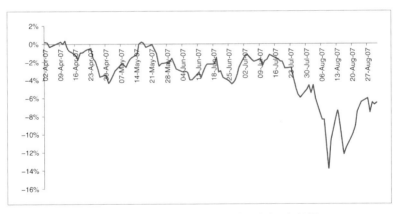

▲ **그림 13.3** 2007년 퀀트 위기 동안 가상 요인의 누적 수익률

따라서 잘 연구된 시장 효과가 장기적으로 긍정적인 수익을 창출할 수 있을지라도(합리적인 위험 보상 이유 또는 비합리적인 투자자 행동 이유 중 하나), 우리는 연구 과정에서 이를 알파라 부르는 대신 헤지펀드 베타 또는 위험 요소라고 부른다.

역사적 관점에서 볼 때 알파와 헤지펀드 베타의 구분이 뚜렷하지 않다. 전환은 적응형 시장이 진화하는 과정의 일부였다. CAPM 시대에는 기업 규모나 가치 요인 등 어떤 시장 이상 현상도 곁들여졌을 수 있다. 파마-프렌치 3요인 모델이 널리 채택된 후에도 모멘텀 요인은 여전히 알파다. 그러나 요즘은 헤지펀드 베타, 즉 위험 요인으로 발전하는 '알파'가 늘고 있다.

새로운 알파 연구 과정에서는 위험 요인의 높은 부하를 피하는 것이 좋으며, 이러한 요소들을 중립화해 알파 강도를 평가할 수 있다. 가장 일반적인 방법은 알파 포트폴리오를 위험 요인 포트폴리오로 다변량 회귀 분석을 실시하는 것이다. 좋은 알파는 경우에 따라 달러당 수익률이 감소할 수 있지만, 위험 요소 중립화 후 더 높은 샤프지수를 산출하는 경향이 있다. 예를 들어 표 13.1은 미국에서 거래되는 3,000개의 주식에 대한 블룸버그 가격-거래량 데이터로 구축된 가상의 알파에 대한 요인 중립화 과정이 미치는 영향을 보여준다. 알파는 2011년 1월부터 2016년 12월까지 고정 크기의 달러 중립 롱숏 포트폴리오로 구성된다. 요인 중립화 이전에 원래의 알파는 연평균 수익률이 16.8%(알파의 롱숏 크기에 비례)였고, 연평균 샤프지수는 1.55였다. 우리는 모멘텀, 기업 규모, 가치라는 세 가지 바라Barra USE3S(미국 주식 위험 모델) 위험 요소로 전면 중립화했다. 이 작업 이후 달러당 수익률은 더 낮았고 샤프지수는 더 높았다. 샤프지수는 세 요인의 동시 중립화 이후 가장 높았다.

요약하자면, 알파를 찾는 것은 경쟁 시장에서 끊임없이 발전하는 과정이다. 일부 알파는 몇 년 동안 힘이 약해질 수도 있다. 관련된 위험 때문에 포트폴리오에 위험 요소가 많이 적재되는 것을 피하는 것이 현명하다.

AMH가 예측한 바와 같이, 혁신은 생존의 열쇠다.

▼ 표 13.1 알파에 대한 팩터 중립화 예제

	연율화 수익률	연율화 변동성	샤프지수
원래 알파	16.8%	10.9%	1.55
중립화 모멘텀 팩터	13.3%	7.4%	1.79
중립화 기업 규모 팩터	14.4%	8.1%	1.77
중립화 가치 팩터	14.6%	8.1%	1.81
세 팩터 중립화	13.4%	7.3%	1.84

리스크와 손실율

하마드 칸(Hammad Khan), 레베카 리먼(Rebecca Lehman)

알파를 찾는 것은 위험이 아닌 수익에 관한 것이다. 수익률이 무엇인지는 모두가 알고 있지만, 위험은 대체 무엇일까? 연구자들은 종종 다른 형태의 측정과 통제를 필요로 하는 여러 유형의 위험을 혼동한다. 사실, 잠재적 위험 유형의 집합은 무한하다. 맨 끝에는 나이트의 불확실성Knightian uncertainty 과 블랙스완이 있는데, 이 위험은 사전에는 알 수 없으나 이후에 합리화하고 과적합할 수 있는 위험이다. 이러한 위험에 대해 말할 수 있는 유일한 구조적인 것은 이런 것들이 존재한다는 점이고, 발생한 후에 그것들을 합리화하려는 시도는 무의미한 연습이라는 것이다. 지나치게 복잡한 위험 모델은 마지막 블랙스완 이벤트를 완화하기 위해 고안된 에피사이클epicycle을 포함할 수 있지만, 차후 이벤트에서는 모델을 더 취약하게 만드는 것 외에는 아무것도 하지 않는다. 약간 더 가까운 곳에 자산 특성 및 운영 위험이 있으며, 실무자는 이를 고려할 수 있고 고려해야 하지만 넓은 의미에서 순응할 수 없다. 이 장에서는 위험 스펙트럼의 거의 끝부분(가장 잘 정의되고 일반적으로 고려되는 유형)에 초점을 맞추며, 이러한 유형은 외적 및 내적 위험으로 광범위하게 분류될 수 있다.

많은 알파는 주어진 산업이나 시장 전체의 행동과 같이 자신의 수익원과는 관련이 없는 외부적extrinsic, 또는 외면적external 요인에 노출돼 있다. 다른 위험 요소로는 주로 차익이 사라져버렸지만, 여전히 파마-프렌치와 바라 팩터Barra factor에는 모멘텀과 유동성 등이 거래되고 있다. 이러한 요인은 알파에 관한 외부 위험을 구성하는데, 성과를 파괴하지 않고 부분적으로 또는 완전히 중화할 수 있다. 한 가지 특별한 유형의 외부 위험은 사건 위험event risk으로, 알파의 일반적인 동력이 갑작스러운 뉴스 발표와 같은 일부 외부 요인에 의해 일시적으로 가중될 수 있다. 그러나 알려진 모든 외부 요인을 중립화한 이후에도 알파는 여전히 고유의 내적 위험을 포함하고 있으며, 그것이 결국 차익이 사라지지 않는 가정으로 수익을 창출하는 것이다. 비록 본질적인 위험을 제거할 수 없지만, 이들은 추정되고 통제돼야 한다. 변동성, VaR, 예상 꼬리 손실expected tail loss과 같은 내재적 위험의 다른 척도를 사용해 각 알파에 대해 적절한 수준의 레버리지leverage 또는 자본 배분을 선택할 수 있다. 추정이 특히 어려운 내부 위험 중 하나는 손실 폭 위험drawdown risk이다. 많은 투자자에게 과도한 하락은 기업의 지속적인 운영에 위험을 초래하기 때문에 아마도 역사적 변동성보다 더 중요하다. 최대 손실율은 특히 비선형적이고 변동성 및 VaR과 같은 다른 위험 척도에 비해 표본에 과적합될 가능성이 높기 때문에 경험적으로 추정하기 어렵다. 하지만 실제적인 중요성 때문에 손실 폭을 예측하고 통제하기 위한 몇몇 기술을 주목할 만하다.

위험 추정

포지션 기반 조치

알파에 관한 가장 단순하고 아마도 강력한 위험 추정량은 현재 포지션에 기초한 추정량이다. 이것들은 계산하기 쉽고 알파의 미래 행동에 대한 어떤 가정에도 의존하지 않지만, 불안정하고 극단적인 위험만 측정하는 경향이 있다. 특정 증권, 상관관계가 있는 유가증권 그룹 또는 요인 정량화의 집중과 관련된 외부적 위험은 포지션 집중position concentration으로 측정할 수 있다. 매우 집중된 포지션의 수익률 예측이 틀릴 경우, 알파에 심각한 손실을 예상할 수 있으므로 과도한 포지션 집중은 위험하다.

알파 벡터의 형태로 주어진 팩터와 관련된 위험은 벡터에 알파 직교 투영을 함으로써 추정할 수 있다. 뉴스 이벤트가 특정 금융상품에 영향을 미칠 것으로 예상되는 경우, 사건 위험을 해당 금융상품에 대한 노출로 측정할 수 있다. 팩터 위험에 관한 또 다른 포지션 기반 접근 방식은 주어진 포지션의 과거 수익률을 팩터의 과거 수익률로 회귀분석하는 것이다. 베타 계수 또는 팩터 로딩은 그러한 포지션과 관련된 위험을 정의한다.

주어진 포지션 집합의 본질적 VaR은 단순히 포지션 집합의 수익률 분포에서 p 백분위수 손실(보통 p = 5% 또는 10%)이며, 기대 꼬리 손실은 p 백분위 이하를 조건으로 하는 평균 손실이다. 각 개별 포지션의 VaR 값(포지션 간 상관관계에 어떠한 추정도 없음)과 전체 포트폴리오의 VaR 값(증권의 상관관계가 안정적이라는 암묵적 가정을 함)을 계산할 수 있다.

과거 손익 기반 조치

좀 더 원활한 위험 추정은 종종 현재 포지션 집합이 아닌 알파의 과거 포지션의 성과를 검토함으로써 얻을 수 있다. 이것은 알파 포지션이 현재 환경에 적응돼 있다는 가정을 한다. 과거 손익(PnL) 시리즈는 시간이 지남에 따라 천천히 변화하기 때문에 이러한 조치는 더 부드러워지고 과도한 동요를 일으키지 않고도 좀 너 쉽게 제어할 수 있지만, 알파 위험 프로필이나 환경의 변화를 감지하는 데는 더디게 나타날 수 있다. 외부적 위험을 감지하는 한 가지 방법은 특정 섹터의 손익 집중도를 고려하는 것이다. 포지션이 집중된 것으로 보이지 않더라도 손익이 특정 섹터에 고도로 집중된 경우, 다른 섹터는 알파 다변화에 기여하지 못하고 있다. 예를 들어 그림 14.1 을 참조하라.

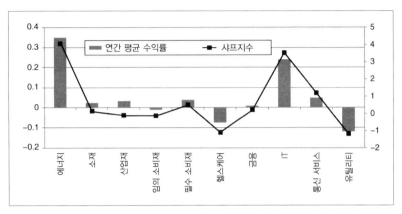

▲ **그림 14.1** 주로 에너지 및 정보기술 섹터 부문에 의해서만 성과가 달성되는 주식 알파 전략 예제

비록 전반적인 표본 성과가 매우 이치에 맞는 것처럼 보일 수 있지만, 두 가지 핵심 분야 중 어느 한 분야에서 국면 변화가 있을 경우 알파 성과는 급격히 저하될 수 있다. 좀 더 강력한 알파 전략은 가능한 한 많은 섹터(그리고 섹터 내 유가증권)에 걸쳐 성과를 균등하게 만드는 것이다. 데이터 또는 아이디어의 특성이 몇 개 섹터에서 작동할 것으로 예상할 수 있다면 일반적으로 알파는 검증 전에 이들 섹터로 미리 제한하고, 증권의 수에 따라 포지션에 크기 제한을 가해 알파의 고위험을 제어하는 것이 좋다. 일관된 수익을 만들지 않는 금융상품에 비중을 두는 것은 자본 낭비이지만, 그 성과를 보고 버리는 것은 생존자 편향 위험을 높인다.

그림 14.2는 타당한 목표 분포를 보여준다. 섹터 간에 완벽한 동등성을 달성하는 것은 비현실적이지만, 이 경우 알파가 모든 섹터에서 분명히 긍정적이다.

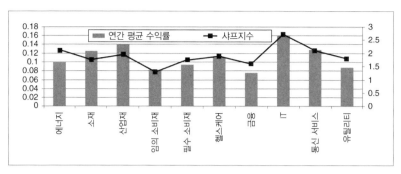

▲ **그림 14.2** 모든 부문에 걸쳐 성과가 합리적으로 분포된 주식 알파 전략 예제

마찬가지로 연구자는 극단적인 알파 값과 비교해 알파 성과의 분포를 확인해야 한다. 이를 검증하기 쉬운 방법은 알파를 5분위로 나누고 각 5분위에서 오는 평균(그리고 표준편차) 또는 수익률을 찾는 것이다. 이상적인 알파(그림 14.3)에서 상위 5분위(알파 값이 0 주위에 있으면 높은 양의 알파 값)는 매우 긍정적인 미래 수익을 내고, 하위 5분위(높은 음의 알파 값)는 매우 부정적인 미래 수익을 낸다.

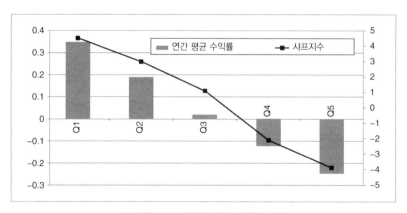

▲ **그림 14.3** 이상적인 알파 5분위수 분포

실제로 많은 알파는 성과의 거의 모든 부분을 상위 또는 하위 5분위에서 도출하며, 2~4 분위는 그림 14.4와 같이 단순한 잡음이다.

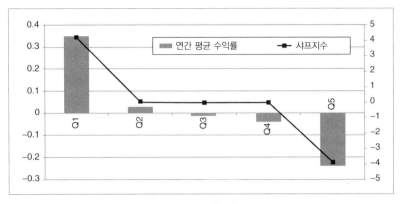

▲ **그림 14.4** 알파의 꼬리만 예측력을 갖는 5분위수 분포

그러한 알파는 꼬리의 경우에만 좋은 예측력을 갖고 있으므로, 만약 향후 꼬리 정보가 약해질 경우 실제 성과 폭이 감소하고 최대 손실이 발생할 가능성이 높아진다. 알파의 중심 분위에는 정보가 없기 때문에 절댓값이 일부 소음 한계치 미만인 증권은 버리는 것이 타당하다. 그러나 결과가 더 작은 증권을 거래하는 알파이므로, 단일 증권의 이벤트 충격에서 발생하는 것보다 변동성이 높고 강건성이 낮을 것으로 예상할 수 있다.

다른 경우 (그림 14.5와 같이) 가장 강한 꼬리 값은 작동하지 않는다. 가장 강한 시그널의 예측력이 낮다는 것은 알파가 강하지 않을 수 있다는 것을 의미한다. 연구자는 아마도 알파에 대해 더 조사해 가설을 다듬거나 버려야 할 것이다.

손익 기반 팩터 위험은 요인 분위수에 대한 수익 분포를 조사하거나 선택된 위험 요인의 과거 수익률을 알파의 실제 과거 수익률로 회귀분석해 추정할 수 있다. 알파의 본질적 위험은 현재 포지션이 아닌 실제 과거 손익 시리즈의 연율화 변동성, VaR 또는 최대 손실 폭으로 측정할 수도 있다. 외적 및 내적 위험을 모두 측정하는 시간 척도를 고려하는 것이 중요하다.

기간이 좁아지거나 빠른 감쇠 요인은 과거 기억력을 희생하면서, 국면 전환에 따라 발생하는 위험도가 높아진다. 이러한 파라미터를 선택할 때는 알파의 기간 구조를 고려하는 것도 중요하다. 알파 전략이 포지션을 빨리 바꾸면 위험 노출을 빨리 바꿀 가능성이 높으므로 시간 기간이 짧은 것은 일리가 있다. 알파 전략에 자연적인 주기성(예: 농산물 알파의 계절성)이 있는 경우, 해당 기간 일부에 관한 위험 조치는 잡음일 수 있으므로 모든 기간은 해당 기간의 배수여야 한다. 일반적으로 강건성을 더하고 알파의 기간 구조가 작동하지 않을 경우를 대비하는 안전장치로서 짧고 긴 시간 구조를 모두 갖고 있는 예측치를 결합하는 것이 좋다.

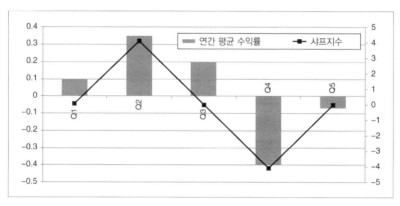

▲ **그림 14.5** 강력하지 않은 알파

손실 폭

손실 폭drawdown이란 이전 높은 값에 대비한 알파의 손실 백분율이다. 예를 들어, 알파 전략이 시작 이후 20%의 수익을 올리고 며칠(또는 몇 주) 내에 18%의 수익률로 하락할 경우, 손실 폭은 2%로 측정된다. 매일 돈을 버는 알파 전략은 없으므로 모든 알파 전략에는 단점이 있다.

투자자들은 일반적으로 다음과 같은 두 가지 손실 폭의 특징을 걱정해야 한다.

- 알파 역사상 (매년) 가장 큰 규모의 하락
- 가장 긴 기간의 하락

지나치게 가파르거나 긴 손실 폭은 개인 투자자를 파산시키거나 펀드로부터의 자본 이탈로 이어질 수 있으므로, 손실 폭을 통제하는 것이 매우 중요하다.

백테스팅 결과를 조사할 때 알파 손실 폭은 다른 특징(예: 연율화 수익률 및 정보비율)과 관련해서 측정해야 하는데, 예를 들어 연율화 수익률이 하락폭보다 커야 한다. 그렇지 않으면 견고한 알파 전략은 갑자기 급격한 하락을 보인 후 이전의 일관된 양호한 성과로 되돌아간다. 다른 경우, 손실 폭은 알파가 다시 작동하기 전 며칠 동안 느리고 꾸준한 음의 성과를 갖고 있다. 물론 실제 알파 전략이 실행 중이거나 표본 외 검증에서 성과가 음(-)으로 바뀔 때 알파 전략이 작동을 완전히 멈춘 것인지, 아니면 즉시 복구할 일시적 손실인지를 실시간으로 알 수는 없다. 따라서 표본 기간 내 역사적 추세의 깊이와 지속되는 시간을 측정하는 것이 중요하다. 이것은 표본과 실제 거래에서 성과를 측정할 수 있는 기준을 제공한다.

불행히도 이것들은 드물기 때문에 손실 폭은 또한 쉽게 과적합된다. '마지막 전투'를 하고 백테스팅에서 봤던 큰 실책은 막았을지 몰라도, 다음 실거래에서 큰 손실 폭을 막을 수 없는 아이디어를 내놓기는 쉽다. 최대 손실 폭 위험을 측정하기 위한 유용한 전술 중 하나는 부트스트래핑Bootstrapping 이다. 다음과 같이 작동한다.

1. 알파 손익의 자기상관도autocorrelation를 측정한다. 부트스트래핑은 중요

한 자동 상관관계가 유한한 집합이 있을 때 타당하다.

2. 자기상관 기간과 같은 길이의 손익 스니펫^{snippet}을 임의로 선택해 (대체와 함께) 1,000개의 합성 10년 손익을 생성한다.

3. 합성 손익의 최대 손실 폭 분포도를 표시한다. 90번째 백분위수는 부트스트랩된 최대 손실 폭이다.

부트스트래핑이 유용한데 그 이유는 다음과 같다. 하락을 초래한 특정 시장 상황에 대해 그럴듯한 이야기를 하고, 그러한 조건하에서 위험을 줄이는 단순한 과적합은 비교적 쉽다. 하지만 전체 수익률 분포와 자기상관 구조를 과적합하는 것은 훨씬 더 어렵기 때문이다. 실현 손실 폭은 감소하지만 부트스트랩된 손실 폭은 감소하지 않는 경우, 위험은 통제되지 않고 단지 감춘 것에 불가하다. 부트스트랩된 최대 손실 폭이 통제되면, 기저 분포가 극단적인 손실 폭을 일으키지 않을 것이라고 믿는 것이 합당하다.

위험 통제

가능한 경우 다양화

서로 다른 금융상품이 독립변수 수의 제곱근처럼 서로 다른 유형의 위험과 변동성 척도에 노출되기 때문에 포지션 집중을 제어하면 알파나 포트폴리오의 외적 및 내적 위험은 다각화로 감소될 수 있다. 예를 들어 FTSE 100으로 구축된 알파 전략은 영국과 유럽 전체 주식 집합에 구축된 알파 전략에 비해 다양성이 낮다. 다양화에는 새로운 지침, 새로운 지역 또는 부문, 새로운 자산을 포함시킬 수 있다. 증권 간의 상관관계가 낮을수록 위험은 이상적인 중심 극한 정리에 근접한다. 그러나 다양화에는 한계가 있다. 증권이 너무 다양한 경우, 변동성이 너무 이질적이므로 모든 증권이 과도한 집중 위험 없이 의미 있게 수익률에 기여하기 어렵다. 혹은 증권이 너무 다양하면, 알파 아이디어가 적절히 관련되기에는 증권이 너무 다르게 움직인다. 게다가 투자 유니버스가 팽창함에 따라 국가 및 통화 노출, 정치적 위험, 거래 상대방 위험과 같은 다른 위험들이 발생할 수 있다. 이러한 위험은 고려되고 완화돼야 한다.

외부 위험 감소

외부 위험은 중립화 또는 위험헤지risk hedge에 의해 통제될 수 있다. 엄격한 중립화는 주어진 위험을 0으로 강제하는 것이다. 포지션 집중의 경우, 개별 포지션에서 그룹 평균을 빼거나, 포지션 벡터를 팩터 벡터에 직교하거나, 팩터의 베타 곱을 빼면 쉽게 달성할 수 있다(숏 포지션에 제약이 없다고 가정함). 달러 중립적 또는 산업 중립적 포지션은 엄격한 중립화에 의해 달성된다. 느슨한 중립화는 익스포저exposure의 일부를 빼거나 제한된 최적화 방법을 사용해 포지션을 생성함으로써 주어진 위험에 대한 노출을 제한한다.

위험헤지는 다른 금융상품이나 금융상품 집합에서 발생하는 위험에 대한 위험 회피 수단으로 금융상품이나 금융상품 집합을 사용하는 것이다. 예를 들어, 사람들은 S&P 500 선물이나 ETF 펀드를 통해 주식형 포트폴리오의 시장 베타 또는 통화 현물이나 통화 선물을 활용해 글로벌 채권 포트폴리오의 통화 위험을 회피할 수 있다. 헤징hedging이 위험과 불완전하게 상관되기 때문에 결과적인 위험 통제는 완벽하지 않다. 하지만 중립화가 비현실적인 경우에 위험헤지가 유용하다. 예를 들어 공매도가 불가능하거나 지나치게 비용이 많이 들고, 위험이 단기적인 이벤트 위험이며, 위험헤징이 포트폴리오보다 더 유동적인 경우 등이 있다.

내재적 위험 감소

소프트한 중립화 전략이나 위험 회피 후에도 남아 있는 내재적 및 외재적 위험은 동적 포지션 변경에 의해 제어돼야 한다. 대부분의 알파는 광범위한 변동성, VaR, 예상 꼬리 손실, 위치 집중을 통제하면서 편익을 얻는다. 위험이 증가할 때 포지션 크기를 축소해야 하는데, 단지 몇 번의 거래일로 장기 손익이 사라지는 위험을 통제해야 한다. 광범위한 베타 또는 위험 부담/위험 회피 행동을 가진 알파는 CBOE 변동성 지수, 위험 부담/위험 회피 자산으로의 자금 흐름, 또는 상관관계 고유값의 급증과 같은 관련 대용치proxy를 현재 시장 상황에 맞게 조절해 관리한다. 위험 프로파일의 복잡성을 포착하는 단일 위험 척도는 없으므로 여러 관련 척도를 결합해 가장 보수적인 것을 사용하는 것이 유용하다. 미리 알 수 있는 특정 사건 위험(예: 중앙은행 회의 및 숫자 발표)에 매우 취약한 알파 전략은 제때 규모를 축소할 수 없는 경우 해당 이벤트 전에 포지션을 축소하거나 이탈하거나 더 유동적인 금융상품으로 위험을 회피해야 한다. 손절 및 수익 확정 임계치는 단기 포지션 크기를 제약하는 조건으로 볼 수 있는데, 거래가 예상 위험 수준에 도달한 후 포지션을 줄이고 과도한 하락을 방지한다.

단순 회피

모든 위험을 측정하거나 통제할 수 있는 것은 아니다. 알파에 대한 기초적인 분석이 작동하지 않을 위험이 있는 것으로 보이면, 알파 전략이 합리적으로 반응할 것으로 예상할 수 없다. 그러한 예로는 극단적인 자연 재해와 같은 뉴스 사건(알파가 그 사건을 포착할 것으로 예상할 수 있는 뉴스에 기반하거나 감정에 기반한 알파인 경우는 제외), 자산의 상관 구조의 갑작스런 변화(예: 고정 환율제 혹은 그것의 폐기), 거래 상대방의 신용위험(알파 전략이 이전에 거래 상대방을 당연하게 여겼다는 주장) 등이 있다. 하지만 가장 중요한 경우는 아무도 예상하지 못하는 경우들이다. 알파 전략이 실패 모드를 고려하고 이것이 예상치 못한 위험을 실현할 가능성이 있을 때 거래하지 않는 것은 투자자의 책임이다.

결론

모든 위험을 알 수 있는 것은 아니지만, 일부 공통의 외부 위험과 내부 위험은 측정하고 통제할 가치가 있다. 표본 내 성과 차트와 요약 통계는 이야기의 일부만 보여준다. 알려진 알파 요인에 대한 노출 정도, 포지션 및 손익 집중, 최대 손실 폭 분포를 분석하는 것은 연구자들이 취하고 있는 위험의 근원을 이해하고, 적절한 경우 그것들을 완화하고, 안전하게 관리하는데 도움이 된다.

자동화 검색에서 찾은 알파

유 후앙(Yu Huang), 바라트 인타라프라손크(Varat Intaraprasonk)

그리스 철학자 헤라클리투스^{Heraclitus}는 약 2,500년 전에 "인생에서 변화는 유일한 상수"라고 썼다. 그의 말은 특히 오늘날의 금융시장과도 관련이 있다.

우리는 정보 폭발의 시대에 살고 있다. 새로운 데이터 출처가 기하급수적으로 증가함에 따라 모든 데이터를 수동으로 테스트하는 것은 비현실적이되고 있다. 이 문제를 해결하기 위해 컴퓨터 알고리즘을 사용해 거대한 데이터 클라우드 내에서 알파 시그널을 쉽게 검색할 수 있다. 자동화된 알파 검색이라고 불리는 이 컴퓨터 지원 방식은 시그널 검색의 효율성을 크게 높여 하루 만에 수천 개의 알파 전략을 생산할 수 있다. 이것은 대가가 있게 마련이다. 발견되는 모든 시그널이 실제 알파 전략은 아니다. 자동 검색에 의해 발견된 겉으로는 훌륭해 보이는 알파 시그널의 대부분은 샘플 내과거 데이터에 적합한 잡음으로 예측력이 없다. 따라서 자동화된 알파 검색의 초점은 출력 시그널의 품질을 개선하고자 과적합을 피하는 것이다. 이 장에서는 자동화된 알파 검색 시스템을 구축하는 과정을 검토한다.

효율성과 확장성

자동 검색의 주요 초점은 기하급수적으로 많은 입력과 함수를 조합해 많은 수의 알파 시그널을 찾는 것이다. 이러한 조합은 재귀적일 수도 있다. 따라서 조합의 조합이 새로운 알파 시그널을 생성할 수 있다. 그러한 복합성 때문에 효율성이 자동 검색에서 중요한 관심사 중 하나다. 이 장에서는 자동화된 알파 검색에 고유한 문제를 제시하고, 수동 알파 검색과 유사한 유형적 부분tangible component으로 검색 프로세스를 분해하며, 효율성을 추구하는 것이 각 영역의 다른 치료법을 어떻게 효율적으로 통치하는지 보여준다.

자동 검색은 그 규모가 커짐에 따라 발생하는 세 가지 문제가 있다. 즉 계산 부하가 발생하고, 모든 구성 요소를 수동으로 검사할 수 없고, 각 알파에 대한 신뢰도가 낮아진다는 점이다. 자동 검색은 보통 시행착오에 의해 다른 데이터와 함수를 결합하는 것을 포함한다. 그로 인해 높은 수준의 계산 능력이 필요한 것이다. 메모리 사용을 줄이고 속도를 향상시키는 최적화는 더 많은 알파를 찾는 결과를 가져온다. 조합 수가 많다는 것은 결과를 일일이 손으로 검사하는 것이 불가능하다는 사실을 의미한다. 샘플을 수작업으로 조사하려고 해도 알파 표현이 매우 복잡할 수 있고, 뚜렷한 재무적 중요성이 없을 수 있다. 더구나 단순히 시행 횟수가 많다는 것은 수학적·경제적 의미가 없는 조합이 생존 편향을 통해 알파로 잘못 인식되는 것이 일반적이라는 뜻이다. 훌륭한 검색 프로세스는 그러한 소음을 출력물에서 배제하거나 처음부터 소음이 발생하지 않도록 방지하는 것이다. 마지막으로 알파 하나하나를 일일이 검사할 수 없기 때문에 수동으로 만든 알파의 신뢰에 비해 연구자의 각 알파에 관한 신뢰도가 줄어든다. 따라서 알파의 품질을 유지하기 위해 자동 검색에는 새로운 종류의 테스트가 필요하다.

이러한 세 가지 문제를 해결하기 위해 연구원들은 입력 데이터, 검색 알고리즘, 시그널 테스트라는 세 가지 주요 구성 요소를 조사할 수 있다(그림 15.1 참조). 입력 데이터는 가격, 이익, 뉴스 등 의미 있는 재무 변수다.

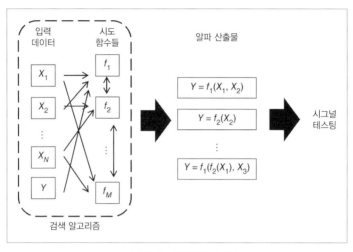

▲ **그림 15.1** 자동 검색 프로세스

시그널 검색의 목적은 이러한 데이터를 사용해 목표 함수 Y를 예측하는 것이다. Y는 미래 주식 수익률 또는 변형이 될 수 있다. 입력 데이터와 대상 함수 사이의 관계를 찾기 위해 피팅 알고리즘을 사용해 사전 선택된 시험 함수 f(선형 함수 중에서 가장 간단한 예)의 파라미터를 결정한다. 알파는 일단 발견되면 강건성을 시험한다.

입력 데이터를 너무 많은 범주에서 가져오면 안 됨

피팅 알고리즘에 너무 많은 입력 변수를 넣으면 표본 적합도가 향상되기는 하지만, 일반적으로 과적합으로 인해 예측력이 악화된다. 이 점을 넘어, 자주 간과되는 이슈 중 하나는 데이터 범주의 수다. 여기서 범주는 데이터의 유형과 출처를 가리킨다. 일반적으로 탐색되는 일부 범주에는 가격-거래량, 애널리스트 등급, 펀더멘털 데이터, 뉴스, 내부자 거래가 포함된다.

변수를 너무 많이 수용하려고 하면 결과가 과적합될 가능성이 높지만, 여러 가지 다른 범주의 변수를 적합시키는 것은 종종 더 나쁘다. 각 범주의 데이터는 고유한 특성 빈도를 가진다. 예를 들어 일반적으로 표시되는 기초 데이터는 명확한 분기 주기를 갖고 있는데, 가격-거래량 데이터는 일반적으로 균일하며 내부자 거래 데이터는 랜덤하게 간격을 두고 있다. 모형이 여러 가지 다른 범주의 데이터를 결합하는 경우, 일반적으로 더 복잡하고 데이터의 잡음에 더 취약하다.

단위를 쓰지 않는 비율을 입력 데이터로 사용

양호한 주식 수익률 예측변수는 동질적이고 여러 주식에서 비교 가능해야 한다. 그 결과, 가격 및 이익과 같은 원시 재무 데이터는 일반적으로 서로 다른 주식과 비교되지 않기 때문에 좋은 예측변수가 아니다. 예를 들어, 기업 이익의 가치는 횡단적으로 비교되지 않지만, 기업 이익을 매출로 나눈 값은 비교할 수 있다. 수익의 금액 가치는 회사 규모에 따라 다르기 때문이다. 대기업은 보통 달러 수익이 더 높지만, 반드시 주가 수익률이 더 높은 것은 아니다. 마찬가지로 주당순이익은 주식의 발행 규모에 따라 달라지기 때문에 증권 간에 서로 비교할 수 없다. 그러나 매출로 나눈 수익은 이익률을 백분율로 나타내기 때문에 여러 종목에 걸쳐 비교할 수 있다.

동일한 단위로 측정되는 동일한 범주의 변수 비율은 일반적으로 비교 가능한 지표다. 또 다른 방법은 주어진 데이터 비트의 현재 값을 과거 값과 비교하는 것이다. 예를 들어, 현재 가격을 지난 분기 평균 가격으로 나눈 것은 여러 종목에 걸쳐 비교할 수 있는 변수다. 널리 사용되는 일부 비율은 자동 검색에 적합하지 않을 수 있다는 점에 유의하자. 예를 들어 유명한 P/E(주당이익으로 나눈 주가)는 이익이 0에 가까우면 비율이 달라질 수 있으므로 자동 검색에는 적합하지 않다. 가격은 결코 0에 근접하지 않기 때문에

E/P 비율이 더 적합할 것이다. 이와 유사하게, 현재 이익을 전기의 이익으로 나눈 값도 달라질 수 있다.

연구자가 모든 알파 전략을 검사할 수는 없으므로 비교 가능한 변수를 만드는 이러한 기술은 자동 검색에서 필수적이다. 검색 프로세스의 입력으로 비교 가능한 변수만 사용함으로써, 시스템에서 생성되는 의미 없는 공식(예: 가격 - 거래량)의 수를 줄일 수 있다. 이것은 알파 전략이 경제적이고 수학적으로 의미를 부여하는 높은 확률을 갖고 있기 때문에 검색 공간의 관련 없는 부분을 줄임으로써 계산 부하를 줄이고 알파 전략의 신뢰도를 향상시킨다.

불필요한 검색 공간

수동 알파 검색에서는 검색 공간이 작기 때문에 철저한 검색으로 소수의 파라미터와 시험 기능을 맞추는 것이 가능하다. 이것은 자동화된 알파 검색에서는 가능하지 않다. 전체 공간을 조사하는 데 필요한 계산 자원은 실제로 너무 클 것이다. 따라서 검색 공간을 최대한 좁히는 것이 중요하다.

한 가지 가능한 방법은 이치에 맞지 않는 기능과 데이터의 조합을 걸러내는 것이다. 예를 들어, 음의 입력값을 가져갈 수 없는 로그와 같은 함수는 주식 수익률과 매칭돼서는 안 된다. 인간의 지식은 좀 덜 유용한 입력 데이터를 식별하고 삭제하는 데 사용될 수 있다. 예를 들어, 검색의 목적이 단기적인 시그널을 찾는 것이라면 산업 분류와 같이 천천히 변화하는 데이터의 변화는 검색 공간에서 생략할 수 있다. 적시 커버리지coverage(데이터가 얼마나 자주 변경되거나 사용할 수 없게 되는지)와 주식 전반에 걸친 커버리지(얼마나 많은 주식이 특정 시간에 이용할 수 있는 데이터를 보유하는지)를 검토하면, 덜 유용한 데이터를 걸러내는 데도 도움이 될 수 있다. 마지막으로 반복 검색은 파라미터 공간의 거친 그리드에 걸친 초기 검색을 사용해 알파가 가능한 영역을 찾고, 그 영역 주위에 더 미세한 그리드를 배치해 영역을 추적한다. 예를 들어, 반복 검색의 첫 번째 라운드에서 모멘텀 공식은 2개월과 6개월의 시간 척도에 적합할 수 있다. 2개월 기간이 더 잘되면, 다음 라운드에서 1개월, 3개월 기간을 사용할 수 있다. 이런 방법은 과정을 더 작고 빠른 단계로 세분화한다. 검색 과정을 즉석에서 진화하는 데 사용할 수 있는 중간 결과도 산출한다. 반복 검색은 좋은 결과를 만드는 함수를 검색해 시험 함수$^{trial\ function}$에도 적용할 수 있다.

중간 변수

수동 알파 검색을 수행하면 둘 이상의 기본 입력 데이터의 단순한 함수와 관련된 중간 변수가 강력한 알파 값을 만들 수 있음을 알 수 있다. 앞서 언급한 P/E 비율은 가격과 이익 데이터를 합친 것이다. 자동 검색은 또한 많은 알파를 보여주는 유용한 중간 변수를 찾을 수 있다. 검색 시스템이 이러한 변수를 기록해 다른 검색에 재사용할 수 있다면 계산 부하를 줄일 수 있다. 마찬가지로 시험 함수의 조합도 기록해 재사용할 수 있다. 일반적인 중간 변수의 이러한 재사용은 유전 알고리즘(GA)의 기초 중 하나이며, 이에 대한 완전한 논의는 이 장의 범위를 벗어난다.

알파 전략 하나가 아닌 알파 전략의 바다

입력 데이터 외에 검색 알고리즘 자체도 최적화할 수 있다. 보통 작은 파라미터 공간에서 가장 좋은 알파를 찾는 것이 목표인 수동 알파 검색과 달리, 자동 검색은 넓은 검색 공간에서 좋은 알파를 많이 찾는다. 따라서 알고리즘은 검색 공간에서 글로벌 최적점을 찾으려고 하기보다는 가능한 한 넓은 면적에서 많은 로컬 최적점을 찾고자 노력해야 한다. 다양한 알파 집합을 찾는 능력은 검색 알고리즘뿐만 아니라 검색 공간이 어떻게 정의되는지에 따라 달라진다. 앞서 언급했듯이, 연구자는 합리적인 검색 영역만을 다루기 위해 함수와 데이터의 불합리한 조합을 사전에 걸러내야 한다. 또한 가장 생산적인 검색 영역을 기록함으로써, 연구자는 다음 검색에 집중해 더 많은 알파를 찾고, 확신을 높이며, 발견되지 않은 다른 시그널을 찾기 위해 그러한 영역을 회피할 수도 있다. 검색 공간 전반에서 다양한 알파를 찾을 수 있는 능력은 검색 알고리즘과 검색 공간이 얼마나 잘 구성되는지 보여주는 척도 중 하나다.

단순 알파들

자동화된 검색은 많은 양의 알파 전략을 산출할 수 있으므로, 연구자는 더 많은 알파를 얻기 위해 기능 공간의 복잡성을 계속 증가시키고 싶은 유혹을 받는다. 좋은 알파는 대개 간단하기 때문에 복잡한 알파를 만드는 깊이 기반 접근법depth-based approach은 표본에서는 알파처럼 보이지만, 표본 외에서는 좋지 않은 성과를 보이는 많은 소음을 발생시키기 쉽다. 따라서 연구자는 검색의 깊이를 제한하고 검색 공간, 즉 입력 데이터와 시험 함수 등을 확장해서 폭 기반 접근법breath-based approach에 더욱 집중해야 한다. 발견된 알파들의 양이 일반적으로 느리게 증가하겠지만, 품질은 상당히 높아질 것이다.

더 긴 백테스팅 기간

백테스팅 기간을 늘리면 사용 가능한 데이터 포인트 수가 증가하고 결과의 통계적 유의성이 증가하지만, 데이터 아래의 역학 관계가 동일하다는 가정에서만 가능하다. 이것이 금융시장에 항상 맞는 것은 아니다. 시장 참여자들과 그들의 행동은 빠르게 변화하고, 다시 금융시장의 역동성을 변화시킨다. 따라서 입력 데이터의 길이를 선택할 때 절충한다. 기간이 너무 짧으면 그 결과의 신뢰도가 낮지만, 기간이 너무 길면 역학 관계로 인해 결과의 신뢰성이 떨어질 수 있다.

수동 검색에서는 일반적으로 시장 역동성이 포착되고, 얼마나 오래 지속될 것으로 예상하는지 파악한다. 자동화된 시스템에는 이러한 장점이 없으므로, 백테스팅을 분할하고 기간에 걸쳐 일관성을 확인하는 것처럼 백테스팅 기간이 너무 길 때 이를 감지하기 위한 정량적인 방법을 고려하길 원한다. 계산 복잡성이 다소 증가함에 따라, 특정 파라미터를 검색의 일부로 맞추기보다는 알파 전략 내에서 동적으로 업데이트해 더 긴 백테스팅 기간에 관련성을 유지하도록 할 수 있다.

특히 대규모 검색에서 백테스팅 기간이 길어져서 발생하는 또 다른 문제는 계산 부하가 높다는 것이다. 반복적인 검색에서, 증분 백테스팅 기간은 과도한 자원을 사용하지 않고 더 긴 백테스팅 기간을 권고하는 유용한 방법이다. 예를 들어, 날짜 M에서 날짜 N까지 백테스팅 기간으로 검색의 첫 번째 라운드를 시작한다. 다음 라운드에서는 더 작은 검색 공간의 더 미세한 그리드를 가로지르며 M-0.5년에서 N+0.5년의 기간이 사용된다. 3차 라운드에서는 M-1년에서 N+1년까지의 기간 등이 사용된다. 이렇게 하면 예비 결과만 기대되는 1차 라운드가 훨씬 더 빨리 작동하는 반면, 미세 조정이 일어나는 후기 라운드는 더 많은 데이터 포인트를 사용해 견고성을 높인다. 백테스팅 기간을 각 라운드로 연속해서 연장하면 매 라운드마다 준 표본 외 검증quasi out-of-sample test이 추가돼 수익률이 높으면 수익률과 알파의 신뢰도를 측정하고, 수익률이 낮고 생존자 편향이 우려되면 검색을 중단할 수 있다.

단일 알파 전략 성과가 아닌 알파 배치

인간의 수작업으로 발견한 알파는 대개 경제적 또는 재정적 추론에 의해 지지된다. 알파는 파라미터 적합성의 강건함에 크게 좌우되는데, 특정 알파는 다른 알파와는 독립적이다. 따라서 각 수동 알파에 대한 신뢰도는 별도로 측정할 수 있다. 예를 들어, 품질은 백테스팅 성과나 파라미터의 민감도 검증에서 유추할 수 있다. 대조적으로 자동 검색에서는 각 알파에 대해 미리 정해진 설명이 뒤에 있지 않으므로, 알파에 대한 신뢰는 최적화 알고리즘뿐만 아니라 검색 공간에도 달려 있다. 따라서 검색 전체의 자격에 대해 질문하는 것보다 개별적인 알파의 질에 대해 묻는 것이 덜 의미 있게 된다. 동일한 검색 공간과 검색 알고리즘에서 만들어진 알파들의 종합 성과를 배치 성과라고 한다. 이는 개별 연주자의 음악이 아닌 앙상블 전체를 기준으로 음질을 측정하는 오케스트라와 유사하다.

선택 편향selection bias은 하나의 알파에 지나치게 집중되는 데에서 비롯되는 일반적인 함정이다. 자동 검색을 완료한 후에는 각 출력 알파에서 표본 외 성과를 테스트하고 성과가 우수한 알파만 선택하는 유혹이 따른다. 그러나 이 연습은 표본 외 검증의 성과가 알파 선택에 사용됐으므로 알파 배치에 선택 편향을 도입할 수 있다. 그로 인해 더 이상 표본 외 검증으로 고려할 수 없다. 이러한 편향을 완화하기 위해 배치의 모든 알파의 평균 성과에 대한 통계적 유의성을 고려하고 전체 배치를 승인할지 또는 거부할지를 결정한다. 예를 들어, 표본 내 검증에서 최소 IR이 0.15인 100개 알파의 배치가 생성된다고 가정하자. 알파를 검증한 결과, IR 0.12인 표준편차와 평균 표본 외 IR이 0.01을 갖고 있는 것으로 밝혀졌다. 60개 정도의 알파들은 표본 외 IR이 0 이상이고, 나머지는 IR이 0 이하를 갖고 있다. 이 경우에는 표본 외 IR이 너무 낮으므로 표본 외 IR의 성과가 양인 60개를 포함해 100개 알파 모두를 거부해야 한다.

배치 통계를 연구하면 시스템에서 오류를 발견하는 데 도움이 될 수 있으며, 이는 정확히 파악하기 매우 어려울 수 있다. 예를 들어 분기별로 업데이트되는 데이터를 이용해 매매회전율이 낮은 알파 전략을 찾아내는 시스템을 구축하지만, 실제 출력 알파 배치의 매매회전율은 이례적으로 높다.

이것은 파라미터 적합에서 발생하는 오류를 가리킬 수 있다. 배치 통계는 또한 입력 데이터와 검증 함수에 대한 유용한 정보를 산출할 수 있다. 예를 들어, 알파 배치에서 여러 번 나타나는 데이터나 함수는 더 높은 예측 능력을 가질 수 있다. 이러한 통찰력은 후속 실행을 위해 검색 공간을 더욱 최적화하는 데 사용될 수 있다.

알파 배치 통계의 또 다른 적용은 수익률 검증^{yield test}이라고 불리는 기술이다. 만약 연구원이 경제적 또는 재정적 의미를 갖는 일련의 검색 공간(입력 데이터와 함수들)을 사용한다면, 이 공간에서 발견되는 알파 전략의 개수가 일련의 잡음이 섞여 있는 데이터 입력이나 함수에서 발견되는 것보다 더 높을 것으로 기대할 수 있다. 즉, 좋은 검색 공간은 시끄러운 검색 공간보다 더 높은 수익률을 가져야 한다. 따라서 연구자는 자동 검색 시스템에 소음 입력을 공급해 출력 알파 배치의 수익률과 품질을 비교할 수 있다. 잡음 입력에 기초한 배치는 양호한 검색 공간의 배치보다 더 나빠야 한다. 좋은 입력을 사용하든, 잡음 입력을 사용하든 상관없이 알파들의 개수와 품질이 크게 다르지 않다면, 이는 전체적인 과정이 나쁘다는 것을 나타낸다. 따라서 결과적으로 발생하는 알파 배치, 심지어는 깨끗한 공간에서 나온 배치도 잡음일 가능성이 있음을 시사한다.

알파 배치 다양화

다각화된 포트폴리오가 리스크를 낮춘다. 이 원칙은 또한 서로 다른 자동화된 검색의 알파 묶음에도 적용될 수 있다. 각각의 알파 배치는 알파 전략을 많이 포함하고 있으므로 이미 어느 정도 다각화돼 있다. 그러나 연구자는 입력 데이터셋을 변화시킴으로써 배치 수준에서 다각화를 증가시킬 수 있다. 입력 데이터는(예를 들어 펀더멘털, 가격-거래량), 시험 함수(선형 조합, 시계열 회귀분석), 성과 테스트(수익률 극대화, 위험 최소화) 또는 검색 프로세스 자체(상이한 반복 프로세스)다. 많은 배치에서 알파를 결합하면 알파와 전체 포트폴리오 위험 사이의 상관관계를 더욱 줄일 수 있다.

민감도 검증과 신뢰도 검증

좋은 알파 시그널은 잡음에 무감각해야 한다. 서로 다른 기간 및 다른 지속 시간^{duration}하에서 교차 검증을 무작위 하위 데이터셋이나 각 주식 섹터 등에 대해 실시하는 것은 과적합 위험뿐만 아니라 잡음 데이터의 위험을 완화하는 좋은 방법이다. 이러한 입력 데이터 변화에 덜 민감한 시그널에서 신뢰도가 올라간다. 한편, 각 입력 데이터 필드는 결과에 큰 공헌을 할 수 있다. 유의성을 테스트하는 가장 간단한 방법은 입력 변수를 하나 제거해 노이즈로 대체한 후 결과가 유의하게 변화하는지 확인하는 것이다. 각 입력 변수가 유의미한 기여를 할 경우에는 시그널을 더 신뢰할 수 있다.

수동 알파 검색

고품질 알파 검색은 입력 데이터, 시험 함수, 검색 알고리즘, 성과 테스트 등의 세심한 처리가 필요하다. 특히 새로운 입력 데이터셋이나 객관적 함수를 사용할 때, 이들 각각의 적절한 선택 사항을 정확히 찾아내는 것이 처음에는 어렵다. 따라서 자동화된 검색에 과감히 뛰어들기 전에 수동 검색부터 시작하는 것이 필수적인데, 각 알파에 관한 모든 측면을 이해하기 쉽기 때문이다. 일단 입력을 명확히 파악하면, 연구자는 프로세스를 일반화해 자동 검색에 적합하게 만들 수 있다.

결론

자동화된 알파 검색은 기존의 수동 알파 검색에 비해 많은 이점을 제공하며, 특히 효율성과 처리 용량이 크게 증가한다. 하지만 여러 분야에서 주의

가 필요하다는 단점도 있다. 자동 검색은 과적합의 정도를 악화시킬 수 있다. 신중하고 의미 있는 변수 선택, 입력 데이터 범주 제한, 시험 기간 선택, 민감도 테스트로 과적합에 대응할 수 있다. 이것들은 모두 과적합을 피하고 진정한 알파들을 생성하기 위한 중요한 단계들이다. 마지막으로 배치 성능을 고려함으로써 성과 개선과 다각화를 배치 수준에 적용할 수 있다. 수동 검색에서 얻은 알파를 갖고 이를 실행하기는 어려운데, 유사한 알파의 수가 적고 서로 다른 알파를 함께 군집화하기가 어렵기 때문이다. 인공지능 분야가 진보함에 따라 자동화된 알파 검색의 관심과 중요성이 계속 증가할 것으로 기대된다.

알파 연구에서의 머신러닝

마이클 코즐로프(Michael Kozlov)

서론

지난 수십 년 동안 머신러닝은 대규모 데이터셋에서 정보를 추출하는 거의 모든 작업에 사용하는 공통 수단이 됐다. 알파 연구에서는 머신러닝 학습 방법론을 사용해 다음과 같은 몇 가지 일반적인 문제를 해결할 수 있다.

- **회귀 문제**. Y와 X가 계량 변수이고 Y가 함수 $Y = F(X)$로 추론되는 회귀 문제
- **분류 문제**. Y가 질적 변수이고 계량 변수 X로부터 유추되는 분류 문제
- **클러스터 문제**. 계량 변수 X를 관찰해 유사한 특징을 가진 그룹으로 분류

이 장에서는 이러한 문제를 해결하기 위해 사용되는 가장 일반적인 기법을 소개한다.

알파 연구에서는 과거에 일어난 일을 완벽하게 묘사하는 것보다는 미래를 예측하는 과정에서 가능한 한 정밀하게 기술하는 것이 중요하다. 따라서 다음과 같은 딜레마에 직면하게 된다. 지나치게 복잡한 모델은 완벽한 교정을 가능하게 하지만, 과도한 적합성과 낮은 예측 결과를 초래할 수 있다.

반면 표본 데이터에 매우 잘 맞지 않는 지나치게 단순화된 모델은 미래 행동을 더 정확하게 예측할 기회가 없다.

머신러닝 학습 방법

역사적으로 머신러닝 분야는 제2차 세계대전 이후 인류가 인간의 상식과 계산에 의존함으로써 가능했을 것을 넘어서, 많은 정보를 분석하고 올바른 결정을 빨리 내려야 하는 절박한 필요성에 직면했을 때 추진력을 얻었다. 1957년, 코넬 항공 연구소의 프랭크 로젠블랫Frank Rosenblatt은 흔히 과학으로서 머신러닝의 시작이라고 일컫는 개념인 퍼셉트론perceptron을 발명했다. 인간의 뇌가 단지 뉴런들의 집합체일 뿐이라면 인공 뉴런을 만들 수 있다. 마치 자연 뉴런처럼, 그것은 꽤 간단할 것이다.

인공 뉴런은 입력 시그널의 가장 단순한 선형 분류로 구현됐다. 각각의 인공 뉴런은 일련의 학습 사례에 적합할 수 있는 파라미터를 갖고 있다. 지각은 더 강하고 더 복잡한 분류자를 대표할 수 있는 뉴런들의 집합체다. 퍼셉트론의 단점은 긍정적인 학습 결과가 새로운 데이터에서 강력한 예측력을 발휘하지 못할 때 생기는데, 파라미터가 너무 많아 과적합으로 이어지기 때문이다.

1960년대에 소련의 과학자 블라디미르 바프닉Vladimir Vapnik과 알렉세이 체르보넨키스Alexey Chervonenkis는 일반화된 포트레이트 알고리즘portrait algorithm을 발명했고, 이 알고리즘은 나중에 서포트 벡터 머신Support Vector Machine(SVM)으로 알려진 분류 알고리즘 계열로 발전했다. 일반화된 포트레이트와 SVM은 머신러닝의 새로운 단계였다. 퍼셉트론과 대조적으로, SVM을 사용하는 솔루션은 학습 중에 달성된 정확도가 표본 외에서도 보존되므로 과적합이 방지된다고 가정한다.

이제 머신러닝에서 가장 중요한 방향과 방법을 간략히 살펴보자(그림 16.1 참조).

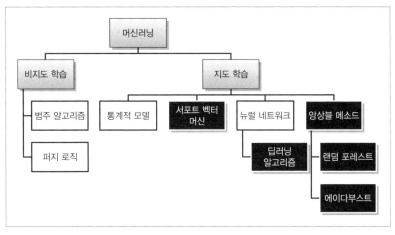

▲ **그림 16.1** 머신러닝의 가장 발전된 방향. 가장 인기 있는 것은 검은색이다.

지도 학습 및 비지도 학습 알고리즘

'지도 알고리즘supervised algorithm'이란 우리가 제공하는 일련의 정답 사례로부터 머신이 스스로 학습하길 기대한다는 것을 의미한다. 예를 들어 '고양이'와 '개'라는 정확한 라벨을 가진 일련의 사진을 미리 준비하고, 머신이 그것들을 구별할 수 있도록 스스로 학습하길 기대해볼 수 있다. 또 다른 예로는 예측 작업에 대한 정확한 결과 집합(과거에서 선택됨)이 있다.

'비지도 알고리즘unsupervised algorithm'이라는 용어는 또한 소작 작업cauterization task을 의미하는데, 정답을 미리 알지 못한다. 이 경우 머신 검색은 일부 사선 정의된 품질 기준에 의해서만 지시된다.

예를 들어 알파 연구에서는 주가를 예측하는 과제가 지도 학습의 좋은 응용이 될 수 있으며, 포트폴리오에 포함시킬 종목을 선택하는 과제는 비지도 학습의 응용이다.

통계적 모델

나이브 베이즈naïve Bayes, 선형 판별 분석linear discriminant analysis, 은닉 마코브hidden Markov model, 로지스틱 회귀분석logistic regression과 같은 모델은 분류나 예측이 그다지 정밀하지 않아도 되는 비교적 단순한 문제를 해결하는 데 좋다. 이러한 방법은 구현하기 쉽고 누락된 데이터에 너무 민감하지 않다. 단점은 이러한 접근법 각각이 특정 데이터 모델을 미리 가정한다는 것이다.

추세 분석은 알파 연구에서 통계적 모델statistical model을 적용한 사례다. 특히 주식시장의 주가 움직임이 완전히 무작위적인 것은 아니라는 믿음을 바탕으로 은닉 마코브 모델을 자주 활용한다. 통계 프레임워크에서 은닉 마코브 모델은 두 개 이상의 확률적 과정, 즉 시간적 변동성을 설명하는 은닉 마코브 체인hidden Markov chain과 스펙트럼의 변동성을 설명하는 관측 가능한 과정으로 구성된다. 이 접근법에서 주식시장 행동 양상의 패턴은 특정 시점의 확률값에 기초해 결정된다. 관찰 순서에서 숨겨진 상태 시퀀스를 파악해 장기 확률 분포를 추출하고 그 분포에 대한 현재 추세를 파악하는 것이 목표다.

서포트 벡터 머신

서포트 벡터 머신(SVM)은 이론적 근거가 강한 머신러닝 알고리즘이다. 그것은 매우 견고하고 다양한 유형의 문제에 대해 여러 가지 수정modification을 하지만, 대개 많은 학습 시간이 필요하며 병렬 연산을 위한 최고의 기술은 아니다(현대 알고리즘의 단점이다).

서포트 벡터 머신의 주요 개념은 중첩되지 않는 두 그룹(범주)으로 분류된 벡터 공간의 데이터 포인트 집합에 따라 서포트 벡터 머신 알고리즘이 공간을 두 개의 하위 집합으로 분할해 학습 지점과 경계 사이의 거리를 최대화하는 것이다. 그런 다음 새 경우가 동일한 공간에 매핑되고 카테고리에 할당된다.

서포트 벡터 머신은 재무 시계열의 분석과 예측에 매우 유용한 방법이 될 수 있다. 그 이유를 살펴보면, 구조적 위험 최소화 원칙에서 파생된 경험적 오류와 규제화된 용어로 구성된 위험 함수의 관점에서 공식화될 수 있기 때문이다. 회귀 문제와 예측 문제를 해결하는 방법으로 벡터 회귀분석^{vector regression}(SVR)을 사용하는 것이 하나의 접근법이다. 벡터 회귀분석의 마진을 변경함으로써 재무 데이터의 변동성 변화를 시뮬레이션할 수 있다. 더욱이 벡터 회귀분석에서는 비대칭적 마진의 영향을 고려할 수 있으므로 모델의 하방 위험을 줄일 수 있다.

뉴럴 네트워크

뉴럴 네트워크^{Neural Network}(NN)는 인간의 뇌 구조를 자연 뉴런과 매우 유사한 인공 뉴런으로 나타내려는 생각에서 발전했다. 핵심은 뉴런 구조 자체가 아니라 뉴런이 어떻게 서로 연결되고 어떻게 훈련되는지 아는 것이다. 지금까지 어떤 특정한 과제에 대해 뉴럴 네트워크를 어떻게 구축해야 하는지 설명하는 이론은 없다. 사실 뉴럴 네트워크는 특정 알고리즘이 아니라 알고리즘을 나타내는 구체적인 방법이다. 뉴럴 네트워크를 훈련하는 데 사용하는 잘 알려진 역전파 알고리즘^{backpropagation algorithm}이 있으며, 뉴럴 네트워크의 충분한 계산 능력을 감안할 때 매우 효율적이다. 오늘날 뉴럴 네트워크는 많은 애플리케이션을 갖고 있으며, 체스와 바둑에서 인간 플레이어를 이기고 신용등급을 결정하고 인터넷상에서 부정행위를 탐지하는 머신을 포함하는 많은 인공지능 시스템에서 중요한 역할을 하고 있다. 그러나 (내부 논리를 해석하기 어려운) 뉴럴 네트워크의 이론 부족과 내부 투명성 부족이 발전을 다소 저해하고 있다.

앙상블 방법

랜덤 포레스트나 에이다부스트^{AdaBoost}와 같은 앙상블 방법$^{ensemble\ method}$은 복수의 취약 분류자 또는 불분명한 정확도를 가진 예측변수의 해결책을 종합해 더 강력한 분류나 정확한 예측을 얻는다. 랜덤 포레스트 알고리즘은 학습 사례에 의존하는 일련의 간단한 의사결정 트리를 구성하고, 그 트리가 투표로 새로운 사건들에 대한 최종 결정을 내린다. 에이다부스트 알고리즘은 다양한 취약 분류자(각각 50% 이상의 정확도를 갖고 있음)를 취합해 취약 결정의 가중 합계로서 최종 결정을 얻는다. 이러한 알고리즘은 확장성이 매우 뛰어나며 병렬 계산에 유용하다.

랜덤 포레스트와 에이다부스트의 주요 아이디어는 거칠고 적당히 부정확한 가설을 결합해 매우 높은 비율의 가설을 형성하는 것이므로 포트폴리오 최적화에 자주 사용된다. 예를 들어, 비교적 약한 알파 집합에서 시작해 무작위 포레스트와 에이다부스트 방법론을 이용함으로써 안정적이고 양호한 전략을 구축할 수 있다.

그러나 랜덤 포레스트와 에이다부스트에서 학습된 강력한 분류자는 오류율이 높은 경향이 있다. 최근에는 이러한 알고리즘의 일부 개선된 변형이 거짓 양성률을 낮추기 위해 제안됐다. 예를 들어, 어섬부스트^{AsumBoost}는 각 교육 라운드에서 양성 샘플과 음성 샘플을 재가중해 거짓 부정과 거짓 양성의 비대칭 비용을 어느 정도 균형 있게 조정한다. 또 다른 대안은 플로트부스트^{FloatBoost}이며, 플로팅 검색의 역추적 메커니즘을 반영해 새로운 약한 분류기를 추가한 후 불리한 약한 고정자를 제거하고자 반복적으로 역추적^{backtracking}을 수행한다. 약 다섯 배가 더 긴 훈련 시간을 들여 오류율을 낮추고 기능 세트를 줄인다.

딥러닝

딥러닝Deep Learning(DL)은 오늘날 인기 있는 주제이며, 다소 뚜렷한 여러 가지를 논의하고자 사용되는 용어다. 일부 데이터 과학자는 딥러닝이 단지 일시적인 유행어이거나 뉴럴 네트워크를 리브랜딩한 용어일 뿐이라고 생각한다. 딥러닝이란 명칭은 캐나다 과학자 제프리 힌튼Geoffrey Hinton으로부터 유래했으며 그는 뉴럴 네트워크를 다수의 뉴런 층neuron layer으로 가두기 위해 제한된 볼츠만 머신Restricted Boltzmann Machine(RBM)으로 알려진 비지도 학습 방법을 만들었다. 이는 역전파 훈련 방식을 개선하려는 의도였지만, 실제로 개선됐다는 확실한 증거는 없다. 딥러닝의 또 다른 방향은 반복 뉴럴 네트워크Recurrent Neutral Network(RNN)와 자연어 처리Natural Language Processing(NLP)다. 반복 뉴럴 네트워크를 교정할 때 발생하는 한 가지 문제는 단계별 가중치의 변화가 너무 작거나 너무 커질 수 있다는 것이다. 이것을 소멸 그래디언트 문제vanishing gradient problem라고 한다.

요즘 '딥러닝'이란 용어는 컨볼루셔널 뉴럴 네트워크Convolutional Neural Network(CNN)를 가리키는 경우가 많다. CNN은 컴퓨터 과학자인 후쿠시마 구니히코Kunihiko Fukushima와 얀 르쿤Yann LeCun에 의해 도입됐는데, 후쿠시마 구니히코는 네오 인식 모델(feed-forward NN)을 개발했고 얀 르쿤은 네오 인식 학습 모델을 위해 역전파 알고리즘을 수정했다. CNN은 학습을 위해 많은 자원을 필요로 하지만, 쉽게 병렬화될 수 있으므로 병렬 계산의 좋은 후보라고 할 수 있다.

딥러닝을 적용할 때, 얕은 개별 구조보다 더 나은 결과를 만들어내는 몇 개의 독립적인 뉴럴 네트워크 층을 쌓으려고 한다. 시계열 분석과 예측에 딥러닝 학습을 채택하는 것이 이전에 존재했던 기술과 비교할 때 더 나은 결과를 가져온다는 증거가 있다. 시계열과 예측에서 가장 인기 있는 것은 쿠레모토 등(Kuremoto et al., 2014)이 제안한 심층 신뢰망deep belief network이었다.

퍼지 논리 방법

고전적 논리에서는 모든 진술이 참이거나 거짓이다. 그러나 실제 생활과 인간의 논리에서는 이것이 항상 충분하지는 않다. 어떤 진술들은 "아마 사실일 듯", "확실히", "아마도 아닐 거야." 등이다. 즉, '예스^{Yes}'와 '노^{No}' 사이에 중간 스케일이 있다. 머신들이 그러한 정의되지 않은 문장에서 작동하도록 허용함으로써, 퍼지 논리$^{fuzzy\ logic}$라고 알려진 것을 만들 수 있다. 이것은 부정확한 추론 규칙을 갖고 있으며 정보가 부족한 상황에서 결정을 내릴 수 있는 메커니즘을 제공한다.

금융 애널리스트들은 금융 프로세스와 금융시장 성과를 모델링하고자 전문가 시스템과 뉴럴 네트워크를 사용하는 데 점점 더 많은 관심을 보이고 있다. 그러나 하이브리드 전문가와 뉴럴 네트워크 소프트웨어 시스템의 개발에서 퍼지 논리 방법이 인기를 얻고 있다는 점을 인식하는 것도 중요하다. 퍼지 전문가 시스템에서는 퍼지 규칙을 지정하려고 시도한다. 퍼지 규칙은 의사결정 규칙에 내장된 믿음의 정도에 따라 대응해 더 큰 다양성을 허용한다.

결론

확실히 데이터는 현대 디지털 세계에서 가치 있는 자원 중 하나다. 머신러닝은 대규모 데이터셋에서 정보를 추출하는 일반적인 도구가 됐다. 과학이 이 자원의 활용을 촉진하기 위한 새로운 데이터 관리 프레임워크, 소프트웨어 솔루션, 알고리즘으로 도약하는 동안, 세상은 크기와 복잡성 면에서 기하급수적으로 증가하고 있다. 따라서 알파 구축을 위해 전체 가용 데이터셋을 머신러닝 방법 없이 사용하는 것은 불가능하다.

알고리즘 사고

써니 마하잔(Sunny Mahajan)

좋은 퀀트는 팔방미인이며, 시간과 경험이 있으면 일부 분야의 장인이다. 다양한 미개척 지역을 효과적으로 항해하려면 기술, 관리, 도구 세트가 필요한데, 이것들은 목적지까지 한 번에 갈 수 있도록 돕는다. 시간의 경과와 기술의 진보로, 우리는 이 여정을 더 빠르고 안전하게 만드는 많은 새로운 방법을 발견했다. 돈벌이가 되는 알파 전략을 만들길 바라는 마음에서 구조화된 데이터셋뿐만 아니라 엄청난 양의 데이터셋을 조작하는 것은 탐험에 못지 않으며, 알고리즘은 이러한 흥미로운 모험에서 우리가 신뢰할 수있는 조언자 역할을 한다.

경쟁력을 유지하기 위해 여러분은 준비돼 있어야 하며, 무엇보다 그 일에 적합한 도구를 선택하는 것이 중요하다. 올바른 도구를 갖고 적정성과 막강한 힘 사이에서 결정을 내려야 한다. 예측 모델에서는 이 미세한 선을 건는 방법을 아는 것이 모든 차이를 만든다. 즉, 계량 도구 상자에 포함돼야하는 수학적 기술 및 알고리즘을 살펴보자. 이러한 알고리즘에 대한 근본적인 직관력과 실제 사용 사례를 살펴볼 것이다.

디지털 필터

디지털 필터^{digital filter}는 특정 주파수를 감쇠시키거나 증폭시키기 위해 이산 시간 시그널^{discrete time signal}에 수학적 연산을 수행한다. 이러한 수학적 변환은 디지털 필터가 다양한 입력에 어떻게 반응하는지를 설명하는 전달 함수로 특징지어진다. 이와 같이 디지털 필터 설계는 성과를 적절한 변환 함수^{transfer function} 형태로 표현하는 것을 포함한다.

디지털 필터의 두 등급으로 유한 충격 반응^{Finite Impulse Response}(FIR)과 무한 충격 반응^{Infinite Impulse Response}(IIIR)이 있다. 이들 사이의 중요한 차이점은 유한 충격 반응은 피드백을 사용하고 무한 충격 반응은 그렇지 않다는 것이다. 기본 필터 유형으로는 저주파 통과 필터(높은 주파수를 감쇠시키는 필터), 고주파 통과 필터(낮은 주파수를 감쇠시키는 필터), 대역 통과 필터(특정 주파수 대역만 유지하는 필터), 대역 정지 필터(주파수의 밴드를 감쇠시키는 필터)가 있다. 필터에 의해 유입되는 증폭 또는 감쇠를 '획득'이라고 부르며, 이는 시그널 주파수의 함수다. 기본 필터 유형을 조합하면 원하는 전송 함수를 얻을 수 있다.

디지털 필터에서 가장 인기 있는 애플리케이션 중 하나는 시계열 데이터를 매끄럽게 하는 것이다(단순 혹은 지수 이동 평균은 기본적으로 저주파 통과 필터다). 또한 디지털 필터가 도입하는 지연은 전송 함수의 특성에 따라 달라진다. 이와 같이 올바른 디지털 필터 설계로 지연을 줄임으로써 동등하거나 더 나은 평활화를 달성할 수 있으며, 지연을 줄이는 것이 바람직하다.

디지털 필터의 또 다른 일반적인 사용은 시계열 데이터의 분해에 있다. 저주파 통과, 대역 통과, 고주파 통과 필터를 적절히 조합하면 원시 시계열을 추세 및 사이클 구성 요소로 효과적으로 분해할 수 있다. 이렇게 추출된 구성 요소들로 더 나은 지표와 트레이딩 시그널을 설계할 수 있다. 전송 함수 모델링의 기본을 이해하면, 사용자 정의 필터를 설계하고 테스트하기 쉽다.

단순 이동 평균과 지수 이동 평균 외에도, 도구 상자에 버터워스 필터 Butterworth filter로 알려진 효과적인 저주파 통과 필터를 두는 것이 좋다. 고주파 통과 필터의 경우 원래 시계열에서 저주파 통과 필터 출력물을 추적하면 된다.

최적화와 손실 함수 설계

최적화optimization 문제의 핵심은 실현 가능한 솔루션 집합에서 최적의 솔루션을 선택하는 것이다. 타당성feasibility은 일반적으로 설계 사양, 생산 요건, 제조 프로세스 한계로 정의된다. 솔루션의 최적성은 손실 함수loss function(또는 비용 함수)를 최소화하는 관점에서 정량화된다.

좋은 손실 함수의 선택은 효과적인 최적화 알고리즘과 비효과적인 최적화 알고리즘을 구별하며 문제의 특성과 데이터셋에 따라 달라진다. 요점을 설명하기 위해 L1 놈L1 norm과 L2 놈L2 norm 사이의 차이를 고려해보자. L2 놈은 개별 오차 항을 제곱해서 더 큰 오차 항에 대해 최적화 도구에 페널티를 부가한다. 솔루션이 데이터셋 전체에서 우수한 성과를 제공하길 원할 때 이 방법이 바람직할 수 있지만, 결과적으로 이상치가 존재할 때 덜 강건하다. 반면 L1 놈 공식은 상당히 견고하고 희박한 솔루션을 생성하지만 불안정할 수 있다. 실제로 이는 많은 오류가 결국 0이 된다는 것을 의미하지만, 어떤 것들은 꽤 클 수 있다. 이것은 최악의 경우에 좋은 징조가 아니다.

또한 L1 규제화와 L2 규제화도 규제화의 형태로 채택돼 최소 제곱법 Ordinary Least Squares(OLS)보다 우수한 성과를 나타내면서 성공적으로 사용돼 왔다. 고전적인 형태에서 표준 회귀분석은 오차를 L2 규제화로 페널티를 부여한다. 그러나 이것은 특히 상관관계가 높은 예측변수가 존재하는 경우, 불합리하게 크고 불안정한 모형 계수 문제를 종종 겪는다. 이는 모형 계수에 L2 규제화 페널티를 추가해 처리할 수 있으며, 큰 모형 계수의 최적화(리지 회귀ridge regression 또는 티코노프 정규화Tikhonov regularization)에 페널티를 준다. 또한 예측변수의 부분집합만이 실제로 유용하다는 것을 알고 있는 경우, 모형 계수(즉, 라소 회귀Lasso regression)에 L1 놈 페널티L1 norm penalty를 포함시킴으로써 학습 문제에 희소성 구조sparsity structure를 포함할 수 있다. 라소 기법은 몇몇 실제 애플리케이션에서 특성 선택 전략으로 성공적으로 사용돼 왔다. 위에서 설명한 두 가지 문제를 동일한 애플리케이션에서 모두 접하는 것은 드문 일이 아니다. 이는 모형 계수에 L1 규제화와 L2 규제화 페널티를 모두 포함시킴으로써 쉽게 해결할 수 있다(즉, 엘라스틱 넷elastic net). 이것은 성능, 강건성, 희소성, 안정성 사이에서 좋은 트레이드오프를 제공해준다.

또한 사용자가 지정한 임계치를 초과하는 오차 항은 L1 놈을 사용하고 작은 오차 값에는 L2 놈으로 전환하는 후버 손실Huber loss이라는 흥미로운 기능이 있다. 이 손실 함수는 L1 놈의 강건성과 L2 놈의 안정성을 동시에 가지며, 종종 실제 문제에서 어느 것보다 더 잘 수행된다.

일단 다양한 손실 기능의 기본 특성을 이해하면 최적화를 통해 매일 발생하는 퀀트 문제에 대해 창의적이고 효과적인 해결책을 고안할 수 있다.

편향–분산 트레이드오프

이상적인 환경에서는 예측 모델을 구축하기에 충분하면서 완전한 데이터를 갖고 완벽한 학습 알고리즘을 훈련시킬 수 있을 것이다. 불행하게도, 현실적 문제는 그렇게 쉽게 해결할 수 없다.

'차원의 저주curve of dimensionality'는 점점 더 많은 수의 특징 때문에 기하급수적으로 더 많은 데이터가 필요하다는 것을 암시한다. 설상가상으로, 우리는 정보 소멸과 통계적 중요성 사이의 트레이드오프tradeoff에 직면해 있다. 통계적으로 유의미한 결과를 얻기 위해 충분히 큰 데이터 표본을 사용하고 싶다. 그러나 대부분의 실제 문제들은 움직이는 목표물을 포함하므로, 과거로 더 거슬러 올라갈수록 데이터 포인트는 관련성이 줄어든다. 모형의 구조와 파라미터는 지속적으로 진화하고 있으며, 가장 최근 과거 자료의 제한된 대표 데이터 샘플을 갖고 있다.

학습 알고리즘을 더 향상시키기 위해 문제의 차원을 줄이거나 학습 과정에서 문제 구조에 대한 약간의 사전 지식을 포함시킬 필요가 있다.

분산이 높은 모형은 학습 데이터에 지나치게 과적합되고 예측에 큰 변동성을 보이며 테스트 데이터에 대해 일반화하지 못하는 경향이 있다. 문제의 차원성을 줄임으로써, 우리는 학습 과정의 자유도를 제한한다.

편향성이 높은 모형은 문제를 지나치게 단순화하는 경향이 있다. 과적합은 아니지만 과소적합에 시달리며 학습과 검증 데이터셋 모두에서 성과가 떨어진다. 그러나 문제 구조에 대한 일부 관련 가정이나 사전 지식은 학습 알고리즘이 위에서 설명한 과적합 문제에 대응하고 더 나은 예측 모델을 생성하는 데 도움을 줄 수 있다.

이 스펙트럼의 양극단에 관한 인식을 바탕으로, 편향-분산 트레이드오프bias-variance tradeoff를 효과적으로 관리하기 위한 차원 감소와 차원 축소의 사용을 논의해보자.

차원 축소

일반적으로 특성 추출이라고도 하는 차원 축소dimensionality reduction는 기초 데이터의 변동을 대부분 설명하는 몇 가지 특징의 관점에서 데이터셋의 기초 구조를 표현함으로써 구조를 추출하는 문제를 다룬다. 앞에서 언급한 바와 같이, 이것은 차원의 저주에 대항하기 위한 예측 모델링에 대단히 유용하다.

계량 금융에서 가장 많이 사용되는 비모수적 차원 감소 알고리즘 중 하나가 주요인 분석Principal Component Analysis(PCA)이다. 이는 통계적 리스크 모델 구축, 포트폴리오 구성(주요 포트폴리오 구성), 클러스터링 등을 위한 자산 배분 알고리즘 개발 등에 성공적으로 활용됐다.

주요인 분석의 확장, 희박한 주성분 분석sparse Principal Component Analysis(sPCA)은 입력 변수에 희소성sparsity 제약 조건을 추가한다. 일반 PCA에서 구성 요소는 모든 입력 변수의 선형 결합이다. sPCA는 몇 개의 독립 변수만 포함하는 구성 요소를 찾아 이러한 한계를 극복한다. 이와 같이 sPCA는 PCA보다 노이즈 제거에 더 효과적인 경우가 많으며 통합된 희소성baked-in sparsity 제약 조건 덕분에 특징을 선택하는 데 유용하다.

축소 모수 추정량

높은 차원성의 데이터셋과 제한된 데이터 샘플을 다룰 때, 구조적 추정량 structural estimator의 형태로 문제에 대한 일부 추가 정보를 결합함으로써 조잡한 원시 모수 추정량을 개선할 수 있다. 본질적으로, 축소shrinkage는 원시의 조잡한 불편 모수 추정량을 편향되지만 개선된 추정량으로 변환한다.

매우 인기 있고 성공적인 축소 적용은 자산 배분과 위험관리를 위해 공분산 행렬의 추정량을 즉흥적으로 수정하는 것이다. 레도이트와 울프(Ledoit and Wolf, 2004)는 공분산 행렬의 표본 추정 모수를 구조적 추정 모수(상수 상관 모형 기반)로 축소함으로써 공분산 행렬의 원 표본 추정 모수를 기반으로 하는 포트폴리오보다 더 성과가 좋은 포트폴리오를 구성할 수 있었다. 통계적 추정량을 개선하는 과정에서 수축의 유용성은 오랜 시간 검증을 통과했다.

파라미터 최적화

계량 모델의 표본 외 성과에서 파라미터의 선택은 매우 중요하다. 정적 파라미터는 금융의 대부분 문제가 움직이는 표적을 포함한다는 사실을 설명하지 않으며, 최적 파라미터 집합은 본질적으로 트레이딩 유니버스의 횡단면에서 정적이거나 또는 균일화될 필요가 없는 문제 특성의 함수다. 횡단면 특성은 물론 시간에 따라 변하는 동적 파라미터를 사용하면 더 잘할 수 있는 경우가 많다. 예를 들어, 주식의 효율성을 시가총액의 함수로 계산함으로써 단순한 뉴스 트레이딩 전략을 개선할 수 있다. 대형주는 소형주보다 더 많은 관심을 끌기 때문에 정보 효율성이 더 높다. 따라서 이런 전략의 보유 기간을 시가총액 함수로 변조해 성과를 잠재적으로 개선할 수 있다. 여기에는 동적 파라미터화가 수반되며, 모델링되는 기업의 특성에 따라 변경된다.

정적 및 동적 알고리즘은 표본 외 알고리즘의 성과에서 얻은 정보를 이용하지 않는다. 피드백 루프를 닫고 이 정보를 활용함으로써, 실현된 성과를 바탕으로 알고리즘 파라미터를 미세 조정할 수 있다. 한 걸음 더 나아가 파라미터 튜닝 로직parameter tuning logic이 1차 알고리즘에 내장돼 프로그램이 실행될 때 자동으로 이뤄지도록 하는 자기 적응 알고리즘self-adaptive algorithm을 갖고 있다.

결론

알고리즘을 생각함으로써 일상적인 퀀트 문제에 대해 더 단순하고 효율적인 해결책을 만들 수 있다. 이것은 절제된 방식으로 연구를 수행하고, 새로운 통찰력을 발견하고, 예측 모델을 자신 있게 적용할 수 있도록 해준다. 알고리즘 연구는 그 자체로 하나의 학문이며, 알파를 추구하는 데 있어서 수학적, 기술적 우위를 유지하기 위해 최신의 혁신에 뒤지지 않는 것이 중요하다.

PART 3

추가 토픽

주식 가격과 거래량

콩 리(Cong Li), 후아이유 저우(Huaiyu Zhou)

서론

금융에서 효율적 시장 가설$^{Efficient Market Hypothesis}$(EMH)은 금융시장이 '정보 효율적'이라고 주장한다. 즉, 투자가 이뤄지는 시점에 이용할 수 있는 정보로는 위험 조정 기준으로 평균시장수익률을 초과하는 수익을 일관성 있게 달성할 수 없다.

EMH에는 약, 준강, 강이라는 세 가지 버전이 있다. 약 가설은 거래 자산(예: 주식, 채권, 부동산)의 가격이 이미 과거의 이용 가능한 모든 공개 정보를 반영하고 있다고 말한다. 준강 가설은 과거에 공개적으로 이용할 수 있었던 모든 정보와 현재의 공개 정보는 이미 증권의 가격에 반영됐다고 주장한다. 강 가설은 모든 공개 및 비공개 정보가 증권 가격에 반영된다고 선언한다. 따라서 EMH는 현재와 과거의 가격-거래량 데이터만을 감안할 때 효율적인 시장에서 수익을 창출하는 것은 불가능하며 가격-거래량 알파와 같은 것은 존재하지 않는다는 점을 암시한다.

이것이 사실인가? 그렇지 않다. 비록 정보기술, 정보처리, 자동 트레이딩의 발달이 다른 진보에 더해 시장을 완전 효율에 더 가깝게 만들었지만 완전한 효율은 달성되지 못했고, 또한 결코 달성되지 않을 수도 있다. 계량 트레이더들은 남아 있는 비효율에서 이익을 얻으려고 한다. 가격-거래량 알파는 단지 시장 데이터에만 의존해 매일 EMH를 계속 반박하고 있다.

가격과 거래량을 통한 수익 추구

거래 빈도

가격-거래량 알파는 서로 다른 재조정 빈도로 거래해 이익을 추구할 수 있다. 일부 장기 투자자들이 분기마다 한 번씩 포지션 균형을 맞추는 것과 달리 액티브 포트폴리오 매니저는 통상 거래 빈도가 더 높다. 그들은 매일, 때로는 하루에 여러 번 포트폴리오를 재조정할 수 있다. 거래 빈도가 높을수록 실적은 통계적으로 유의할 가능성이 높다. 독립적이고 동일한 가우스 분포 또는 정규분포에서 도출된 N 랜덤 변수의 평균은 원래 분포의 표준 편차의 $1/\text{sqrt}(N)$을 가지지만 평균은 동일하다. 네 배 더 자주 거래되는 동일한 정보계수information coefficient를 감안하면, 두 배 더 좋은 정보비율(IR)을 기대할 수 있다. 액티브 포트폴리오 매니저는 잦은 거래를 활용해 단기간 또는 분기별로 포트폴리오가 균형을 이룰 경우 사라질 단기매매 기회를 노릴 수 있다. 경우에 따라 특정 이벤트로 인해 가격과 거래량이 비정상적으로 높거나 낮아서 가격-거래량 이상 현상이 발생할 수 있다. 빠르게 움직이는 트레이더만이 이러한 이상 현상에 반응하고, 그에 따라 거래하며, 가격이 평상시 수준으로 되돌아갈 때 이익을 추구할 수 있다.

그러나 일단 비용을 고려하게 되면 그러한 이상 현상으로 인한 잠재적 이익은 감소하고, 많은 경우에는 이익이 존재하지 않게 된다. 거래비용은 거래 빈도와 많은 관련이 있다. 로체스터대 연구진(Novy-Marx and Velikov, 2015)에 따르면, 연간 5회 이상 포트폴리오를 회전하는 전략은 거래비용에서 매달 1% 이상 손실을 볼 수 있다. 일반적으로 높은 IR과 낮은 거래비용

사이에는 트레이드오프가 있다.

모멘텀-반전

트레이더들은 가격과 거래량을 여러 방식으로 살펴봄으로써 이익을 얻을 수 있다. 개별적인 금융상품만을 고려하는 대신에 거래 가능 자산의 전체 풀을 하나로 취급하는 것이 가능하다. 단일 상품을 살펴보면, 단기 평균 가격에서 장기 이동 평균 가격을 차감해서 모멘텀을 측정하는 이동 평균 컨버전스-다이버전스Moving Average Convergence-Divergence(MACD) 또는 이동 평균 기반 변동성인 ATRAverage True Range(일반적으로 14일 기간 이상)과 같은 기술적 지표를 볼 수 있다. 포트폴리오를 살펴보면, 금융상품의 상호관계, 금융상품 전체로서의 공동 움직임, 다른 상품과 비교해 일시적이거나 영구적인 이상치 등 다른 것을 볼 수 있다. 그룹 전체에 걸쳐 글로벌 최적화와 그룹 리스크 중립화를 적용하는 것이 가능하다.

한 가지 흥미로운 현상은 모멘텀-반전 효과momentum-reversion effect다. 개별 상품은 대개 모멘텀을 보인다. 자산은 역사적 추세를 따르는 경향이 있다. 즉, 강하거나 약한 자산이 일정 기간 동안 강하거나 약한 추세를 지속하는 경향이 있으므로 투자자는 이러한 추세를 따라 수익을 시도할 수 있다. 그러나 충분히 상관관계가 있는 종목군 내에서는 사뭇 다른 모습이다. 예를 들어, 한 산업이나 하위 산업 내에서 강한 주식은 대개 가까운 미래에 약세로 되돌아갈 것이다.

더욱이, 모멘텀-반전 효과의 존재는 기간에 달려 있다. 일반적으로 가격은 일중 또는 하루와 같이 짧은 기간에서는 평균으로 되돌아가는 경향이 있지만, 몇 주나 몇 달이라는 긴 기간에 걸쳐서는 추세를 따르는 경향이 있다. 여기에 S&P 500 지수를 바탕으로 한두 가지 전략을 살펴보자.

첫째는 전날의 고저 수준을 바탕으로 한 일중 평균 회귀 전략이다. 전일 가격이 내려가고 범위(고가-저가)가 주어진 임계치를 넘으면 전략적으로 전일 저가를 사들이고, 장 마감 때 매도할 것이다. 여기에는 손절매나 이익 목표가 없다. 그 근거는 연중 변동성이 더 높은 날들이 평균 반전을 더 강하게 할 것이고, 약세 시장에서 보통 변동성이 더 높을 것이라는 점이다.

추세를 따르는 전략, 즉 모멘텀은 더 긴 시간 지평에서 작용한다. 다음은 몇 가지 샘플 전략(Clare et al., 2013)이다.

- 전략 1(단순 일일 이동 평균): S&P 500 지수가 합리적인 시간 창(250일 또는 500일)의 평균 가격 이상으로 이동할 때 매수 시그널이 발생한다.
- 전략 2(이동 평균 교차점): S&P 500 지수의 단기 기간 평균이 장기 기간 평균 이상으로 이동할 때 매수 시그널이 발생한다.
- 전략 3(돌파 규칙): S&P 500의 가치가 'x일' 최고치로 거래될 때 매수 시그널이 발생한다.

1988년 7월부터 2011년 6월까지의 데이터를 이용해 위의 전략을 시뮬레이션한 결과, 연간 수익률이 10.5%에서 11.6%로, 샤프지수는 0.54에서 0.62로 시장의 성과를 초과하는 것으로 나타났다.

정수 효과

심리적인 요인도 가격-거래량 알파의 원천이 될 수 있다. (컴퓨터가 아닌) 인간 트레이더들이 애플(AAPL) 주식을 매입하고자 할 때 '지정가 100달러에 N주를 매수하라.'와 같은 주문을 하는 경향이 있다. 인간은 '지정가 155.29 USD로 AAPL을 매도하라.'와 같은 주문을 입력할 가능성이 적다. 라운드 숫자(정수, 즉 수십 또는 수백)는 인간 트레이더들로부터 훨씬 더 많은 관심을 끌며, 이것은 알파를 디자인할 때 타깃이 될 수 있다. 또 다른 예는 사람들은 비대칭적으로 가격 움직임을 본다는 것이다. 즉, 대부분의 사람은 그들의 보유 지분에서 1%의 손실보다 1%의 상승에 덜 신경을 쓴다. 게다가 사람들은 손실 포지션을 너무 오래 유지하고, 이익 포지션을 너무 빨리 파는 경향이 있다. 이러한 심리적 요인을 연구함으로써, 퀀트 연구자들은 가격 거래 시그널을 찾을 수 있다.

다른 유형의 데이터가 포함된 가격-거래량

가격-거래량 데이터는 다른 유형의 데이터, 특히 기업 이벤트와 결합할 때 예측력이 크다. 특히 유의한 가격이나 거래량 움직임은 흔히 알려져 있거나 알려지지 않은 시장 이벤트를 반영하는 것으로, 시간이 지남에 따라 시장 심리에 더 큰 영향을 미칠 가능성이 있다. 예를 들어, 분기별 실적 발표가 상당한 거래량 쇼크를 유발할 때 예측 가능한 거래량 증가가 예측 가능한 가격 상승으로 이어져 후속 수익을 예측할 수 있다는 경험적 연구가 있다(Frazzzini and Lamont, 2007). 향후 한 달 동안 수익을 발표할 것으로 예상되는 모든 회사의 주식을 매수하고 공시하지 않을 것으로 예상되는 주식을 숏하는 전략은 평균 연간 7~18%의 초과 평균 수익률을 테스트에서 산출했다. 특히 대형주 종목의 경우 그 효과가 강력하다. 이 연구는 1927년부터 2004년까지의 비교적 긴 샘플 기간을 갖고 있으며, 그 결과가 상이한 시장 국면에 걸쳐 강건하다는 것을 보여준다.

결론

이 장에서 논의된 간단한 예는 가격-거래량 전략이 실행 가능하다는 것을 보여준다. 시장 심리와 다른 투자자들의 평균 매수 가격 같은 많은 다른 유형의 시그널은 가격-거래량 데이터에서 추출될 수 있다. 기술적 지표는 이러한 종류의 정보를 설명하도록 설계돼 있으며, 투자자들이 주가 움직임을 더 잘 이해하고 예측하는 데 도움이 될 수 있다.

금융업계에서는 이미 다른 시장 참여자들에 의해 차익거래가 이뤄지지 않은 고유한 모델을 거래하는 것이 중요하다. 각 트레이더는 자신의 모델을 소중히 여기고 잘 숨겨둔다. 모델은 노출이 제한적일 때만 가치가 있다. 일단 그것이 대중화되면, 예측력은 감소하고 곧 사라진다(몇 년 후, 투자가의 관심에서 사라진 다음에 표면적으로 다시 등장한다). 시장 또한 진화하고 있다. 오래된 모델들은 새로운 모델들이 등장함에 따라 쇠퇴한다. 새로운 모델에 대한 끊임없는 탐색은 왜 일부 회사들이 이 사업에서 살아남을 수 있는지를 보여주는 열쇠다. 계량 금융에서 간단한 주가와 거래량 데이터를 사용한 방법은 거의 무제한적으로 존재한다.

재무제표 분석

폴 그리핀(Paul A. Griffin), 써니 마하잔(Sunny Mahajan)

재무제표는 특정 기간 또는 특정 시점에 기업의 재무 건전성을 보여주는 공식적인 기록이다. 벤자민 그레이엄과 데이비드 도드가 1934년 고전적 투자 서적(Benjamin Graham and David Dodd, 2009)에서 대중화한 증권 분석은 이들 재무제표를 회사별로 심층적으로 연구함으로써 기업의 기본 질 quality에 기초해 초과 수익 가능성을 측정하는 것이다. 이 분석은 기본적 가치 투자자들에 의해 사용되며, 워런 버핏이 실제로 적용한 것으로 가장 유명하다. 에드윈 르페브르가 『어느 주식 투자자의 회상Reminiscences of a Stock Operator』(Edwin Lefevre, 2006)에서 논의한 것처럼 주가의 움직임과 주문 흐름을 연구하거나, 가격 추세가 미래에도 계속될 것에 대한 기대를 바탕으로 베팅하는 모멘텀 기반 전략과 같은 기타 기술적 분석 접근법을 연구하는 것과 대비된다(찬(Chan et al., 1996)의 연구 자료와 그 안의 참고 자료 목록을 확인하라).

재무제표 분석은 이들 재무제표를 사용해 계산한 팩터의 영향을 체계적으로 측정하고 이들의 미래 수익을 예측할 수 있는 능력을 판단하려고 시도한다. 투자자는 이를 사용해 기업의 순위를 매기고, 분류하고, 필터링해 향상된 재무 건전성을 지닌 포트폴리오를 만들 수 있다. 재무제표 분석을 활용해 초과 수익을 창출할 수 있다는 의견은 효율적인 시장에서 현재 가격이 이용 가능한 모든 정보를 반영한다고 가정하는 효율적 시장 가설(EMH)의 통설 때문에 처음에는 회의적으로 받아들여졌다. 그러나 다양하고 논리적인 이익 정보 선택으로 구성된 멀티 팩터에 대한 후속 연구는 장기간에 걸친 EMH의 위배를 입증했다(예를 들어 Abarbanell and Bushee, 1997; Bartov and Mohanram, 2004; Beneish and Nichols, 2009; Chan et al., 2001; Piotroski, 2000 참조).

전통적인 재무제표 분석은 일반적으로 기업의 근본적인 특성을 기반으로 선택된 축소된 투자 유니버스를 가진 롱-온리$^{long\ only}$의 저회전율 포트폴리오를 생성하는 주식 스크린을 의미한다. 그러나 현대적 분석에서는 재무제표를 사용해 기본적 비율과 이에 파생된 척도에 기초한 주식 노출도를 가진 계량 포트폴리오를 도출할 수 있는데, 투자 유니버스를 축소하지 않는 등 다른 제약 조건을 만족한다. 이러한 좀 더 현대적인 조건하에서 투자자들은 기본적 요인을 멀티 팩터 회귀의 예측변수나 머신러닝 알고리즘의 특성으로 사용하고자 한다. 재무제표 분석과 더불어 시장 성과, 애널리스트 추천, 어닝 쇼크와 관련된 추가 데이터 원천을 결합해 알파를 식별할 수 있다.

이 장은 기본적 분석의 전체 주제를 다루도록 설계되지 않았다. 주제에 대한 좀 더 포괄적인 개요는 다음 장에서 제공한다. 이 장은 주제에 대한 기본적인 소개를 제공하기 위한 것이며, 그 내용이 향후 연구에 영감을 줄 수 있길 희망한다.

기본 사항

기업들은 분기별, 연차별로 재무제표를 발표한다. 크게 네 가지 재무제표(대차대조표, 손익계산서, 현금 흐름표, 주주지분변동표)가 있다.

대차대조표는 기업의 자산, 부채, 자본의 단일 시점에서의 스냅숏이다. 특정 시점과 관련된 대차대조표와 달리, 손익계산서는 특정 회계 기간에 걸쳐 기업의 재무 성과에 대한 정보를 제공한다. 현금 흐름표는 일정 기간 동안 기업의 영업과 외부 투자원으로부터의 현금 유입 및 유출에 대한 데이터를 제공한다. 주주지분변동표는 시간의 흐름에 따른 회사 주주들의 지분 변화를 보여준다.

투자자들은 회사의 위험, 실적, 재무 건전성, 전망을 평가하기 위해 이러한 재무제표를 사용한다. 이러한 맥락에서 예비 분기 공시와 이후에 제출된 재무제표는 다를 수 있다는 점에 유의하라. 감사 연간 재무제표는 일반적으로 가장 권위 있는 것으로 간주된다.

대차대조표

대차대조표 방정식이라고도 하는 회계의 기본 방정식은 표 19.1의 대차대조표에 의해 표현되며 다음과 같이 표현된다.

$$자산 = 부채 + 자본$$

이 대차대조표는 주어진 날짜에 대한 것이며 회사의 건전성에 대한 스냅숏을 제공한다는 점에 유의하라. 스냅숏을 비교함으로써 투자자들은 회사의 발행 주식을 재평가하는 변화를 찾을 수 있다. 총자산은 일반적으로 기업 간에 상이한 팩터들의 가치를 비교할 수 있게 하거나 다른 시기에 같은 회사의 스냅숏을 비교할 수 있도록 정규화 팩터로 사용된다. 미국 기업의 경우 총자산 가치는 영업권이라고 알려진 무형자산을 포함하는데, 영업권은 인수 회사가 장부 금액 이상으로 피인수 회사에 지급한 금액이다. 영업권에는 브랜딩과 같은 항목이 포함돼 있지만, 투자자는 일반적으로 총자산을 정규화 팩터로 사용하기 위해 총자산에서 영업권을 차감할지를 고려해야 한다.

대차대조표로부터 추출된 다음의 잘 알려진 팩터들은 1976년부터 1996년까지의 미래 수익률과 긍정적인 상관관계가 있었다는 점이 피오트로스키(Piotroski, 2000)에 의해 관찰됐다.

- 유동성 증가(유동부채 대비 유동자산)
- 총자산 대비 매출 개선
- 지분 발행 금지
- 장기부채 감소

▼ 표 19.1 대차대조표 방정식

대차대조표 YYYYMMDD	
자산	부채+자본
유동자산	유동부채
기타자산	장기부채
무형자산(영업권 등)	
총자산	자본

손익계산서

손익계산서는 표 19.2와 같이 한 기간에서 다음 기간까지의 대차대조표 변경을 반영한다. 대부분의 기업은 발생주의 회계 처리를 사용하기 때문에 손익계산서는 현금의 이동이 아니라 지급해야 할 의무의 발생을 반영한다. 예를 들어, 기업이 상품을 공급하는 다년 계약을 체결할 경우 상대방이 계좌로 현금을 이체할 때가 아니라 계약상 각각의 의무를 이행할 때 수익을 인식한다.

피오트로스키(Piotroski, 2000)에 따르면, 손익계산서에 근거한 다음의 팩터들은 1976년부터 1996년까지 미국 주식의 미래 수익률과 긍정적으로 상관관계가 있다고 한다.

- 당기순이익 > 0
- 총자산 대비 순이익 개선
- 총마진 개선

▼ 표 19.2 손익계산서

손익계산서 YYYYMMDD	
순매출(매출)	A
이자소득	B
매출원가	C
영업비용	D
법인세	E
매출총이익	A–C
영업이익	A–C–D
세전총이익	A+B
순이익	A+B–C–D–E

현금 흐름표

표 19.3과 같이 현금 흐름표는 기업의 현금 잔고가 한 기간에서 다음 기간으로 변동하는 원인을 설명한다.

피오트로스키(2000)에 따르면, 1976년부터 1996년까지 미국 주식의 미래 수익률은 다음과 같은 요인이 긍정적으로 상관돼 있었다.

- 영업활동으로 인한 현금 흐름 > 0
- 영업활동으로 인한 현금 흐름 > 당기순이익

▼ **표19.3** 현금 흐름표

현금 흐름표 YYYYMMDD	
현금 잔고	A
영업활동으로부터의 현금 흐름	B
차입	C
주식 발행	D
주식매입	E
세금	F
현금 흐름	B+C+D−E−F
현금 잔고	A+B+C+D−E−F

성장

위의 팩터들은 회사 실적에서 질을 찾는 데 초점이 맞춰져 있다. 하지만 투자자들은 성장 전망에도 관심이 있을 수 있다.

성장주에 대한 유사한 회귀분석은 찬 등(Chan et al., 2001)과 바르토프와 모한남(Bartov and Mohanram, 2004)이 수행했다. 그들은 1979년부터 1999년까지 성장주(장부가 대비 시장가 비율이 낮은 주식)에 대한 미래 수익률과 특별히 상관관계가 있는 시그널들을 발견했다.

- 당기순이익/총자산 > 업계 중위수

- 현금 흐름/총자산 > 업계 중위수
- 당기순이익 변동성 < 업계 중위수
- 총소득 변동성 < 산업 중위수
- 연구개발비/총자산 > 업계 중위수
- 자본 지출/총자산 > 산업 중위수
- 광고비/총자산 > 업계 중위수

연구개발(R&D), 자본 지출, 광고비는 표 19.4와 같이 손익계산서의 영업비용 라인 항목 안에 있는 별도 항목이다. 성장 기업들은 향후 매출 향상에 대한 기대감으로 이러한 분야를 구축할 것이다.

▼ **표 19.4** 손익계산서: 영업비용

R&D 비용	D1
자본비용	D2
광고비용	D3
기타 영업비용	D4
영업비용	D=D1+D2+D3+D4

기업 지배 구조

경영진은 지표를 사용해 회사의 실적을 감시하고 개선하려 하며, 시장 참여자들은 이 중 일부가 개선된 것을 관찰할 때 주가를 보상하는 경향이 있다. 아바르바넬과 버쉬(Abarbanell and Bushee, 1997)에 따르면, 미래 수익률과 긍정적인 상관관계를 갖는 지표는 다음과 같다.

- 단위 판매당 재고 감소
- 단위 매출당 매출채권 개선

- 매출 개선 – 매출총이익 변화
- 단위 매출당 관리비 절감
- 법인세율 개선
- 이익의 질 – LIFO에서 FIFO의 사용으로 변경
- 감사 자격 – 자격 있는 감사로 변경
- 직원당 매출

부정적 팩터

일부 요인은 특히 숏 포트폴리오를 분리해내는 데 유용하다. 베네이쉬와 니콜스(Beneish and Nicholas, 2009)는 핵심 사업을 실질적으로 개선하지 않고, 보고된 이익이나 현금 흐름을 좋게 보이기 위한 이익 조작, 합병 이력, 지분 발행과 기타 형태의 경영 노력을 탐색할 것을 제안한다. 미래 수익률과 부정적으로 상관되는 요인은 다음과 같다.

- 잉여 현금 흐름보다 더 큰 순 매출
- 장부가 대비 시장가가 낮음
- 높은 매출 성장률
- 영업활동으로 인한 현금 흐름 대비 가격이 낮음
- 과거 5년 내 기업 인수
- 주식 발행 > 2년간 업계 평균

닛심과 펜만(Nissim and Penman, 2003)은 자본에 대한 순 금융 부채로 정의되는 높은 금융 레버리지가 영업 수익성과 부정적으로 상관돼 있음을 보여준다. 금융 레버리지의 정의는 영업 부채를 제외한다. 장기 금융 레버리지가 높은 것은 유동성 이슈이거나 심지어 부도의 시그널이 될 수 있다. 금융 레버리지의 잘못된 적용에 대한 잘 알려진 사례 연구는 헤지펀드 회사인 롱텀 캐피털 매니지먼트의 역사다. 또한 엔론 회계 부정 사건은 장기 채

무를 대차대조표에서 제외하기 위해 특수 목적 기구를 사용한 데 따른 것으로, 채무의 정정된 회계 처리가 회사의 부도를 초래했다. 일반적으로 추가적인 레버리지는 더 높은 이익 또는 파멸을 초래할 수 있는 위험을 더한다. 따라서 레버리지와 부채를 다른 팩터들과 연계해 분석함으로써 미래 수익률과 유의한 긍정적 또는 부정적 상관관계를 나타내는 조합을 찾는 것이 현명하다.

특별 고려 사항

재무제표를 분석할 때 투자자들은 연구 대상 기업의 산업을 고려해야 한다. 예를 들어, 상품 기반 산업의 경우 기초 상품 가격이 매출에 크게 기여하므로 매출 증대가 반드시 회사 실적 개선의 척도는 아니다. 은행들은 재무보고 신고 요건이 다르므로 다른 산업과 별도로 취급해야 한다. 경기 순환의 단계는 가격 상승과 부채의 상관관계에 영향을 미칠 수 있으며, 성장과 밀접한 관련이 있는 요인에 큰 영향을 미칠 수 있다.

스크린으로서의 팩터

투자 문헌에서 팩터의 가장 일반적인 용도는 유니버스 스크린을 구축하는 것으로, 특히 특정 테스트를 통과하는 기업에 +1의 점수를 할당하는 메커니즘으로 모든 팩터에 점수를 결합함으로써 최고 등급의 기업에 대해 롱포지션을 취하는 것이다. 카네만(Kahneman, 2011)에 따르면, 이는 좀 더 유의미한 통계분석이 없는 경우에 일반적으로 합리적인 융합 방법이다.

팩터의 알파 변환

대부분의 점수는 변화율에 기초하며, 일반적으로 전년도(전년도들)에서 최신 재무제표 데이터를 뺀다는 점에 유의한다. 그렇지 않으면 계절성은 분기별 직접 비교를 오염시킬 것이다. 재무제표 데이터는 알파 분석에 대해 지연될 수 있으며, 투자자는 알파 생성에 사용되는 데이터의 시간 지연에 유의해야 한다. 적시의 재무 데이터는 재무제표 재작성과 관련된 선견 편향forward bias을 제거하므로 훨씬 더 현실적인 결과(그리고 더 나쁜 백테스팅 결과)를 제공한다.

회귀분석과 팩터 상관관계 분석 같은 좀 더 정교한 통계분석은 더 나은 알파를 산출할 수 있다. 투자자는 또한 좋은 팩터 조합을 찾고자 유전 알고리즘과 같은 머신러닝 기법을 사용할 수 있다. 팩터의 의미에 대한 철저한 이해에 기초해 입력할 경우 특히 성공적일 수 있다. 금융시장은 새로운 의미 있는 팩터 조합에 기반한 투자 전략을 보상하기 때문에 연구자들은 최신 아이디어를 위해 창의적으로 생각하고 지속적으로 문헌을 탐색해야 한다.

결론

재무제표 분석은 애널리스트들이 여러 기간에 걸친 주요 성과지표를 비교함으로써 추세를 파악하고 투자 기회를 식별할 수 있도록 한다. 많은 금융 시그널들이 초과 수익과 상관관계가 있는 것으로 관찰돼 투자 과정에서 효과적으로 활용될 수 있다.

비록 재무제표가 기업의 잠재력을 나타내는 모든 정보를 직접적으로 반영하지는 않지만, 투자 퍼즐의 핵심 부분에 기여한다. 알파를 추구하는 과정에서 재무제표의 의미 있는 해석과 분석은 정보에 입각한 투자를 결정하는 데 견고한 기초가 될 수 있다.

기본적 분석과 알파 연구

신예 탕(Xinye Tang), 카일린 치(Kailin Qi)

페어 트레이딩pairs trading, 모멘텀 투자momentum investing, 이벤트 주도 투자 event-driven investing, 뉴스 감성 분석news sentiment analysis 등의 기법과 함께 기본적 분석fundamental analysis은 계량 알파 설계에 사용되는 중요한 도구다. 관련 경제 및 금융 요인을 검토함으로써, 기본적 애널리스트들은 증권의 가치를 측정하고 저평가됐거나 고평가됐는지 여부를 판단하려고 한다. 그러고 나서, 잠재적으로 수익성이 있는 포트폴리오는 상대적으로 저평가된 유가증권을 롱long하거나 고평가된 유가증권을 줄임으로써 구축할 수 있다. 20장에서는 계량 알파 연구에 기본적 분석을 적용하는 것뿐만 아니라 기본적 분석에 사용되는 핵심 아이디어와 데이터 출처를 소개한다.

기본적 분석은 다양한 금융 증권에 적용될 수 있다. 주식의 맥락에서 기본적 분석은 기업의 사업과 전망에 영향을 미치는 근본적인 요소들을 분석해 기업의 내재가치를 결정하는 기법으로 정의된다. 기본적 애널리스트들은 다음과 같은 질문에 답하고자 한다. 회사의 수익이 꾸준히 증가하고 있는가? 회사의 부채 상환 능력은 얼마인가? 회사는 수익의 질이 높고 수익성이 좋은가? 부채에 비해 유동자산이 충분한가?

좀 더 큰 스케일로 이야기하면, 기본적 분석은 기업의 가격 움직임만이 아니라 기업의 경제적 건전성에 대한 분석도 포함한다. 기본적 분석은 단일 종목뿐 아니라 섹터와 업종 전체에 적용하거나 시장 전체로 적용할 수 있다. 이와 대조적으로, 또 다른 주요 형태의 증권 분석과 알파 연구의 중요한 방향인 기술적 분석은 기본적 요인의 기본 요인들과 관계없이 유가증권의 가격과 거래량 움직임에만 초점을 맞추고 있다.

기본적 요인은 질적 요인과 양적 요인 중 하나가 될 수 있다. 알파 연구에서는 주로 측정하거나 수치로 표현할 수 있는 양적 요인을 살펴본다. 재무제표는 기업이 재무 성과에 관한 정보를 공시하는 표준매체인 만큼, 그 정보에서 추출한 계량적 정보를 알파 시그널 설계에 활용하는 경우가 많다. 많은 실증적 회계 연구는 기본적 분석을 강화하고자 재무제표에서 가치 관련된 특성을 발견하고 있다.

재무제표

19장에서 기술한 바와 같이 4대 재무제표는 대차대조표, 손익계산서, 현금흐름표, 주주지분변동표 등이다. 대차대조표는 특정 시점에 조직의 재무 스냅숏을 제공하며, 회사의 자산과 부채를 열거한다. 투자자는 대차대조표를 이용해 기업의 부채 수준과 부채비율, 당좌비율, 유동비율 등 관련 재무 척도를 도출해 기업의 부채 이자지급액, 신용등급, 실적 등을 업계 평균과 비교해 파악할 수 있다. 준비금계정이 크게 감소하거나 재고나 미수금이 크게 늘어나는 것과 같은 경고 시그널(레드 플래그^{red flag})도 대차대조표에 노출된다.

손익계산서는 이익과 비용을 포함해 일정 기간 동안의 기업 수익성을 측정하는 척도를 제공한다. 이자비용 이전 이익은 부채 조달에 기인하는 이자 부담을 무시한 채 영업 수익성의 척도로 사용할 수 있다. 회계 처리의 보수성 때문에 비용 항목에는 당기에 발생한 매출원가와 직접 관련되지 않은 일부 비용이 포함될 수 있고, 연구개발 비용은 표시되지 않을 수도 있다.

현금 흐름표는 한 해 동안의 현금 변동을 보여주기 때문에 기업의 재무 건전성을 가늠할 수 있는 중요한 척도다. 만약 현금 흐름표에서 기업이 배당금을 지급하기에 충분한 현금을 창출할 수 없지만 자본금 생산성을 영업에서 발생하는 현금 흐름으로 유지하거나 또는 영업에서 발생하는 현금 흐름의 양이 투자에서 발생하는 현금 흐름보다 낮다면, 잠재적으로 심각한 부채와 미래의 현금 흐름에 대한 조기경보 시그널일 수 있다.

자본금은 기업의 자산과 부채의 차(순자산이라고도 함)이며 대차대조표에 기재돼 있다. 주주지분변동표는 해당 기간 중 대차대조표 주주지분의 변동을 보여준다. 기업은 보통주, 우선주, 자사주, 이익잉여금의 내역을 주주지분변동표에서 보여준다. 투자자들은 종종 주식 발행 시 회사에 투자된 자본금인 납입자본금, 그리고 기업이 사업에 재투자하기로 선택한 이익의 일부인 이익잉여금과 같은 사업 지표들을 지분변동표에서 포착한다. 기업이 배당금을 지급하기보다는 재투자를 택하면, 경영진이 주식의 가치가 저평가돼 있다고 보고 성장을 기대한다는 시그널이다. 그러나 이 시그널은 경영진의 통제하에 있기 때문에 조작이 용이하다.

재무제표 분석

재무제표에 대한 심층적인 분석을 통해 투자자들은 기업의 현재와 미래의 실적에 대한 통찰력을 얻을 수 있다. 예를 들어, 이익 발생은 경영진의 조작에 의해 편향될 수 있다. 경영진은 투자자들이 오늘의 높은 수익을 미래에 높은 수익을 올릴 징표로 보고 있다고 가정할 수 있다. 실제로 수익은 영업에서 발생하는 실제 현금 흐름과 회계사가 계산·결정하는 발생액

accrual이라는 두 부분으로 구성돼 있어 조작의 여지가 있다. 이익 발생의 질을 분석하려면 슬론 등(Sloan et al., 2011)이 수행한 사례 연구를 살펴볼 만하다.

1. 슬론은 서로 다른 규모의 회사를 비교하고자 총자산별로 수익, 발생액, 현금 흐름을 스케일링했다.
2. 이어서 이익과 발생액의 질의 관계를 분석했다. 그는 샘플 회사의 발생주의 이익, 이익, 현금 흐름에 대한 데이터를 수집하고, 이익별로 그 순위를 매겼다. 슬론은 이익 순위를 기준으로 회사 연도를 십분위로 지정하고 각 십분위의 평균 수익 값을 계산했다. 그리고 계산된 연도를 중심으로 전년도와 그 후 5년간의 이익 결과를 추적했다.
3. 마지막으로, 이익에서 발생주의 이익 부분의 가치를 기반으로 순위를 매긴 버전과 결과를 비교했다.

슬론의 분석은 이익만 놓고 보면 올해 실적이 높은 기업은 앞으로 몇 년 동안 높은 이익을 이어갈 것으로 예상된다는 것이다. 그러나 발생주의 이익 요소로 순위를 매긴 후에 이익의 예측 가능성은 더 나빠진다. 현금 흐름 구성 요소는 발생 요소보다 훨씬 더 강력한 예측 요소다. 즉, 미래 이익 수준을 분석할 때는 발생액보다는 현금 흐름에서 창출되는 이익에 의존하는 것이 좋다.

기업의 가치와 재무 성과를 어느 정도 이해하기 위해서는 주로 재무제표의 수치를 사용해 계산하는 수학적 계산인 가치 평가비율을 분석하면 된다. 가장 잘 알려진 가치 평가비율은 가격이익비율과 장부가 대비 시장가 비율이다. 일부 실증적 연구는 많은 재무제표 비율의 횡단면적 변화와 관련된 요인들이 유의한 비정상적인 수익을 산출할 수 있다고 확인했다.

재무제표의 표준 형식을 벗어나는 관련 정보는 각주 형식으로 제출한다.

각주는 투자자가 회사를 더 잘 살펴보고 정보에 입각한 결정을 내리도록 돕고자 중요한 내용을 공개한다. 회계 정책, 회계 방법 변경, 장기구매약정, 미결 또는 임박한 소송, 임원의 스톡옵션 등과 같은 세부 사항을 거기서 확인할 수 있다. 기업들은 그들의 실수나 어려움을 헤드라인이나 표에 거의 노출시키지 않으므로, 이러한 공시의 행간을 읽으면 부지런한 투자자들에게 유리하게 작용할 수 있다. 기업들이 회계 규칙 변경의 사실과 효과를 숨기기 위해 금융 공시를 이용하는 경우도 있어 주가에 타격을 줄 수 있다. 경험에 비춰보면, 재무보고서에 새로운 각주가 많을 때 긴 문단의 일부에서 경고 메시지가 들어있을 수 있다. 만약 각주가 의미 없어 보인다면, 회사가 의도적으로 불명확하게 했을 가능성이 있다. 재무보고서의 각주에 있는 조기경보 징후를 탐지하는 능력은 엘리트 투자자들을 평균 투자자들과 차별화한다. 각주는 비정형 텍스트로 나타나므로, 고급 알파 연구자는 이를 사용 가능한 시그널로 변환할 수 있는 적절한 텍스트 마이닝 시스템을 찾거나 개발해야 한다. 이 단계는 그러한 데이터의 활용을 더 어렵게 만들지만, 상관돼 있지 않은 독립적인 시그널을 추출할 수 있는 기회를 제공한다.

알파 연구진도 분기별 콘퍼런스 콜을 기업공개를 위한 도구로 보고 있다. 재무제표가 기업의 과거 실적에 대한 통찰력을 주는 반면, 콘퍼런스 콜은 투자자들에게 현재 상황과 향후 실적에 대한 경영진의 기대를 고스란히 알려준다. 일부 의견 제출자는 CEO와 CFO의 어조와 방식, 특히 콘퍼런스 콜의 질의응답 부분(예: 이전 추정량에서 상당한 성능 편차를 설명하는 경우)에서 기술적 지표뿐만 아니라 장기 모델에 대한 중요한 정보를 수집할 수 있다고 말할 수 있다. 실증적 증기는 콘퍼런스 콜의 심리가 향후 60거래일 이내에 어닝 서프라이즈earning surprise를 예측할 수 있다는 것을 보여준다. 애널리스트의 관심(콜에 참여하지만 회사를 커버하지 않는 애널리스트들)은 회사의 향후 펀더멘털을 보여주는 초기 지표로서 향후 3개월 동안의 주가 수익과 긍정적인 상관관계가 있다(Jung et al., 2015). 투자자들은 어닝 콜earning call에서 극단적인 단어와 문구에 강하게 반응하며, 콜 이후에는 현저히 높은 비정상적인 거래량과 주식 수익률이 목격된다(Bochkay et al., 2016). Q&A 구간에서 질문 횟수가 예상을 크게 밑돌면, 다음 날 비정상적으로 수익률이 낮아진다(Chen et al., 2016). 언어적 어조(부정적이고 긍정적인 단어의 상대적 빈도)에서의 서프라이즈가 주가를 움직이는 경향이 있다(Druz et al., 2016).

거시경제적 변수는 또한 특정 산업에 대한 강력하고 근본적인 주가 지표로 사용될 수 있다. 예를 들어, 운송 산업에서의 유가와 주가의 상관관계나 금융 서비스에서의 금리 등이 그것이다.

투자은행과 증권 회사가 생산한 분석 보고서(셀 사이드)는 투자자들에게 잠재적으로 유용한 또 다른 정보 출처다. 이러한 보고서는 특정 기업과 관련 산업에 대한 과거와 현재의 근본적인 정보를 이용해 사업 전망을 분석하고 가치 평가 모델을 구축한다. 그들의 가격과 수익 목표, 논평, 평가, 권고 사항은 강조의 의미 있는 구성 요소가 될 수 있다. 대형 기관투자자들은 증권회사 보고서를 참조하는 경우가 많고 운용 자산 규모에 힘입어 시장을 움직일 수 있기 때문에 장기적으로 정확하지 않더라도 단기적으로는 애널리스트들의 시각이 스스로 실현될 수 있다. 애널리스트 연구를 주식 시장이 이미 가격에 반영했으므로 어떠한 후속적인 기업 펀더멘털 발표에 대해 기준으로 작용한다(컨센서스consensus 예측과 실제 발표 사이의 '깜짝 놀랄 만한' 차이는 종종 기업 펀더멘털 자체보다 더 큰 의미가 있다).

기본적 데이터는 업데이트되는 빈도가 낮기 때문에 가격-거래량 기반 알파와 같은 다른 시그널에 비해 거래회전율이 낮고 주식 커버리지가 낮다. 반면 기본적 정보는 장기간에 걸쳐 주가에 반영되는 경향이 있다. 기본적 시그널에 대한 누적 수익률은 보통 이익 발표를 중심으로 집중되며 시그널 공개 1년 후에 하향 평준화되는데, 이는 비정상 수익률의 많은 부분이 전년도 이익 변화에 기인할 수 있음을 보여준다.

기본적 분석은 연구자들에게 대안적 주식 분류에 대한 아이디어를 제공할 수 있다. 예를 들어, 주식은 회사의 재무 실적에 따라 가치주나 성장주 중 하나로 분류될 수 있다. 가치주란 비교적 낮은 가격에 있는 것을 말하며, 낮은 가격이익비율, 낮은 장부가 대비 시장가 비율, 낮은 가격매출비율, 높은 배당수익률로 나타난다. 성장주는 그와 정반대인 높은 가격이익비율, 높은 장부가 대비 시장가 비율, 높은 가격매출비율, 낮은 배당수익률로 나타난다. 마찬가지로 투자자는 한 유형의 주식을 다른 유형과 구별하는 다른 기본 요인들을 사용해 분류를 생성할 수 있다. 이러한 종류의 분류는 투자자가 서로 다른 주식그룹의 시장 행동을 좀 더 정확하게 관찰할 수 있도록 함으로써 더 나은 알파 시그널을 설계할 수 있게 한다.

결론

학문적 연구와 산업적 연구 모두에서 증가하는 증거는 기본적 분석의 적용이 잠재적으로 상당한 초과 수익을 산출할 수 있다는 것이다. 재무제표, 콘퍼런스 콜, 증권회사 애널리스트 보고서와 같이 이 장에 언급된 데이터 출처에서 추출한 정보는 역사적으로 미래의 주식 수익률을 예측하는 강력한 힘을 보여줬다. 계량적 알파 연구자들은 이 정보를 활용해 기본적 알파를 구축하고, 매매회전율이 낮고 수익이 안정적인 포트폴리오를 만드는 방안을 모색한다.

모멘텀 알파 소개

즈위 마(Zhiyu Ma), 아피트 아가왈(Arpit Agarwal), 라즐로 보르다(Laszlo Borda)

금융시장에서 '모멘텀momentum'은 그동안 상승하던 자산가격이 더 오를 가능성이 높고 그 반대의 경우도 성립한다는 경험적 관측을 말한다. 효율적 시장 가설의 틀 안에서 모멘텀은 (회귀, 계절성, 모멘텀 반전과 함께) 시장 이상 현상 중 하나이며, 투자자들의 즉각적인 반응이 부적절할 수 있고 시간이 지남에 따라 조정되는 경향이 있다는 사실에서 비롯된다.

제가디쉬Jegadeesh와 티트만Titman은 1993년 논문에서 지난 3~12개월 동안 승자와 패자가 계속 승리와 패배를 할 가능성이 있다는 사실을 발견했다. 같은 현상이 광범위하게 연구돼, 모멘텀이 전 세계 대부분의 자산 클래스와 금융시장에서 작용하는 것으로 확인됐다(Chan et al., 2000; Hong and Stein, 1999; Hong et al., 2000; Jegadeesh and Titman, 2001, 2011; Rouwenhorst, 1998). 그러나 모멘텀 알파의 수익성은 최근 몇 년 동안 크게 위축됐고, 2008년 금융 위기 전후(Barroso and Santa-Clara, 2015)에는 큰 폭의 하락을 겪었다. 이후 많은 연구 논문에서 모멘텀 알파 정신(Antonacci, 2014)을 지키면서 잠재적 이익을 높이고 잠재적 손실을 줄이기 위해 규칙을 수정하자고 제안했다. 이는 학계 내에서도 활발한 연구 분야가 되고 있다.

연구자들은 행동 모델을 통해 왜 모멘텀 알파가 작용하는지 설명하려고 시도해왔다. 잘 수용된 보수적 편향 이론에 따르면, 투자자들은 새로운 정보에 덜 반응하는 경향이 있다(Barberis et al., 1998; Chan et al., 1996; Daniel et al., 1998; Edwards, 1968; Zhang, 2006). 불완전하게 효율적인 시장에서 새로운 정보를 흡수하고 가격을 책정하는 데는 시간이 걸린다. 이 설명은 사건이 시장에 미치는 영향을 조사할 때 설득력이 있어 보인다.

공시가격이 발표될 때(예: 실적 발표) 모멘텀이 붙는다. 정보가 강력할수록 모멘텀 효과가 강해진다. 흥미로운 관찰은 공시가 발표되기 전에(즉, 공개 정보가 개인정보였을 때) 실제로 주식 모멘텀이 쌓이기 시작한다는 것으로, 애널리스트의 권고와 전망에 이끌린 투자자들의 기대감도 모멘텀 효과에 한몫하고 있음을 보여준다. 또 다른 종류의 모멘텀 알파는 뉴스, 이익 발표 또는 기타 계량적 모델을 사용해 사건을 식별한 다음, 사건 이전의 주식 수익률에 기초해 알파를 정의한다.

투자자들은 새로운 정보에 민감하지 않을 뿐만 아니라 주식 애널리스트들도 그렇다. 또래 집단들의 압력에 따라 애널리스트들은 탁월한(아마도 정확한) 예측을 하는 것을 꺼린다. 대신, 그들은 미래 이익과 목표 가격에 대한 예측을 점차적으로 조정하는 경향이 있다. 따라서 시장의 투자자들이 애널리스트들의 권고에 근거해 투자 결정을 내릴 때, 전반적인 결정 그 자체가 과소 반영돼 있다. 이는 가격 모멘텀 효과에 대한 보충적인 설명을 제공한다. 지연 과잉 반응이라는 반론적 이론에 따르면, 보유 기간의 비정상적인 모멘텀 수익률에 이어 마이너스 수익률도 나올 것으로 예상된다. 결국 주가가 근본적인 가치로 되돌아가는 후속 반전이 있기 때문이다. 대니얼 등(Daniel et al., 1998)과 홍과 스타인(Hong and Stein, 1999)은 단기 모멘텀과 장기 역전에 부합하는 대체 모델을 제시했다.

대안적(또는 보충적) 가설은 모멘텀 투자자는 모멘텀 전략에 베팅하는 유의적인 위험을 부담하고 있으며, 수익률이 높을수록 위험에 대한 보상이라고 가정한다(Li et al., 2008). 매수-매도 호가 스프레드가 높은 주식에 대해 구현된 모멘텀 전략은 높은 수익률을 제공한다(Lesmond et al., 2004). 따라서 모멘텀 전략의 잠재적 수익성을 평가할 때 거래비용을 고려하는 것이 중요하다. 상대적으로 애널리스트 커버리지가 낮은 종목에 시행된 모멘텀 전략과 관련된 수익은 매우 높은데, 이는 공개 정보의 보급이 느릴수록 모멘텀 수익이 증가하기 때문이다(Hong and Stein, 1999; Hong et al., 2000). 가치주(높은 장부가 대비 시장가 비율)에 비해 성장주(낮은 장부가 대비 시장가 비율)에 실행될 때 모멘텀 이익은 상당히 높은 것으로 관찰됐는데, 성장주가 가치주보다 평가하기 어렵기 때문이다(Daniel and Titman, 1999). 다소 역발상적이고 놀라운 발견은 더 많은 거래량을 가진 주식의 모멘텀 이익이 더 높다는 것이다(Lee and Swaminathan, 2000). 대량 거래 주식은 일반적으로 더 많은 공개 정보를 창출하고 더 낮은 거래비용으로 더 쉽게 거래될 수 있다. 높은 매매회전율에 대한 의견 차이는 주식의 펀더멘털 가치를 평가하기 어려운 탓에 발생할 수 있다.

가장 기본적인 형태의 다른 알파 시그널은 가격 모멘텀 요인에 상당히 노출돼 있음을 여기서 언급하는 것이 중요하다. 이러한 경우 모멘텀은 의도하지 않은 위험의 원천을 나타내며, 모멘텀 요인에 대한 기본 시그널을 중화시켜 최소화할 수 있다. 다른 경우(예: 계절성)에는 모멘텀이 전략의 수익률에 크게 기여하므로 모멘텀 중립화는 선택 사항이 아니다. 위험 요인으로서의 모멘텀에 대한 자세한 내용은 13장을 참조하라.

계절적 영향은 잠재적으로 모멘텀 전략의 성과에 영향을 미칠 수 있다. 즉, 매 분기 마지막 월에서 모멘텀 전략의 월평균 수익률이 분기가 아닌 월에 해당하는 수익률보다 유의하게 높은 것으로 밝혀졌다. 기관 거래 수준이 높은 종목의 경우, 이런 패턴이 강해져 기관투자가의 '윈도우 드레싱^{window} dressing'(최근 패자 매도, 신고 기간 말기에 최근 승자 매수)과 세금 손실 매도 tax-loss selling 등이 주가 수익률 모멘텀(Gray, 2015)에 기여한다는 점을 시사한다.

모멘텀 알파를 개발하기 위한 또 다른 접근법은 거시경제적 요인에 의해 나타나는 모멘텀에 기초한다. 차익거래가격결정론(APT)에서 주식이나 다른 금융자산의 수익은 훨씬 더 작은 거시경제적 요인이나 이론적 시장지표에 의해 선형 함수로 모델링될 수 있다. 다양한 요인에 대한 주식의 노출은 역동적이고 끊임없이 변화한다. 그러나 단일 주식 수익률과 비교할 때 단일 요인 수익률은 훨씬 더 안정적이고 더 강한 모멘텀 특성을 나타낸다(적어도 주어진 기간 또는 시장 상태에 걸쳐). 따라서 요인 회귀식에 근거한 알파는 요인 수익률이 모멘텀 효과를 갖는다고 가정한다. 또 다른 모멘텀의 적용은 현재 시장이 선호하는 요인을 뮤추얼펀드 운용자들이 현재 투자하고 있는 요인을 역설계해서 거래하는 것이다.

모멘텀 알파를 개발하기 위한 또 다른 접근법은 그룹 모멘텀에 기초하는데, 이것은 종종 공동 움직임^{co-movement}이라고 불리는 현상과 관련이 있다. 관련주(비슷한 사업 영역에 있거나 수익률을 유의적으로 설명하는 공통 요인에 유사한 익스포저를 공유하는 기업 주식)는 함께 움직이는 경향이 있다. 모스코위츠와 그린블랫(Moskowitz and Grinblatt, 1999)은 산업 수익률을 기준으로 순위가 매겨진 종목으로 산업 포트폴리오를 구성해 산업 수익률 모멘텀을 평가했다. 포트폴리오를 구축한 다음, 6개월 동안 산업 수익률이 높은 주식이 산업 수익률이 낮은 종목을 능가하는 현상을 발견했다. 산업 모멘텀이 모멘텀 이익에 기여하는 정도를 그룬디와 마틴(Grundy and Martin, 2001)이 재조사했다. 모멘텀 이익은 또한 앞섬-지연 효과에서 발생할 수 있다. 그룹 내 주식들은 정확히 같은 금액만큼 동시에 이동하지 않기 때문이다. 보통 그룹 내 몇몇 리더가 먼저 움직이면(아마 새로운 정보에 의해 움직이거나 공통 요인에 일찍 반응해), 그룹 내 다른 종목들이 리더를 따라간다. 투자자들은 선두 주자들의 움직임과 공통 요인 실현을 바탕으로 향후 가격 움직임을 예상할 수 있기 때문에 뒤처진 종목들은 모멘텀 이익을 누린다. 직접 관련주 외에도 관련 그룹(예: 공통 공급망상의 산업)이 있는데, 수익률이 한 선도 그룹에서 다른 그룹으로 이동한다.

결론

수익률에서 예측 가능한 패턴이 확인되면 투자자들은 예측 가능성이 제거될 때까지 이를 이용하고자 신속하게 행동한다. 그러나 모멘텀 알파가 전 세계 주요 시장에 걸쳐 창출한 플러스 수익률에 기초해 모멘텀 효과는 효율적 시장 가설에 반하는 가장 강력한 증거를 나타낸다고 주장할 수 있다. 같은 이유로, 모멘텀은 상당한 연구를 끌어모을 것이고 앞으로도 계속 연구가 이뤄질 것이다(금융 경제학자들은 무엇이 모멘텀 이익을 창출하는지에 대해 아직 합의에 이르지 못했다). 실제로 모멘텀 효과는 시장 비효율성의 증거인 만큼 현상에 대한 행동 재무적 설명을 제공하려는 시도가 있었다. 유동성 유니버스(더 효율적인 주식의 집합)에 대해 모멘텀 알파를 개발하는 것은 특히 어려운 일이므로 더 깊은 탐구가 필요하다.

뉴스와 소셜 미디어가
주식 수익률에 미치는 영향

완쳉 장(Wancheng Zhang)

서론

주가는 당연히 뉴스에 반응한다. 그러나 최근 몇 년간 소셜 미디어에서 볼 수 있는 뉴스와 감성은 주가의 잠재적 예측변수로 점점 더 중요해지고 있다. 하지만 뉴스를 이용해 알파를 만드는 것은 어려운 일이다. 종종 텍스트와 멀티미디어 콘텐츠를 포함하는 비정형 데이터로서, 뉴스는 컴퓨터가 직접 이해할 수 없다. 자연어 처리(NLP)와 머신러닝 방법을 활용해 원시 뉴스 콘텐츠를 분류하고 점수를 매길 수 있으며, 뉴스의 감성을 더 잘 묘사하기 위해 새로움, 관련성, 카테고리 등 뉴스의 추가 특성을 측정한다. 소셜 미디어가 종래의 뉴스 미디어보다 훨씬 더 많은 양을 갖고 있으며 훨씬 더 잡음이 많다는 것을 명심해야 하지만, 알파를 생성하고자 소셜 미디어 데이터에 유사한 기법을 적용할 수 있다. 이 장에서는 뉴스와 소셜 미디어를 이용해 알파들을 찾는 방법을 개괄적으로 설명한다.

뉴스 안의 알파

머신이 뉴스의 의미를 정확하게 구문 분석하고 해석하기는 쉽지 않다. 통계적 차익거래의 다른 영역과 마찬가지로 알고리즘은 빠른 응답 시간과 넓은 범위라는 장점이 있지만, 인간 애널리스트보다 더 약한 정확도를 감수해야 한다. 오늘날 트레이딩 회사들은 1밀리초 이내에 뉴스를 분석하고 즉시 거래 결정을 내릴 수 있다. 빅 뉴스는 보통 큰 가격 움직임을 즉각적으로 일으키는데, 종종 그 뒤에 과잉 반응과 반전이 따른다.

뉴스와 소셜 미디어에 정교한 언어 분석을 적용하는 것은 2007년의 초기 단계 연구 영역을 시작으로 해서 현재는 성숙한 솔루션 제공 단계로 성장했다. 전문 데이터 공급업체는 정교한 알고리즘을 활용해 뉴스를 분석하고 그 결과를 실시간으로 전달한다. 뉴스 분석과 뉴스 감성은 알파 생성, 트레이딩, 리스크 관리 분야에서 바이 사이드buy-side 기관과 셀 사이드sell-side 기관 모두가 널리 사용하고 있다. 점점 더 많은 빅데이터 공급업체들이 패키지, 서비스 또는 데이터 소스를 제공해 기업이 투자 과정에서 뉴스를 사용할 수 있도록 지원하고 있다.

학술 연구

2000년 이후 주식 수익률 관련 뉴스가 화제가 되고 있다. 주요 연구 분야로는 감성의 통합과 분산, 뉴스를 이용한 베타 계산, 주요 뉴스 주식, 텍스트 분석에서의 가중치 부여 체계, 주간 수익률 발표를 통한 뉴스 확인, 아무 소식도 없는 것이 희소식이라는 생각, 뉴스에 민감한 종목이 더 넓은 시장을 능가한다는 개념, 거래량별 뉴스 확인, 주식에 대한 뉴스 보도량의 편중, 뉴스 이후의 모멘텀과 과잉 반응 및 반전, 뉴스와 애널리스트 수정 사항 간의 관계 등을 포함한다. 관련 논문은 사회과학 연구 네트워크Social Science Research Network(SSRN)에서 '뉴스news'와 '주식 수익률stock return'을 검색하면 찾을 수 있다.

주식 예측을 위한 소셜 미디어 이용에 관한 첫 연구 논문은 요한 볼렌Johan Bollen, 후이나 마오Huina Mao, 샤오준 쩡Xiao-Jun Zeng이 2011년에 「The Journal of Computational Science」에 발표한 '트위터 무드가 주식시장을 예측한다'였다. 이 논문은 트위터의 글을 분석해 다우존스 산업평균지수(DJIA)의 일일 종가 변동을 예측하는 데 87.6%의 정확도를 얻었다고 주장한다. 이후 주요 연구 분야에서는 다양한 형태의 소셜 미디어의 예측력, 개별 주식에 적용되는 소셜 미디어, 소셜 미디어의 잡음에 대한 논의, 유명 인사의 리트윗과 트윗을 관찰해 귀중한 트윗을 찾는 것, 장기 기업 가치에 대한 소셜 미디어의 감성을 포함한다.

감성

간단히 말하면, 감성은 뉴스의 질을 측정한다. 감성의 가장 기본적인 정의는 뉴스의 극성polarity이다(긍정, 부정, 중립). 고급 감성 분석은 '위험', '놀람', '기대 이상' 등 좀 더 정교한 감성적 디테일을 표현할 수 있다. 뉴스 감성의 구축은 대개 자연 언어 처리와 통계/머신러닝 알고리즘(예를 들어 나이브 베이즈와 서포트 벡터 머신)과 관련된다. 최근 딥러닝 기법이 폭발적으로 증가하면서 뉴스를 이해하는 데 빠른 진전이 있었다. word2vec과 같은 새로운 기술은 고전적인 NLP 방법에 비해 높은 정확도를 달성했다.

일반적으로 감성은 자산 간에 횡단면적으로 비교할 수 있는 점수(예: 0~100 범위)로 정규화된다. 관례상 점수가 높을수록 뉴스가 좋다는 뜻이고 점수가 낮을수록 뉴스가 나쁘다는 뜻이며, 50점에 가까울수록 뉴스가 중립적이라는 것을 의미한다.

개별 뉴스 감성은 시장 총체적 감정, 계절성, 기타 타이밍 요소(예: 실적 발표 시즌 전후)에 노출될 수 있다. 상대가치 전략의 경우 유사한 주식 간의 상대적 감성을 비교하는 것이 유용하다.

위험관리에도 심리가 유용하다. 예를 들어, 포트폴리오 매니저는 예상치 못한 뉴스 때문에 주식 보유 규모를 줄이거나 뉴스 감성 점수 또는 뉴스 빈도를 고려해 포트폴리오 공분산 행렬을 추정할 수 있다.

예

단순한 알파는 감성을 직접적으로 따르는 것일 수 있다.

만약 (주식 A 감정 > 70)이면, 주식 A를 롱하고,
만약 (주식 B 감정 < 30)이면, 주식 B를 숏하고,
동종 업종의 뉴스가 없는 주식은 중립으로 놓는다.

참신성

참신성^{novelty}은 뉴스가 새로운 이야기인지 아니면 오래된 이야기의 갱신인지 측정한다. 공급업체는 하나의 긴 보고서를 여러 부분으로 나눌 수 있다. 때로는 이야기가 이전 뉴스의 후속 보도일 때도 있다. 다른 경우에는 최초 보도 후 여러 차례 뉴스를 수정할 수 있다. 덜 참신한 뉴스는 이전 뉴스에서 전달된 정보가 이미 시장에 반영돼 있을 수 있으므로 대개 시장에 미치는 영향이 적다. 뉴스를 시계열의 이벤트로 본다면, 참신성은 보통 이벤트 사이의 시간에 반비례한다.

예

참신성을 사용해 앞의 단순한 알파를 향상시킬 수 있다.

참신성 점수는 0에서 1의 범위를 갖는다.
만약 (주식 A 감정 > 70)이면, 알파 =+ (참신성)
만약 (주식 B 감정 < 30)이면, 알파 =- (참신성)
동종 업종의 뉴스가 없는 주식은 중립으로 놓는다.

관련성

뉴스는 여러 종목에 영향을 미칠 수 있다. 관련성^{relevance}은 특정 종목에 대한 뉴스의 초점을 측정한다. 수익이나 기업 행동과 같은 일부 뉴스는 기업마다 다르다. 그러한 뉴스의 관련성은 대개 높다. 하나의 뉴스 스토리는 제품의 공급망에 있는 여러 회사에 대해 이야기할 수 있다. 이 경우 뉴스와 관련되는 정도는 제품을 제조하는 회사가 가장 높으며, 공급망을 따라 여타 회사들은 낮아질 수 있다.

산업 또는 일반 거시경제 뉴스는 보통 개별 주식과 관련성이 낮다. 은행산업에 관한 일반적인 뉴스는 많은 은행주에 영향을 미칠 수 있다(애플의 신제품에 대한 뉴스는 애플뿐 아니라 삼성 같은 경쟁자들에게도 영향을 미칠 수 있다. 애플과의 관련성이 더 높고 삼성과의 관련성이 더 낮다). 관련성이 뉴스 감성을 개별 종목에 매핑하는 셈이다. 뉴스 알파를 향상하는 또 다른 요인이 될 수 있다.

예

관련성을 사용해 앞의 단순한 알파를 향상시킬 수 있다. 너무 많은 주식에 영향을 미치는 뉴스는 무시한다.

관련성 점수는 0에서 1의 범위를 가지며, ns = 한 뉴스 아이템에 의해 영향을 받는 주식 수를 구한다.

만약 (주식 A 감정 > 70 그리고 ns < 100)이면, 알파 =+ (참신성) * (관련성)
만약 (주식 B 감정 < 30 그리고 ns < 100)이면, 알파 =- (참신성) * (관련성)
동종 업종의 뉴스가 없는 주식은 중립으로 놓는다.

뉴스 카테고리

뉴스를 '긍정' 또는 '부정'으로 단순하게 분류하는 것 외에 더 상세한 범주로 분류하면 뉴스의 분석과 사용을 향상시킬 수 있다. 카테고리는 이익 발표, 이익 예측, 이익 수정, 이익 가이드라인, 이익 콘퍼런스 콜, 이익 달력과 같은 모든 이익 관련 보고서를 포함해 광범위할 수 있다. 아니면 '기업 법률 문제'처럼 좀 더 구체적일 수 있다.

뉴스 카테고리를 사용할 때 고려해야 할 몇 가지 중요한 측면이 있다. 첫째, 뉴스 카테고리가 다르면 시장에서 반응 시간이 다를 수 있다. 어떤 범주는 회사 가치에 장기적인 영향을 미치고, 다른 범주는 단기 가격 변동을 일으킬 수 있다. 둘째, 시장은 각 시점마다 뉴스에 상이한 선호도를 갖고 있다. 카테고리 회전 전략은 이러한 뉴스 스타일의 뉘앙스를 이용할 수 있다. 셋째, 일부 뉴스 카테고리는 어떤 산업과 섹터에 특정되며, 해당 산업 또는 섹터에만 영향을 미칠 수 있다. 마지막으로, 카테고리는 다양한 유형의 뉴스를 다른 유형의 정보와 결합해 알파를 만드는 것을 더 쉽게 만든다. 예를 들어, 이익 뉴스를 애널리스트의 이익 수정과 함께 사용할 수 있다. 블룸버그와 같은 뉴스 판매업체들은 원시 뉴스에 대한 태그와 카테고리를 제공하고 있으며, 첨단 머신러닝 방법에 의한 자동 분류는 점점 더 일반화되고 있다.

예

이익 뉴스의 예를 고려하자. '시장 리포트market reports' 카테고리를 제거하고, 단순한 '학습' 방법을 사용해 다음과 같이 개별 뉴스에 더 가중치를 부여한다. 즉, '시장 불균형market imbalance' 과 '시장 움직임market movement' 카테고리로부터 나오는 모든 뉴스를 무시한다.

그리고 각 뉴스 카테고리에 다음과 같이 점수를 부여한다.

카테고리 점수 = 과거 2년간 이뤄졌던 뉴스 발표 후 상대적 주식 수익률 평균

만약 (주식 A 감정 > 70 그리고 ns < 100)이면, 알파 =+ (참신성) * (관련성) * (카테코리 점수)
만약 (주식 B 감정 < 30 그리고 ns < 100)이면, 알파 =- (참신성) * (관련성) * (카테고리 점수)
동종 업종의 뉴스가 없는 주식은 중립으로 놓는다.

예상 뉴스와 예상 밖의 뉴스

겉보기에 좋아 보이는 뉴스라 하더라도 이미 정보가 가격에 반영된다면, 긍정적인 가격 움직임을 일으키지 못한다. 예를 들어 '작년에 비해 이익이 150%에 달하는 큰 성장세를 보인다.'는 뉴스가 있다. 이 뉴스의 분석은 보통 긍정적인 느낌을 준다. 다만 종전의 시장 컨센서스가 200% 성장한다는 것이었다면, 뉴스 속 가치는 기대에 미치지 못해 가격이 하락할 수밖에 없다. 따라서 뉴스 데이터를 시장 컨센서스, 시장 기대치와 함께 활용하면 도움을 줄 수 있다. 텍스트 분석과 캘린더 분석은 뉴스가 일상적인 업데이트인지 아니면 다른 어떤 것인지를 결정하는 데 유용하다. 놀라움, 예상 밖의 뉴스, 이벤트는 대개 더 큰 가격 변동으로 이어진다.

헤드라인과 전문

헤드라인은 보통 가장 중요한 정보를 담고 있고 형식이 잘돼 있으므로 구문 분석과 분석이 더 쉽다. 전문은 더 자세한 정보를 제공하지만, 작업하기는 더 어렵다. 한 학술 연구 논문은 흥미로운 결과를 보여준다. 한 단락의 대부분의 정보는 첫 번째 문장과 마지막 문장에 포함돼 있다. 유사하게, 우리는 기사의 첫 번째 단락과 마지막 단락, 또는 처음과 마지막 몇 단어에 더 집중할 수 있다. 문단 구조와 문장 구조도 귀중한 정보를 포함할 수 있다.

뉴스가 없는 것이 좋은 소식인가?

옛말에 '무소식이 희소식이다.'라는 말이 있다. 이것은 어느 정도 사실이다. 즉, 뉴스는 변화, 사건 또는 특이한 일을 의미하며, 시장은 불확실성을 싫어한다. 뉴스는 또한 일반적으로 변동성 증가, 거래량 증가, 애널리스트의 수정, 그리고 더 많은 뉴스에 대한 기대와 연관된다. 이러한 측면들은 회사에 잠재적인 위험을 의미한다. 점점 더 많은 기업이 리스크 관리 모델에 뉴스를 사용하고 있으므로, 기관 투자자들은 뉴스 보도의 영향을 많이 받는 기업의 보유량을 줄이거나 심지어 포트폴리오에서 퇴출시킬 수도 있다. 기관의 투자 흐름은 주식 수익률에 긍정적이기 때문에 이와 같은 기관의 보유량 감소는 수익률을 낮출 수 있다.

> **예**
>
> 기업에 대한 뉴스가 비정상적으로 많으면 그 기업을 숏하라.

뉴스 모멘텀

만약 뉴스가 주식에 미치는 영향이 시장에 의해 즉각적이고 완전히 가격에 반영되지 않는다면, 그 뉴스가 더 널리 알려지고 이해되면서 주가는 추세나 모멘텀을 보일 수 있다. 이런 효과는 소형주의 경우 세밀히 관찰되고 있지 않으므로, 예상치 못한 뉴스에 대해서는 훨씬 더 강하다. 대형주나 예상된 뉴스의 경우, 일반적으로 최초 과잉 반응 이후 가격이 역전되는 모습을 보인다.

> **예**
>
> 뉴스 발표 후 처음 3일은 뉴스 발표 전 2일 동안의 주식 수익률과 같은 방향으로 포지션을 가져라. 다음 5일 동안 반전을 포착할 수 있도록 거래 방향을 반대로 하라.

소셜 미디어

2013년 4월 AP 통신의 트위터 글은 백악관에서 오바마 대통령이 다치는 폭발 사고가 있었다고 주장했다. 트윗 내용은 거짓이었지만, 시장에는 즉각적으로 엄청난 반응을 불러일으켰다. 오후 1시 8분부터 1시 10분까지 DJIA는 140포인트 이상 떨어졌다. 비록 지수가 빠르게 반등했지만, 이 가짜 트위터 사건은 1,360억 달러의 시장 손실을 초래했다. 이 사례는 알고리즘 트레이딩에서 소셜 미디어의 중요한 잠재적 가치를 명확하게 보여준다. 많은 데이터 공급업체가 이러한 기회를 포착하고 있다. 데이터마이너 Dataminer나 싸이크시그널PsychSignal 같은 회사들은 매일 수백만 개의 소셜 데이터 피드를 제공한다. 많은 헤지펀드가 사용하는 감성 상품을 만드는 제3자 공급업체에도 데이터를 제공한다.

알파를 생성하는 소셜 미디어 플랫폼 중 가장 인기 있는 것이 트위터인데, 이는 (@ 티커 기호를 확인함으로써) 주식과 사람(공기업의 CEO 등)에 쉽게 매핑될 수 있기 때문이다. 또한 야후 파이낸스 게시판과 스톡트위츠StockTwits 와 같은 온라인 포럼, 전문 투자자와 트레이더의 블로그, 페이스북, 글래스 도어Glassdoor, 심지어 위키피디아에 기반한 연구도 증가하고 있다.

소셜 미디어는 현재 퀀트 연구의 뜨거운 영역이다. 본질적으로 소셜 미디어는 뉴스로 볼 수 있지만, 뉴스보다 훨씬 더 많은 양과 잡음이 존재한다. 뉴스에 통용되는 아이디어 중 상당수는 소셜 미디어에서도 통할 수 있지만, 소셜 미디어의 콘텐츠에 감성 분석을 적용하는 데는 여러 가지 난제가 있다. 첫째, 소셜 미디어는 더 많은 수의 레코드를 가지며 업데이트를 더 빨리 한다. 둘째, 소셜 미디어 콘텐츠는 보통 형식에 구애받지 않는다. 예를 들어, 트위터 포스트는 많은 약어와 서식을 포함할 수 있다. 이것은 언어 처리의 어려움을 증가시킨다. 셋째, 어떻게 하면 독창적이고 중요한 레코드를 찾을 수 있을까? 많은 소셜 미디어 콘텐츠가 뉴스에 대응하고 있으며, 원래의 소셜 미디어 콘텐츠보다 영향이 적다. 따라서 소셜 미디어에는 가짜 시그널이 많이 나타나며, 바로 이러한 이유 때문에 소셜 미디어를 예측에 활용하기 어렵다.

예

트윗의 빈도와 리트윗의 수를 사용해 자주 언급되는 기업을 숏하라(기업에 대한 트윗은 대부분 부정적이다).

각 기업에 대해, 특정일에 기업 심볼 또는 기업명을 언급한 트윗의 수를 계산하라. 각 트윗에 대해 리트윗의 수를 구하고, 이를 t로 설정한다. frequency = sum of log(t+1)로 설정한다.

알파 = time_series_rank(frequency, 1 month) - 0.5

결론

뉴스, 소셜 미디어 콘텐츠, 빅데이터를 처리하는 기업의 양이 급증하고 있다. 점점 더 많은 시장 참여자가 이 정보를 분석하고 거래하기 위해 자동적인 방법을 사용하고 있다. 따라서 각 정보가 주식 수익에 미치는 평균 영향은 시간이 지남에 따라 감소할 가능성이 높다. 뉴스에서 알파를 계속 찾으려면 더 많은 뉴스를 분석하고, 가장 영향력 있는 뉴스를 찾고, 잡음을 걸러내고, 더 진보된 머신러닝 방법을 채택해 뉴스를 학습하고 분류해야 한다.

주식옵션시장으로부터의
주식 수익률 정보

스와스틱 티와리(Swastik Tiwari), 하르딕 아가왈(Hardik Agarwal)

서론

금융에서 옵션은 한 거래당사자(옵션 매도자)가 다른 거래당사자(옵션 보유자)에게 판매한 계약을 나타내는 금융파생상품이며, 매수자에게 특정일이나 그 이전에 기초자산이나 금융상품을 특정 '행사 가격'으로 매수하거나 매도할 권리를 주되 의무는 주지 않는다. 매도자는 옵션 보유자가 옵션을 행사하는 경우에 해당 거래, 즉 매도하거나 매수할 의무가 있다. 매수자는 이 권리에 대해 매도자에게 프리미엄을 지불한다. 콜 옵션call option은 특정 가격에 살 수 있는 선택권을 주기 때문에 매수자는 기초자산이나 금융상품의 가격이 오르길 원한다. 그리고 풋 옵션put option은 특정 가격에 매도할 수 있는 선택권을 주기 때문에 매도자는 기초자산이나 금융상품의 가격이 하락하길 원한다. 투기꾼들은 기초자산에 레버리지 베팅을 하기 위해 옵션을 사용하는 반면, 위험 회피자들은 기초자산 보유 위험을 줄이기 위해 옵션을 사용한다.

주식옵션시장은 주식 수익을 예측하기 위해 유용한 정보를 많이 제공한다. 주식 옵션은 가격 발견에 기여하는데, 옵션 트레이더들이 전략을 더욱 정교하게 해서 정보의 부호와 크기를 일치시키기 때문이다. 이러한 유연성과 함께 주식옵션의 레버리지는 트레이더들이 자신만의 사적 정보를 생성하기 위한 연구에 시간과 돈을 투자하도록 하는 추가적인 동기를 창출한다. 이러한 방식으로 주식옵션의 거래는 자산 자체의 거래보다 더 정교하고 정확한 기초자산가치의 시그널을 제공할 수 있다. 따라서 주식옵션이 가격 발견에 어떻게, 그리고 왜 영향을 미치는지 이해하는 것은 자산가격에 정보가 어떻게 통합되는지를 이해하는 데 필수적이다.

주식옵션은 리테일과 기관투자자 모두에게 점점 더 인기를 끌고 있다. 현재 미국에는 박스홀딩스 그룹BOX Holdings Group, CBOE 그룹, 마이애미 인터내셔널 홀딩스Miami International Hodlings, 나스닥Nasdaq, 인터콘티넨탈 거래소Intercontinental Exchange의 NYSE가 운영하는 옵션시장이 15개 있다.

2014년 연례 보고서에서 옵션 청산회사Options Clearing Corp(OCC)는 그림 23.1~23.3에 표시된 통계와 차트를 제시했다.[1]

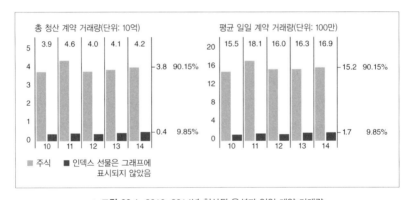

▲ **그림 23.1** 2010–2014년 청산된 옵션과 일일 계약 거래량

---

1 옵션 정리 회사로부터 라이선스 부여. 모든 권한 예약됨. OCC 또는 그 계열사는 이 책에 수록된 내용이나 OCC가 제공하지 않은 기타 자료에 대해서는 책임을 지지 않는다. OCC는 정보의 정확성, 적절성, 완전성 또는 가용성을 보장하지 않으며 오류나 누락 또는 그러한 정보의 사용으로 얻은 결과에 대해서는 책임을 지지 않는다.

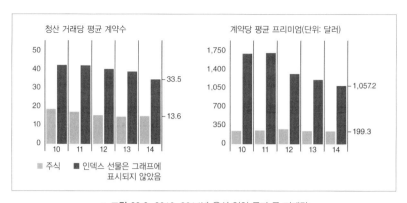

▲ **그림 23.2** 2010–2014년 옵션 일일 콜과 풋 거래량

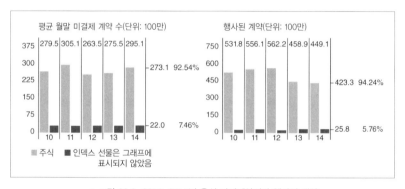

▲ **그림 23.3** 2010–2014년 옵션 미결제약정과 행사된 계약

변동성 스큐

옵션시장의 방향에 대한 유용한 정보의 원천은 주식옵션의 내재변동성이다. 이는 옵션가격결정모형(예: 블랙-숄즈)에서 가치를 입력할 때 해당 모형이 옵션의 현재 시장가격과 동일한 이론적 값을 반환하는 기초 금융상품의 변동성 값이다. 주식옵션의 경우, 행사가격에 대한 내재변동성의 그래프는 스큐skew된 곡면을 제공한다. 변동성 스큐volatility skew는 외가격, 등가격과 내가격 옵션 간 내재변동성의 차이다. 변동성 스큐는 심리와 수급에 영

향을 받으며, 펀드 매니저들이 콜 또는 풋을 매도하는 것을 선호하는지 알 수 있는 정보를 제공한다. 주식옵션시장에서는 일반적으로 그림 23.4에서 볼 수 있듯이, 전반적으로 펀드 매니저들이 풋 옵션보다는 콜 옵션을 매도하는 것을 선호하기 때문에 스큐가 발생한다.

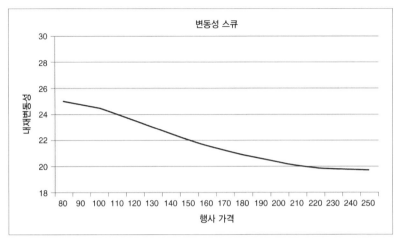

▲ **그림 23.4** 주식옵션시장의 샘플 변동성 스큐

논문 '주가를 주도하는 옵션가격: 옵션 트레이더에게 정보 이점이 있는 가?'에서 진 등(Jin et al., 2012)은 볼렌과 웨일리(Bollen and Whaley, 2004), 브래드쇼 등(Bradshaw et al., 2010), 갈레누 등(Garleanu et al., 2009), 반 부스키크(Van Buskirk, 2011), 싱 등(Xing et al., 2010)을 포함해 정보 우위에 관한 기존 문헌을 서베이survey한다. 볼렌과 웨일리, 갈레누 등은 '옵션 트레이더들이 보유하고 있는 정보 때문에 변동성 스큐의 형태와 매수 강도에 관한 예측 능력이 생긴다.'고 설명했다. 볼렌과 웨일리는 '일일 내재변동성의 상대적 변화는 순매수 압력의 변화에 의해 주도된다.'는 것을 발견한다. 긍정적 뉴스에 대한 기대를 가진 옵션 트레이더는 과잉 콜 매수 거래 또는 풋 매도 거래를 유발하며, 이는 풋 옵션에 비해 콜 옵션의 가격과 내재변동성을 상승시킨다. 마찬가지로, 부정적인 뉴스에 대한 기대를 가진 옵션 트

레이더는 과잉 콜 매도 거래 또는 풋 매수 거래를 야기해 콜 옵션에 비해 상대적으로 풋 옵션의 가격과 내재변동성을 상승하게 한다. 따라서 옵션 트레이더들이 부정적 사건 발생 확률에 대한 정보를 예상할 때, 등가격 콜 옵션에 대한 수요에 비해 외가격 풋 옵션에 대한 수요가 증가해 변동성 스큐가 증가하게 된다.

연구자들은 회사 차원에서 변동성 스큐와 개별 주가 수익 사이에 음의 연관성이 있다는 것을 보여줬다. 이 결과는 변동성 스큐가 부정적인 정보를 반영한다는 가설과 일치한다. 싱 등(Xing et al., 2010)은 "주식에 대해 거래되는 옵션의 변동성 스큐가 클수록 저조한 실적을 갖는다."라고 언급하고 있다. 높은 변동성 스큐를 가진 옵션의 기초 주식이 변동성 스큐가 낮은 옵션의 기초 주식에 대비해 상대적으로 저조한 실적을 위험 조정 수익률 관점에서 연간 10.9%로 계산했다. 이는 롱숏 주식 알파 관점에서 옵션의 변동성 스큐가 낮은 주식에 대해 롱 포지션을 취하고 옵션의 변동성 스큐가 높은 주식에 대해서는 숏 포지션을 취하는 것을 의미한다. 최근 몇몇 연구에서는 극도의 부정적인 사건에 대한 변동성 스큐의 예측 능력을 조사했다. 반 부스키크(Van Buskirk, 2011)는 높은 변동성 스큐가 이익 발표가 포함된 짧은 기간과 이익 발표가 없는 긴 윈도우에서의 폭락을 예측하지만, 경영진의 이익 예측이나 배당 발표 주변에서의 폭락을 예측하지는 않는다고 밝혔다. 브래드쇼 등(Bradshaw et al., 2010)은 '변동성 스큐의 예측 능력과 폭락 위험에 대한 회계 불투명성은 서로 상승작용을 일으킨다.'는 것을 보여준다. 이들에 따르면, 변동성 스큐의 예측 능력에 반영되는 정보 우위가 긍정적인 뉴스보다 부정적인 뉴스인 경우에 더 크지만, 옵션시장의 예측 능력은 다양한 규모의 뉴스 서프라이즈에 적용된다고 한다. 이러한 현상은 더 길거나 더 짧은 기간의 롱숏 알파의 대상이 되는 주식을 발견하는 데 사용될 수 있다.

그림 23.5는 러셀^{Russell} 1000 주식의 알파 성과를 보여준다. 알파는 내재변동성 곡선의 기울기를 사용해 스큐를 측정한다. 이 아이디어는 내재변동성 곡선의 기울기가 줄어든 종목(또는 변동성 스큐의 감소를 보인 종목)을 매수하고, 반대의 경우 매도한다.

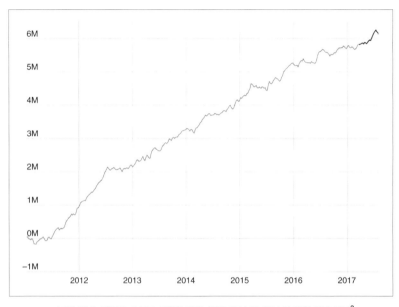

▲ **그림 23.5** 변동성 스큐를 사용한 러셀 1000 주식 유니버스에 대한 알파 성과[2]

변동성 스프레드

풋콜 패리티 관계$^{put-call\ parity\ relation}$는 완벽한 시장에서 무배당 지급 주식에 대한 유럽형 옵션의 경우 다음과 같은 등식이 유지된다고 기술한다.

$$C - P = S - D.K$$

---

2 알파 = −(내재변동성 곡선 기울기 변화)

여기서 *C*와 *P*는 각각 현재의 콜과 풋 가격, *D*는 할인 요인, *K*는 행사 가격, *S*는 현물 가격이다. 조기 행사가 가능한 미국 옵션의 경우에는 이 방정식이 부등식의 형태를 취한다($S \geq D.K + C - P$). 이들 관계에서 볼 때 행사 가격과 만기일이 동일한 유럽형 콜 옵션과 풋 옵션은 동일한 내재변동성을 가져야 하는 반면, 미국형 콜 옵션과 풋 옵션은 조기 행사 프리미엄(Hull, 2008)에 기인하는 내재변동성에서 스프레드('변동성 스프레드')를 가진다.

그러나 오펙 등(Ofek et al., 2004)은 변동성 스프레드는 조기상환 프리미엄으로 완전히 설명할 수 없다는 것을 보여준다. 오펙 등과 크레머스와 와인바움(Cremers and Weinbaum, 2010)은 이러한 변동성 스프레드가 미래 주가 수익률을 의미한다는 것을 보여준다. 예를 들어, 크레머스와 와인바움은 변동성 스프레드가 높은 종목이 변동성 스프레드가 낮은 종목을 주당 평균 50 베이시스 포인트씩 초과하는 성과를 보이는 것을 발견한다. 볼렌과 웨일리(Bollen and Whaley, 2004)와 갈레누 등(Garleanu et al., 2009)은 변동성 스프레드의 예측 능력이 수요 기반 옵션 모델에 기인한다고 주장했다. 변동성이 확대되면 풋 옵션보다 콜 옵션에 대한 초과 수요가 더 커지며 옵션 트레이더들이 긍정적인 뉴스에 대한 기대감을 가질 수 있다는 점을 시사한다. 따라서 옵션시장에서의 전반적인 순매수 압력을 측정함으로써 변동성 스프레드는 옵션 트레이더가 예상하는 뉴스의 특성(긍정적 또는 부정적)과 잠재적 영향을 나타낸다. 이 현상은 변동성 스프레드가 큰 종목을 롱하고, 변동성 스프레드가 작은 종목을 숏하는 주식 알파에서 활용할 수 있다.

그림 23.6은 러셀 3000 주식 유니버스에 대한 알파 성과를 보여준다. 알파는 등가격 콜과 풋 옵션의 내재변동성 정보를 사용한다. 아이디어는 콜 내재변동성이 풋 내재변동성보다 더 높은 주식을 매수하고, 반대의 경우에는 매도하는 것이다.

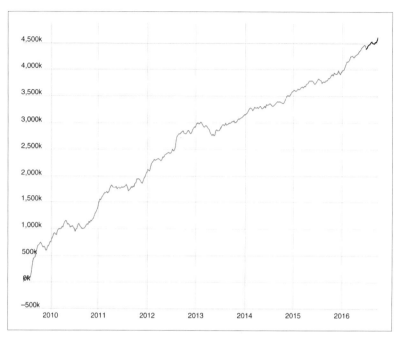

▲ **그림 23.6** 변동성 스프레드를 사용한 러셀 3000 주식 유니버스에 대한 알파 성과[3]

옵션 거래량

스톡옵션의 거래량 또한 미래 주식 수익률에 대한 유용한 정보를 전달한다. 존슨과 소(Johnson and so, 2011)는 논문 '옵션 대 주식 거래량 비율과 미래 수익률The Option to Stock Volume Ratio and Future Returns'에서 옵션과 기초 주식의 거래량에서 도출할 수 있는 추론에 초점을 맞추고 있다. 저자들은 O/S(전체 주식시장 거래량 대비 전체 옵션시장 거래량(콜과 풋에 걸처 합산) 비율)가 정보 기반의 트레이더가 이용할 수 있는 사적 정보를 나타내는 이론적 및 실증적 증거를 제공한다. O/S 측정은 롤 등(Roll et al., 2009)에 의해 처음 만들어지고 연구됐다. 이들의 연구 결과에 따르면, '사적 정보를 보유한 정보

---

3   알파 = 등가격 내재변동성(콜 옵션 − 풋 옵션)

기반 트레이더의 거래에 의해 O/S의 횡단면 및 시계열 변동이 발생할 수 있다.'고 한다. 존슨과 소는 이러한 발견의 연장선상에서 O/S와 미래 수익률의 관계를 살펴보고, 높은 O/S 기업에 대한 낮은 O/S 기업의 초과 성과를 발견한다. 이들의 방법론은 매월 말 O/S별로 기업을 분류하고, 높은 O/S 종목에 대한 숏 포지션과 낮은 O/S 종목에 대한 롱 포지션으로 구성한 포트폴리오를 한 달간 보유하고, 이의 평균 수익률을 계산한다. 이 포트폴리오는 평균 1.47%의 위험 조정 월별 헤징된 수익률을 제공한다. 저자들은 O/S와 미래 주식 수익률 간의 부정적인 관계가 기초 주식시장의 공매도 비용 때문에 발생한다고 주장한다. 즉, 자본 제약과 주식 공매도 비용 때문에 정보 기반 트레이더들은 긍정적인 뉴스를 기대할 때보다 부정적인 뉴스를 기대할 때 더 자주 옵션 거래를 선호한다.

존슨과 소(Johnson and so, 2011)에 따르면, O/S는 '다음 달 분기 실적 발표에서 깜짝 실적, 표준화된 설명되지 않은 실적, 비정상적인 수익률을 예측한다.' 동일한 O/S 척도 기반 포트폴리오 구축 방법론은 '보유 월' 이후 월에 발생하는 미래 이익 공시에 대한 정보도 포함한다. 이들은 뉴스 공개 시 주식 가격에 편입되는 사적 정보를 O/S가 반영한다는 가설과 일치한다고 주장한다. 더욱이, 그들의 모델이 '공매도 비용이 높거나 옵션 레버리지가 낮을 때 O/S가 더 강한 시그널이다.'라고 예측하고 데이터에서 이를 확인했다. 이러한 아이디어는 낮은 O/S 기업을 롱하고, 높은 O/S 기업을 숏하는 롱숏 주식 알파로 사용될 수 있다.

그림 23.7은 러셀 1000의 유니버스에 대한 알파의 성과를 보여준다. 알파는 나스닥 OMX PHLX의 옵션 거래량 정보를 이용해 하루 평균 주식 거래량과 비교한다. 옵션 거래량 대비 주식 거래량 비율이 높은 주식을 매수하고, 그 반대의 경우에는 매도한다.

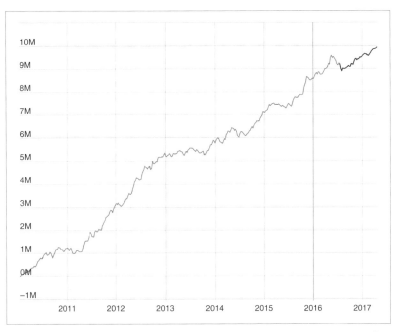

▲ 그림 23.7 옵션 대 주식 거래량 비율을 이용한 러셀 1000 주식 유니버스에 대한 알파 성과[4]

옵션 미결제약정

미결제약정은 특정 기초자산에 대한 미결제 옵션 계약의 수다. 논문 '옵션 미결제약정 변동이 미래 주식 수익을 예측하는가?'Do Option Open-Interest Changes Foreshadow Future Equity Returns?'에서 포도르 등(Fodor et al., 2010)은 옵션 미결 제약정 변동과 미래 수익률 사이의 관계를 서베이한다. 그들은 옵션 트레이더들이 기초자산이 단기 강세일 때 상대적으로 더 많은(적은) 콜 옵션(풋 옵션)을 산다는 것을 보여준다. 마찬가지로 옵션 트레이더는 기초자산이 단기 약세일 때 상대적으로 더 많은(적은) 풋 옵션(콜 옵션)을 매입한다. 이러한 행동 양상 때문에 총 미결제약정의 변동은 미래 주식 수익률에 대한

---

4   알파 = 주식 거래량 / (콜 + 풋 옵션 거래량)

정보를 포함한다. 저자들은 정보 기반 투자자들이 롱 콜(풋) 포지션 증가를 활용해 강세(약세) 견해를 구현한다고 주장한다.

저자들은 실증 연구에서 최근의 총 풋 옵션 미결제약정 수준과 미래 기초 주식 수익률 사이에 강한 음의 관계가 있다는 것을 보여준다. 최근 풋 미결 세약정이 증가한 기업은 풋 미결제약정이 감소한 기업보다 훨씬 낮은 성과를 보였다. 저자들은 콜 미결제약정의 변화에는 반대의 관계, 그러나 훨씬 약한 관계가 존재한다는 것을 발견한다. 그들은 최근 풋 미결제약정에 대한 콜 미결제약정의 변동 비율은 미래 주식 수익률의 가장 효과적인 예측변수라 보고, 이 비율이 크게 증가하면 상대적으로 강한 미래 주식 수익률이 뒤따르는 경향이 있다는 점에서 이 관계는 양의 관계라는 점에 주목한다.

포도르 등은 블랙(Black, 1975)이 처음 논의한 바와 같이 상대적으로 적은 초기 지출 요건 때문에 옵션을 통해 자신의 견해(롱 콜 포지션을 통한 강세 견해와 롱 풋 포지션을 통한 약세 견해)를 구현하는 정보 기반 트레이더의 선호를 발견했다. 포도르 등은 옵션과 주식시장의 실제 정보 차이가 각 시장의 가격에 정보가 반영되는 속도의 차이를 초래한다는 추가적인 증거를 제시한다. 따라서 주식 콜과 풋 옵션에 대한 미결제약정은 롱숏 주식 알파에서 롱과 숏 주식을 선택하는 데 사용될 수 있다.

그림 23.8은 러셀 3000 주식의 유니버스에 대한 알파 성과를 보여준다. 알파는 PHLX의 콜과 풋 옵션 미결제약정 정보를 사용한다. 아이디어는 높은 콜 미결제약정을 가진 주식을 매수하고, 그 반대의 경우 매도한다.

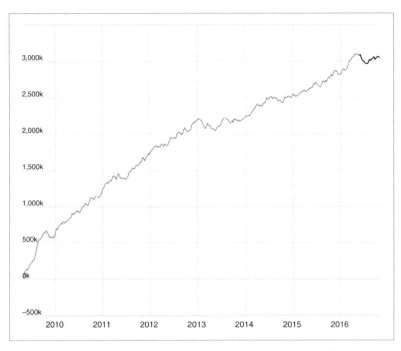

▲ **그림 23.8** 콜과 풋 옵션 미결제약정을 사용한 러셀 3000 주식 유니버스에 대한 알파 성과

결론

광범위한 연구 문헌에서 보듯이 주식옵션시장에는 주식의 움직임을 예측하기 위한 유용한 정보가 포함돼 있다. 변동성 스큐의 형태, 변동성 스프레드, 옵션 거래량, 옵션 미결제약정은 모두 기초 주식의 단기 성과를 예측하는 데 유용한 도구다.

기관투자가 연구 101
- 애널리스트 분석 보고서

벤자민 이(Benjamin Ee), 하르딕 아가왈(Hardik Agarwal), 슈브함 고얄(Shubham Goyal),
아비쉐크 파니그라히(Abhishek Panigrahy), 아난트 푸시카르(Anant Pushkar)

이 장에서는 알파 연구자들이 금융 미디어 출처에서 접할 수 있는 애널리스트의 분석 보고서와 종목 추천에 대한 전반적인 개요를 다룬다. 애널리스트들의 추천에 접근하는 가장 좋은 방법을 토론하고, 이러한 보고서들이 어떻게 체계적인 거래 아이디어를 고취하는 데 도움이 될 수 있는지에 관련된 모든 중요한 질문을 살펴본다.

기업과 전체 산업에 대한 셀 사이드 애널리스트의 추천, 등급, 가격 목표 변동은 주요 주가 움직임을 설명하고자 종종 이러한 보고서를 인용하는 금융 신문, 콘퍼런스, 블로그, 데이터베이스에서 자주 눈에 띄게 나타난다. 실제로, 산업 협회와 학자들의 수많은 연구는 애널리스트의 분석이 귀중한 정보를 포함하고 있다는 것을 발견했다.

그럼에도 불구하고, '주식 애널리스트'라는 문구는 포춘지 선정 500대 CEO들과 압박을 주는 실적 발표 콘퍼런스 콜에서 정보를 수집하고 그 결과를 수십억 달러 규모의 기관 펀드에 발표하는 골드만삭스나 제이피 모건의 정교한 연구자들이 지닌 이미지를 떠올리게 한다. 새로운 알파 연구자인 당신이 어떻게 이 귀중한 분석물에 접근할 수 있을까? 마찬가지로,

체계적인 시장 전략 구축에 관심이 있는 알파 연구자가 왜 전형적인 기업 분석에 주목해야 하는지도 중요하다.

분석 연구 접근(물론 무료)

분석 보고서에는 일반적으로 다음이 포함된다.

- 기업과 그 산업에 대한 자세한 설명
- 이익과 매출 등 관련 재무 수치에 대한 추정량
- 가격 목표
- 애널리스트의 분석 연구에 기초한 매수, 보유 또는 매도 추천
- 추천의 근거 설명

셀 사이드 애널리스트들은 종종 비용이 많이 들고, 정교하고, 시간이 많이 소요되는 분석을 수행하는데, 당연히 그들은 소중한 고객에게 먼저 제공하길 원한다. 분명히 당신은 공개 소스를 통해 회사에 대한 모든 (또는 심지어 대부분의) 분석 연구에 접근할 수는 없을 것이다. 그럼에도 불구하고, 공개적으로 접근할 수 있는 매체에 올려지는 애널리스트 분석은 일부일지라도 새로운 알파 연구자들에게 귀중한 학습 도구가 될 수 있다.

사실, 일부 애널리스트 연구는 놀랍게도 접근할 수 있으며 금융 매체가 중개 역할을 하고 있다. 이 경우 '금융 매체'라는 용어는 월 스트리트 저널이나 블룸버그와 같은 전통적인 출처뿐만 아니라 야후 파이낸스^{Yahoo Finance}나 구글 파이낸스^{Google Finance} 같은 집합 웹 사이트도 포함한다. 후자는 애널리스트 분석, 추정량과 특히 어닝 콜 중 기업 경영진에 제기되는 질문의 유용한 출처. 어떤 회사에 대한 애널리스트 분석 보고를 꺼내는 것은 종종 당신이 좋아하는 금융 포털에 그 회사의 주식 티커^{stock ticker}를 입력하기만 하면 될 정도로 쉽다. 예를 들어, 애플의 주식 티커(AAPL)를 야후 파이낸스

의 포털에 타이핑하면 그림 24.1에서 보듯이 2018년 11월부터의 헤드라인
을 보여준다.

▲ **그림 24.1** 야후 파이낸스에서의 'AAPL'에 대한 검색 결과 화면

화면의 왼쪽에는 헤드라인과 종종 애널리스트 분석 보고를 뽑아주는 링크
가 표시된다. 오른쪽에는 야후 파이낸스가 애널리스트 추천(강력한 매수, 매
도 등), 가격 목표, 상향 조정, 하향 조정 등을 도움이 되게 잘 요약하고 있
다. Upgrades & Downgrades를 클릭하면, AAPL에 대한 수익 및 수익 추정
량과 더불어 회사의 EPS 동향 및 수정이 상세한 테이블로 나타난다.

가장 적합한 포털을 선택하기 전에 구글 파이낸스나 블룸버그 웹 사이
트(Bloomberg.com)와 같은 다른 포털에서 이 과정을 시도해보라. 원하는
것을 제공하지 않으면 검색 엔진(예: Google "AAPL 분석 보고서AAPL analyst
reports")을 직접 사용해보라.

애널리스트 연구와 마찬가지로 금융 포털은 종종 기업의 어닝 콜 녹취록과 함께 어닝 콜 시 주식 애널리스트의 질문과 경영진의 응답도 제공한다. 다음 예에서는 또 다른 금융 포털인 Seeking Alpha(https://seekingalpha.com)를 사용한다. 인터넷에는 이런 정보를 찾을 수 있는 곳이 많다. 기타 예는 모틀리 풀 웹 사이트(www.fool.com), 증권거래소 웹 사이트(예: www.nasdaq.com), 회사 웹 사이트의 투자 정보 섹션 등이다. 또한 이러한 출처 중 일부는 특정 산업뿐만 아니라 개별 산업에 대한 비은행 시장 논평가들의 공정한 논의를 포함하고 있다. 이들 사이트에 대한 논의는 주식 애널리스트들의 연구와 유사할 수 있으며, 기업 특화 펀더멘털, 거시경제, 지정학, 시장 상황 등과 같은 요점을 다룬다. 표 24.1은 그러한 시장 논평 사이트와 금융 블로그의 추가 사례를 제공한다.

▼ 표 24.1 시장 논평 사이트와 금융 블로그

시장 논평 사이트	링크
Bloomberg	http://www.bloomberg.com
The Wall Street Journal	http://www.wsj.com
Seeking Alpha	http://www.seekingalpha.com
Morningstar	http://www.morningstar.com
TheStreet	http://www.thestreet.com
금융 블로그	링크
Econbrowser	http://econbrowser.com/
Free Exchange	http://www.economist.com/blogs/freeexchange
ZeroHedge	http://www.zerohedge.com/
CXO Advisory Group	http://www.cxoadvisory.com/blog/
Freakonomics	http://freakonomics.com/

(이어짐)

| Marginal Revolution | http://marginalrevolution.com/ |

참고: 여러 측면에서 위의 리스트는 「타임」에서 편집한 순위와 일치한다. 「타임」의 URL은 다음과 같다.
http://content.time.com/time/sepcials/packages/completedliest/0,29569,2057116,00,html

애플의 2018년 3/4분기 어닝 콜 녹취록과 애널리스트 Q&A를 Seeking
Alpha 웹 사이트(그림 24.2)에서 찾을 수 있는지 확인하라.

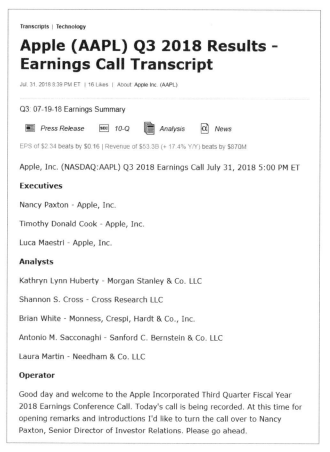

Transcripts | Technology

Apple (AAPL) Q3 2018 Results - Earnings Call Transcript

Jul. 31. 2018 8:39 PM ET | 16 Likes | About: Apple Inc. (AAPL)

Q3: 07-19-18 Earnings Summary

Press Release   SEC 10-Q   Analysis   α News

EPS of $2.34 beats by $0.16 | Revenue of $53.3B (+ 17.4% Y/Y) beats by $870M

Apple, Inc. (NASDAQ:AAPL) Q3 2018 Earnings Call July 31, 2018 5:00 PM ET

Executives

Nancy Paxton - Apple, Inc.

Timothy Donald Cook - Apple, Inc.

Luca Maestri - Apple, Inc.

Analysts

Kathryn Lynn Huberty - Morgan Stanley & Co. LLC

Shannon S. Cross - Cross Research LLC

Brian White - Monness, Crespi, Hardt & Co., Inc.

Antonio M. Sacconaghi - Sanford C. Bernstein & Co. LLC

Laura Martin - Needham & Co. LLC

Operator

Good day and welcome to the Apple Incorporated Third Quarter Fiscal Year 2018 Earnings Conference Call. Today's call is being recorded. At this time for opening remarks and introductions I'd like to turn the call over to Nancy Paxton, Senior Director of Investor Relations. Please go ahead.

▲ **그림 24.2** Seeking Alpha에서의 2018년 3분기 애플 어닝 콜 녹취록 화면
출처: Seeking Alpha, http://seekingalpha.com

지금까지는 문제없다. 하지만 왜 신경 써야 하는가?

좋은 질문이다. 대부분의 분석 보고서(그리고 시장 논평)는 단일 주식이나 산업에 초점을 맞추고 있는 반면, 알파 연구자로서 당신은 매일 수만 개의 주식을 거래하는 체계적인 시장 전략을 찾는다. 은행 XYZ의 어떤 애널리스트가 특정 회사를 좋아한다면 어떨까? 여기서 출발해 어떻게 하면 전 세계 20여 개의 서로 다른 증권거래소에서 수천 개의 기업을 거래할 수 있을까?

당신은 다양한 주식에 대한 분석 보고서의 정보를 결합해 좀 더 다양한 집합의 주식을 거래하는 알파를 구축할 수 있다.

1. **추천**

    분석 보고서의 유용한 정보에는 매수 및 매도 추천이 포함된다. 우리는 주식에 대한 평균 추천 등급을 알파로 만들 수 있다. 그림 24.3은 러셀 3000 주식의 분석 보고서에서 추천한 매수 및 매도 알파 성과를 보여준다. 아이디어는 매수 추천의 종목을 롱으로, 매도 추천의 종목을 숏으로 하는 것이다.

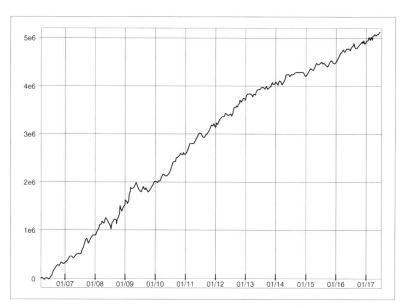

▲ **그림 24.3** 매수와 매도 추천을 이용한 알파 성과[1]

2. **가격 목표**

애널리스트들은 주식의 예상 가격 수준을 계산한다. 그림 24.4는 러셀 3000 유니버스를 이용해 애널리스트 가격 목표치와 현재 주가를 비교하는 알파 성과를 보여준다. 아이디어는 예상 가격 목표치가 현재 주가보다 높으면 주식을 사고, 현재 가격보다 낮으면 숏하는 것이다.

---

1 알파 = 평균 매수 추천 − 평균 매도 추천

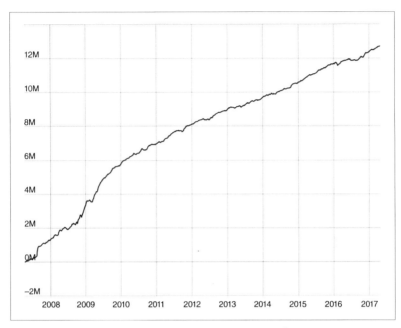

▲ **그림 24.4** 목표 가격을 이용한 알파 성과[2]

3. **이익 추정량**

애널리스트들은 이익, 배당, 현금 흐름과 같은 기업의 다양한 펀더멘털에 대한 추정량을 제공한다. 그림 24.5는 야후 파이낸스의 AAPL 이익 추정량에 대한 요약 통계의 스냅숏이다.

그림 24.6은 러셀 3000 주식의 유니버스에 근거한 알파 성과를 이익 추정량의 성장률을 이용해 보여준다. 알파는 플러스 성장률을 가진 종목을 매수하고, 마이너스 성장률을 가진 종목은 매도한다.

---

2   알파 = 애널리스트 목표 가격 − 주식 가격

Earnings Estimate	Current Qtr. (Dec 2018)	Next Qtr. (Mar 2019)	Current Year (2019)	Currency in USD Next Year (2020)
No. of Analysts	34	33	40	34
Avg. Estimate	4.72	3.04	13.45	14.83
Low Estimate	4.51	2.41	11.54	10.98
High Estimate	5.59	3.39	15.4	18.5
Year Ago EPS	3.89	2.73	11.91	13.45

▲ **그림 24.5** 야후 파이낸스의 AAP에 대한 이익 추정량 결과 화면

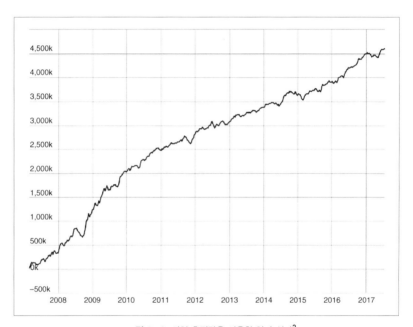

▲ **그림 24.6** 이익 추정량을 이용한 알파 성과[3]

4. 어닝 서프라이즈

기업이 분기 또는 연도의 이익을 발표할 때, 실제 수익을 해당 기간에 애널리스트들이 추정한 이익과 비교할 수 있다. 예상보다 높은 이익은

---

3   알파 = 다음 ˊ회계 기간에 대한 애널리스트 이익 추정량의 변화

일반적으로 긍정적인 지표로 간주되며, 그 반대의 경우는 부정적인 지표로 간주된다.

그림 24.7은 다음과 같다. 러셀 3000 주식에 기반한 알파 성과는 어닝 서프라이즈를 사용한다. 아이디어는 회사 실적이 애널리스트 추정량을 꾸준히 상회할 경우 주식을 사들이고, 실적이 저조한 추정량일 경우 매도한다는 것이다.

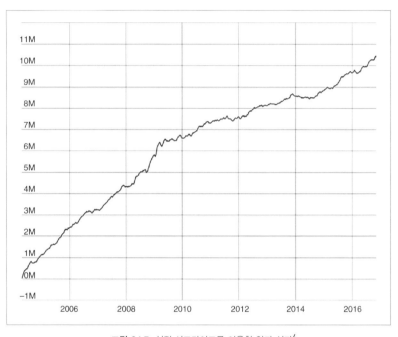

▲ **그림 24.7** 실적 서프라이즈를 이용한 알파 성과[4]

애널리스트 분석 보고서로부터의 알파 아이디어 개발

체계적인 시장 전략을 모색하는 연구자들은 애널리스트 분석 보고서를 읽음으로써 독특하거나 덜 알려진 알파 아이디어를 개발할 수 있다. 다음 사

---

4   알파 = 실제 발표된 이익 − 애널리스트 이익 추정량

항들은 고려할 만한 가치가 있을 것이다.

- **애널리스트의 사고 과정이 특정 매수 또는 매도 추천보다 훨씬 더 중요하다.** 애널리스트가 특정 산업 관련 이유(스마트폰 시장이 두 자릿수 속도로 성장하고 있다.)로, 특정 기업 관련 이유(지난 4분기 동안 순이익이 증가하고 있다.)로, 또는 산업의 나머지 기업들에 비해 AAPL의 낮은 가격 이익률과 같은 좀 더 일반적인 이유로 AAPL을 업그레이드하기로 결정했는가? 그 이유가 무엇이든 간에 흥미로운 질문은 '이러한 이유를 다른 회사에도 적용할 수 있을까?'다. 예를 들어, 만약 애널리스트가 회사 CEO가 자사의 주식을 샀기 때문에 AAPL을 좋아한다고 말한다면, 이 논리는 AAPL에만 적용돼야 하는가, 아니면 일반적으로 상장된 회사들에 적용돼야 하는가? 이러한 논리는 새로운 전략 아이디어를 산출하는 것으로 알려져 왔다.

  그림 24.8은 이 가설을 사용해 러셀 3,000개의 주식 유니버스에 대해 개발한 알파(자사주 매입이 있으면 롱, 그렇지 않으면 숏)를 보여준다.

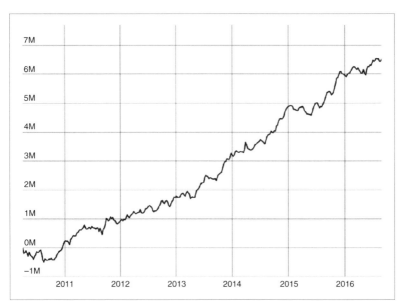

▲ **그림 24.8** 자사주 매입을 이용한 알파 성과[5]

- **애널리스트들은 일반적으로 어닝 콜 중에 좋은 질문을 한다.** 그들은 그래야 한다. 높은 보수를 받기 때문이다. 그리고 현대 기업의 재무라는 밀도 높은 숫자들을 어떻게 이해해야 하는지 알아내려는 새로운 연구자에게 이러한 질문은 마치 생명을 구원하는 것과 같다. 더 많은 정보가 항상 더 나은 것은 아니다. 특히 당신이 회사당 20페이지에 달하는 숫자를 갖고 있으며 시그널과 잡음을 구분해야 하는 경우에 그렇다. 어떤 회계 항목이 중요한지 어떻게 이해할 수 있을까? 한 가지 단서는 애널리스트들이 초점을 맞추고 있는 숫자나 경향과 그들의 질문에 동기를 부여하는 논리를 생각하는 것이다. 한 분기에서 다음 분기로의 극도로 크고 계절적이지 않은 재고 변화에 어리둥절해 하는가? 이것이 왜 중요한가? 늘 그렇듯이 논의 중인 회사를 넘어 일반적으로 중요한 것인

---

5   알파 = 만약 이사회 임원에 의한 매입이 있으면 매수, 그렇지 않으면 매도

지 물어봐야 한다.

어닝 콜에서 거래 시그널을 추출하는 한 가지 방법은 회사 경영진과 이러한 콜에 참석한 애널리스트와 기자의 집단 감성에 초점을 맞추는 것이다. 애널리스트의 질문과 경영진이 제공하는 답변은 기업 이익의 질과 주식의 미래 가격에 대한 전반적인 시장 정서를 나타내는 척도가 될 수 있다.

텍스트 파싱 알고리즘은 이 정보를 사용해 주식에 대한 순감정 점수(긍정적 또는 부정적)를 도출하고, 이에 따라 매수 또는 매도를 결정한다. 그림 24.9는 러셀 3000 유니버스에서 이런 아이디어를 사용하는 알파를 보여준다.

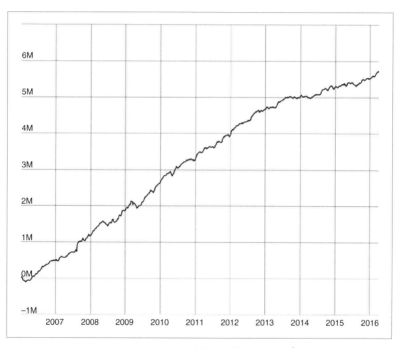

▲ **그림 24.9** 어닝 콜 데이터를 이용한 알파 성과[6]

---

6   알파 = 평균 긍정 감성 - 평균 부정 감성

- **애널리스트는 상세한 업계 지식을 보유하고 있다.** 라라비(Larrabee, 2014)가 지적한 것처럼, 업종별 전문 지식은 주식 애널리스트들의 가장 중요한 속성(그리고 경쟁 우위) 중 하나로 꼽혀 왔다. 최고의 셀 사이드 애널리스트는 등급과 전망으로 주가를 움직일 수 있고, 업계 경험이 있는 애널리스트에 대해 이런 효과는 더 강하다. 알파 연구자들은 애널리스트의 연구를 통해 방법론에 관한 많은 것을 배울 수 있다. 예를 들어 다음과 같다.

  - 가치 평가 방법론은 업종에 따라 다르다. 할인된 현금 흐름 모델을 구축하는 것은 소비자 순환 기업, 비순환 기업, 기타 부문과 비교했을 때 제조업 부문에서 매우 다를 수 있다. 애널리스트들은 어떤 산업에 대해서는 주가이익비율, 다른 산업에 대해서는 장부가 대비 시장가 비율과 같이 서로 다른 가치 평가 지표에 초점을 맞출 수 있다. 알파 연구자의 경우, 거래 가능한 주식 유니버스의 데이터를 정규화하고 적절하게 비교하려면 이러한 차이에 대한 근본적인 이유를 이해하는 것이 중요하다.

  - 각 산업은 고유한 동인이나 운영 성과 척도를 가질 수 있으며, 이들은 분석 보고서에서 주로 두드러지게 나타난다. 닷컴은 1990년대 후반(아마도 여전히 그럴 것이다.)에 '조회 수'를, 그리고 항공사들은 '승객 마일'을 주로 봤지만, 현재의 생명공학 회사들은 파이프라인의 약물 실험이나 약물에 초점을 맞출 것이다. 알파 연구자가 각 산업에서 운영 성과에 대한 주요 동인을 이해하면 전략 성과에서 산업 간 차이를 알아내는 데 도움이 될 수 있다.

- **분석 연구는 유효한 거래 시그널을 제공할 수 있다.** 때로는 애널리스트 연구가 주가를 직접 움직일 수 있다. 여러분은 특정 주식의 큰 가격 폭등이나 가격 하락이 애널리스트의 투자 의견 상향이나 하향, 또는 목표 가격의 상승에 기인하는 뉴스를 봤을 것이다. 광범위한 학술 연구가 애널리스트 분석 연구와 주식 수익률 사이의 연관성을 보여준다. 구글

학술 검색google scholar의 '주식 애널리스트 분석 연구stock analyst research' 섹션에서 이를 찾을 수 있다. 애널리스트 추천을 더 잘 이해하면, 전략을 수립할 때 이 정보를 더 잘 활용할 수 있다.

애널리스트 분석 보고서를 읽을 때 주의할 사항

새로운 시장 전략에 대한 영감을 얻고자 애널리스트 연구를 읽든, 또는 새로운 시장 전략에 이들의 추천과 목표를 직접 사용하고 싶든 간에 이 연구의 장점, 단점, 특이점 중 일부를 염두에 두는 것이 도움이 될 수 있다.

- **긍정 편향**positive bias. 은행마다 접근 방식은 다르지만, 학계 연구자들은 그룹으로서의 주식 애널리스트들이 긍정 평향을 보인다고 주장한다. 한 가지 시사점은 애널리스트 추천의 분포가 스큐돼 있다는 것이다. 예를 들어 매수 추천, 보유 추천, 매도 추천을 다 세어본다면, 매도 추천보다 매수 추천이 훨씬 더 많다. 학계 연구자들은 그 이유를 다음과 같이 추론한다. 미첼리와 워맥(Michaely and Womack, 1999)과 린과 맥니콜스(Lin and McNichols, 1998)는 은행들이 관계를 맺고 있는 회사에 낙관적인 권고를 하는 경향이 있는지에 대해 의문을 제기했다.

- **허딩**herding. 허딩은 애널리스트들이 공개된 추천과 목표에서 서로 너무 다르지 않도록 애쓴다는 이론을 말한다. 그 이유는 부분적으로 행동적인 것일 수 있다. 즉, 공개적으로 주가 예측(애널리스트의 언어로 '목표 또는 타깃')을 하는 것은 경력에 영향을 미치는 위험한 노력이다. 다른 모든 것이 같다면, 군중들과 함께 가는 것이 안전할 수 있다. 이에 대한 따름정리corollary는 좀 더 자신감이 있거나 명성을 확립한 애널리스트들은 대개 컨센서스로부터 더욱 벗어나려고 한다는 것이다.

  행동적 이유는 제쳐두고, 애널리스트들이 유사한 결론에 도달해야 하는 타당한 이유가 있을 수 있다. 예를 들어 대부분은 동일한 정보 출처에 의존하고 있을 수 있다. 따라서 주요 애널리스트의 컨센서스로부터의 편차, 방법이나 데이터 출처의 고유한 특징, 그리고 이를 시스템화할 수 있는지 여부를 이해하는 것이 흥미로울 수 있다.

- **커버리지 감소.** 애널리스트들은 매도 등급보다 매수(또는 최소한 약간 긍정적인) 등급을 발행하는 경향이 더 크다. 그 뿌리 깊은 이유는 금융 산업이 어떻게 작동하는지에서 찾을 수 있다. 잠재적 투자은행 고객들을 기쁘게 하려는 애널리스트들의 욕구는 이해충돌을 일으킬 수 있다. 자신의 기업 고객(또는 잠재적 고객)의 주식에 대해 부정적인 분석을 하는 것은 증권사(투자은행)들에게 이익이 되는 사업에 손해를 끼칠 수 있다. 즉, 증권사는 진실을 이야기해 기업 고객을 잃어버리는 쪽보다는 매수나 매도 추천을 틀리는 쪽을 택할 것이다.

어떤 경우(특히 대형주)에서는 애널리스트가 매도 시그널을 주는 것보다 주식에 대한 커버리지를 빼는 것이 나중에 잘못됐음이 입증되는 시그널이다. 따라서 주식, 특히 대형주의 커버리지 하락은 경고 시그널일 수 있다. 중소기업에 대한 매도 등급을 발행하는 것은 대기업에 대한 매도 등급을 발행하는 것보다 애널리스트에게 미치는 영향이 적을 수 있다.

그림 24.10은 단기적 및 장기적 애널리스트 커버리지를 비교하는 알파 성과를 보여준다. 아이디어는 장기 커버리지와 관련해 주식에 대한 애널리스트 수가 현저히 줄어들면 주식을 숏하고, 단기 애널리스트 커버리지가 증가하면 주식을 롱한다는 것이다.

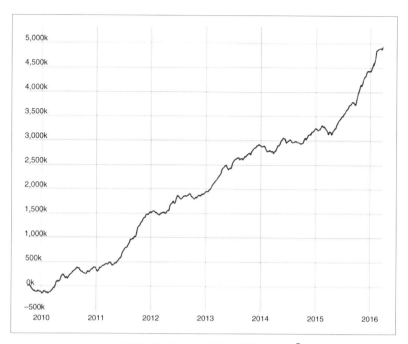

▲ **그림 24.10** 커버리지 감소를 이용한 알파 성과[7]

주식 애널리스트들이 왜 금융 매체와 대화하는가?

만약 당신이 멋진 트레이딩 아이디어를 도출한 상세한 분석에 상당한 시간과 에너지를 투자한다면, 당신은 당장 많은 기자에게 전화를 걸어 그것에 대해 말하고 싶은 충동을 느낄 수 있지만 그렇게 하지 않을 것이다. 결국, 많은 아이디어는 (트레이딩이 가능한) 용량이 한정돼 있다. 즉, 많은 사람이 그 아이디어들을 트레이딩하면 가격이 크게 움직이기 시작하고 이익의 기회는 곧 사라진다.

그러나 항상 언론 리포트에서 애널리스트 분석 연구에 대한 언급들을 발

---

7   알파 = 단기 애널리스트 커버리지 / 장기 애널리스트 커버리지

견하게 된다. 사실, 심지어는 이것에 의존할지도 모른다. 그것은 거의 또는 전혀 비용을 들이지 않고 애널리스트 연구 세계를 엿볼 수 있게 해주기 때문이다. 이러한 접근성을 설명하는 것은 무엇일까? 가능한 몇 가지 이유는 다음과 같다.

- 증권 애널리스트와 증권 애널리스트가 취재하는 회사들 사이의 많은 만남은 일반 대중과 금융 언론에 공개된다. 이것의 한 예는 어닝 콜이며, 공개적으로 접근할 수 있는 녹취록을 통해 이용할 수 있다. 미국의 경우, Reg FD로 알려진 증권거래위원회의 공정 공시 규정^{Regulation Fair Disclosure}은 증권 발행 기업이 투자 전문가에게 공개하는 비공개 정보도 모든 시장 참여자가 이용할 수 있도록 규정하고 있다. 여기에는 수십억 달러 규모의 은행에서 일하는 애널리스트와 일반 투자가 구성원이 모두 포함된다.
- 일정 수준의 공개성은 아마도 증권 애널리스트의 경력에 해가 되지 않을 것이다. 언론 매체에서의 발언과 인터뷰는 투자자 고객들 사이에서 애널리스트의 연구에 대한 수요를 증가시킬 수 있으며, (2009년 시장 바닥을 예측하는 등) 옳다고 입증된 높은 수준의 추천은 애널리스트의 경력을 빠르게 발전시킬 것이다. 이러한 혜택은 애널리스트들이 그들의 연구 중 일부를 공개해야만 가능하다.

결론
- 금융 매체를 통해 애널리스트 연구에 접근할 수 있다.
- 애널리스트의 추천 및 가격 목표는 그 자체로 거래 시그널이 될 수 있다.
- 애널리스트가 제공하는 기본적인 추정량은 기업에 대한 전망을 제공하고 알파를 만드는 데 사용할 수 있다.
- 주가는 발표된 펀더멘털과 해당 컨센서스 값 간의 차이로 인한 서프라

이즈에 반응할 수 있다.

- 애널리스트가 추천을 도출하고자 사용하는 방법론과 추론 프로세스는 알파 연구자들에게 아이디어의 원천이 될 수 있다.
- 어닝 콜 녹취록을 분석해 기업 경영진, 증권 애널리스트, 기자의 집단 감성을 파악할 수 있다.
- 긍정적 편향, 애널리스트 허딩, 커버리지 하락과 같은 경고를 주의하라.

이벤트 주도 투자

프라틱 스리바스타바(Prateek Srivastava)

조셉 니콜라스는 저서 『Hedge Fund of Funds Investment』(2004)에서 이벤트 주도 전략을 '기업분할, 인수합병, 산업 구조조정, 청산, 구조조정, 파산, 자본 구조조정, 자사주 매입과 그 밖의 다른 특별한 기업 거래와 같은 거래 이벤트가 창출한 투자 기회를 바탕으로 한 전략'이라고 정의했다. 그에 따르면, 이들 이벤트 결과에 대한 불확실성을 정확하게 예측할 수 있는 매니저들에게 투자 기회가 창출되며 그 성패 여부는 대개 매니저가 구체적인 이벤트의 결과와 시기를 정확하게 예측하느냐에 달려 있다.

서론

이벤트 주도 투자 전략은 회사별 이벤트(때로는 시장 전체)를 중심으로 가격 비효율성을 활용하는 시도다. 가장 인기 있는 이벤트 주도 전략에는 기업 행위에 대응해 취한 행위가 포함된다.

- 합병 차익거래 또는 위험 차익거래라고 알려진 거래 전략을 일으키는 기업 합병 및 인수(M&A)
- 기업분리, 기업분할, 지분분할매각

- 부실 증권
- 인덱스 리밸런싱^{index rebalancing}
- 주식 매입, 채무 교환, 증권 발행과 같은 자본 구조조정 이벤트

이벤트 주도 전략은 수익률 분포가 시장 분포와 크게 달라 일반적인 헤지 펀드의 전체 포트폴리오에 다변화를 제공하기 때문에 중요하다. 기업 이벤트는 일반적으로 특정 조직에만 고유하며 광범위한 시장 이벤트와 무관해 포트폴리오의 시장 의존도를 줄이는 데 도움이 된다.

이벤트 주도 전략의 또 다른 중요한 이점은 그것이 사계절 전략이라는 점이다. 경기와 경제 사이클의 모든 단계에서 기업들은 주주 가치의 실현을 위한 방법을 추구하고 있으므로, 항상 어떤 형태의 기업 행위가 일어나고 있다. 예를 들어 합병 차익거래 사건은 경제가 확장될 때 상당히 빈번하고, 경제가 위축될 때 부실 전략 사건들이 더 흔하다. 그림 25.1은 경기 사이클의 다양한 단계에서 빈번한 기업 이벤트를 나열한다.

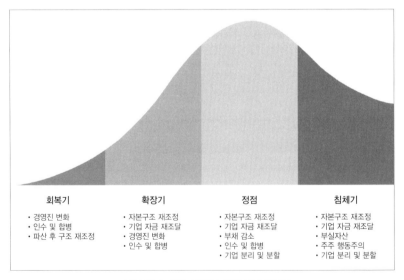

▲ **그림 25.1** 경기 사이클 국면별 기업 이벤트

합병 차익거래

합병 또는 리스크의 차익거래는 아마도 가장 잘 알려진 이벤트 주도 투자 전략이다. 합병에서 두 회사는 상호 결합하기로 동의하는데, 이것은 종종 주식 교환을 수반한다. 인수에는 명확한 매수자(인수자)와 매도자(대상)가 있다. 종종 인수합병(M&A)은 아마도 우호적이지 않은 인수로 시작하지만, 결국 대상 회사는 합병에 굴복하고 동의한다. 합병 차익거래는 딜deal이 성사되거나 성사되지 않을 것에 대한 베팅이다. 기업이 인수를 하는 주요 이유 중 일부는 표 25.1에 열거돼 있다.

▼ **표 25.1** 인수 및 합병의 일반적 이유

시너지	다변화	성장	공급망 가격 지배력 강화	경쟁 축소
보완적 장단점을 가진 기업과 합병	특정 산업의 기업 수익성 영향을 줄이기 위해 비연관 기업 인수(기업 계열화)	시장 점유율을 비자생적으로 증가시키기 위해 경쟁사 인수(수평 합병)	공급자 또는 판매자를 인수해 공급망의 한 단계를 제거해 공급자 또는 판매자에 의해 부과되는 마진을 절약	미래 경쟁을 줄이기 위해 경쟁 기업 인수

1990년대에 헤지펀드가 급증하기 시작한 이후 합병 차익거래는 고전적인 시장 중립 전략이었다. 그러나 이 활동은 구스타브 레비Gustave Levy가 투자은행 골드만삭스에서 월가 첫 차익거래 데스크를 만들었던 1940년대로 거슬러 올라간다. 골드만은 1980년대 리스크 차익거래그룹에서 나와 자신의 회사를 창업한 다니엘 오치Daniel Och, 리처드 페리Richard Perry, 톰 스타이어Tom Steyer 등의 헤지펀드 매니저들에게 소중한 훈련장이 됐다. 사실, 합병 차익거래는 차익거래사들이 적대적 거래에 레버리지를 제공했던 1980년대 바이아웃 붐 때만큼 강력하지는 않았다.

합병 차익거래 과정은 일반적으로 인수자가 합병 제안이나 인수 제안과 함께 대상 회사에 접근하면서 시작된다. 이 논의는 이사회 차원에서 이뤄지며 기밀로 유지된다. 기업이 거래에 합의하면 대상 기업의 공모가(또는 합병의 경우 주식 교환 비율)와 같은 합병의 중요한 조건이 공개되고, 현금으로 거래할 것인지 주식으로 거래할 것인지도 보도자료에 공개된다. 이름에서 알 수 있듯이, 현금 합병은 현금으로 지불되고, 100% 주식 거래에서는 일정한 교환 비율로 인수 회사의 주식이 지불된다(많은 거래는 현금과 주식의 결합을 수반한다). 합병 소식에 따라 대상 기업의 주가가 통상 뛰어오르지만, 거래가 성사되지 않을 위험이 있기 때문에 일반적으로 합병 가격에 도달하지 못한다. 이것은 합병 차익거래자가 개입하는 지점이다. 대상 기업의 주가와 합병 가격의 차이는 거래가 진행되면서 알려진다.

거래 스프레드 = (매수호가 − 대상 기업 주가) / 대상 기업 주가

이는 거래가 성사될 경우 합병 차익거래자가 얻게 되는 수익률(합병일 전 배당금 및 거래비용 제외)이다.

공식 거래 발표 후 며칠 지나지 않아 양사가 완전한 합병 합의문을 공개한다. 합의문에는 거래 체결에 필요한 조건, 필요한 정부 승인, 그리고 무엇보다 중요한 부정적인 변동Material Adverse Change(MAC) 조항 등 합병의 모든 내용이 담겨 있다. MAC 조항은 어느 한쪽이 딜에서 떠날 수 있는 조건이며 주로 재무적인 조건을 열거한다.

인수합병 펀드 매니저는 인수합병을 철저히 분석하고 거래 내역에 대한 상세한 재무분석, 경영 콘퍼런스 콜 참여, 양사 모두의 증권거래위원회(SEC) 파일링filing 등을 점검해 합병 완료 가능성과 거래에 따른 예상수익률이 관련 위험을 정당화할 수 있을 만큼 높은지 여부를 예측한다. 만약 펀드 매니저가 거래를 좋아한다면, 매니저는 포지션 크기를 결정하고 위험을 헤지할 것이다. 예를 들어, 100% 주식 합병의 경우 펀드 매니저는 대상 회

사의 주식을 매수하고 인수자의 주식을 매도해 거래가 체결되기 전에 후자의 주가가 하락할 위험을 헤지할 것이다.

펀드 매니저는 단일 합병 실패가 포트폴리오에 허용할 수 없을 정도로 큰 손실을 초래하지 않도록 많은 딜에 걸쳐 다양화할 것이다. 인수합병협회에 따르면, 1985년 이후 미국에서만 약 33조2,000억 달러의 추정 가치를 지닌 30만 건 이상의 인수합병이 발표됐다. 2015년은 약 1만 3,000건의 거래가 이뤄져 전체 거래 가치 측면에서 2조 4,000억 달러로 사상 최고가를 기록했다. 사상 최대 거래 건수는 1만 5,558건이었던 2017년이었다. 이 모든 활동은 펀드 매니저들이 포트폴리오를 다양화할 수 있는 충분한 범위의 이벤트를 제공한다.

많은 조건이 합병의 완수에 영향을 미친다. 대상 회사 경영진의 지원을 받는 우호적 합병은 적대적 인수보다 완료 확률이 높다. 일부 거래는 독과점 금지에 대한 우려나 기타 규제 문제로 인해 필요한 승인을 얻지 못할 수 있다. 딜은 전반적인 시장 상황 때문에 실패할 수도 있다. 예를 들어 합병에 대한 대가를 지불하기 위해 외부 자금 조달을 계획하고 있는데 신용 경색이 시장에 닥친다면, 인수자는 자금 조달을 준비하지 못할 수 있다. 마찬가지로, 시장 하락으로 인해 대상 기업의 주가가 합병 호가 아래로 떨어지면, 인수자는 그 주식에 대해 과다 지급한다고 생각할 수 있으며 원래 가격으로 딜이 진행되지 않을 수도 있다.

합병 차익거래 전략은 일반적으로 시장과 무관하다. 그러나 그것은 시장 리스크에 면역돼 있지 않다. 인수합병 전략의 수익률은 강세 및 약세 시장에서는 상관관계가 없지만, 상당한 하락기에는 완료의 불확실성, 규제 문제 또는 자금 조달 불능과 같은 요인이 거래 실패의 위험을 증가시키기 때문에 시장과 더 높은 상관관계를 보인다.

기업분리, 기업분할, 지분분할매각

기업분리^{spin-off}란 합병과 반대되는 것으로, 기업이 사업의 일부(사업부 또는 자회사)를 종종 상장 독립기업으로 분리하는 매각 방식을 말한다. 이는 일반적으로 전반적인 주주 가치의 실현을 위해 행해진다(표 25.2 참조). 기업은 핵심 운영과 역량에 초점을 맞추고자 비핵심 사업이거나 필수적이지 않은 사업을 매각하길 원할 수 있다. 예를 들어 제너럴 일렉트릭은 2014년 공모에서 비핵심 금융 계열사인 싱크로니 파이낸셜의 지분 15%를 매각했고, 그다음 해에 GE 주주들에게 싱크로니 GE의 지분 85%와 주식을 교환할 수 있는 기회를 제공함으로써 분리를 완료했다(더 많은 분리의 예는 표 25.3 참조).

▼ **표 25.2** 기업분리의 이유

순수 기업 활동	자본의 효율적 배분	규제 이유	높은 가치 평가	주주 가치
기업분할은 각 구성 사업 단위가 특정 제품 또는 산업에 초점을 맞추는 기업이 되도록 한다.	기업 분할은 특히 만약 구성 사업 단위가 다양한 자본 요구가 있을 때 각 구성 사업 단위에 더 효율적인 자본 배분을 가능하게 한다.	만약 여러 기업 단위가 전체적으로 특정 제품 또는 산업에서 부당한 시장 점유율을 가진다면 잠재적 반독점 문제를 피하기 위해 분리를 할 수 있다.	개별 사업 단위가 결합된 것보다 시장에서 더 높은 가치로 평가될 수 있다 (기업집단 할인).	기업은 손실을 내는 기업 단위를 매각해 주식 가치를 증가시킬 유인이 있다.

▼ **표 25.3** 유명한 기업분리의 예

년도	기업분리
2015	이베이는 온라인 결제 플랫폼인 페이팔을 분리했다.
2012	크래프트푸드는 스낵 사업 부문인 몬델레즈 인터내셔널을 분할했다.
2011	여행 웹 사이트인 익스피디아는 평가 사이트인 트립어드바이저를 분리했다.
2006	맥도날드는 인기 좋은 멕시칸 음식 체인인 치폴레를 분리했다.
1999	휴렛 패커드는 측정 사업 부문을 어질런트 기술로 분리했다.

기업분할^{split-off}과 지분분할매각^{carve-out}은 기업분리와 유사하다. 기업분리에서 모회사의 주주는 지분 비율에 따라 자회사의 주식을 받는다. 기업분할의 경우, 지배 기업의 주주들은 자회사의 주식을 대가로 지배 기업의 주식을 교환할지 여부를 결정한다. 지분분할매각에서 지배 기업은 사업의 일부 지분을 보유하면서 자회사의 주식 일부를 매각한다.

기업분리는 꽤 흔하다. 일반적으로 미국에서만 연간 약 50건이 이뤄지며, 분할 직후의 몇 년 동안 분리된 회사와 그들의 모회사 모두가 시장을 능가하는 수익률을 달성한다고 많은 연구에서 밝혀냈다. 일반적으로 기업분리는 몇 가지 이유로 인해 시장을 월등히 초과한다. 기업이 핵심 제품에 더 집중하기 때문에 좀 더 효율적으로 운영되며 각 단위의 수익성이 커지는 경향이 있다. 또한 시장은 각 사업 단위를 좀 더 정확하게 평가하기 시작한다. 애널리스트들은 각 사업 단위의 가치를 평가할 때 사업 단위가 속한 개별 산업의 주가 수익률로 가치를 평가하지, 섹터나 시장 전체로 평가하지 않는다.

이들 기업은 장기적으로 보면 종종 시장을 초과하지만, 단기적인 가격 약세를 경험하기도 한다. 이는 분리된 단위의 지분이 모회사 주주의 투자 기준에 맞지 않을 수 있으므로 발생할 수 있다. 예를 들어 분리된 회사는 더 작은 시가총액을 갖게 될 것이고, 일부 주주들은 자신의 권리로 혹은 일반적으로 시장보다 더 높은 베타를 갖고 있기 때문에 소형주 노출에 대해 제한을 가질 것이다(즉, 매각하고자 할 것이다). 일반적으로는 모기업과 분리된 기업 모두에 투자하는 것이 타당하지만, 기업분리할 계획이거나 이미 그렇게 한 기업을 유지할지, 매각할지, 매입할지를 결정하기 전에 기업분리의 세부 사항을 면밀히 검토하는 것이 중요하다.

부실자산 투자

부실자산은 재무적 또는 운영상의 어려움, 채무불이행 또는 파산을 겪고 있는 기업이나 정부기관의 유가증권을 말한다. 기업은 다음과 같은 다양한 이유로 인해 어려움을 겪을 수 있다.

- 레버리지가 높은 대차대조표
- 유동성 문제
- 신용등급 강등
- 회계 부정
- 부적절한 현금 흐름
- 운영 실적 부진

자산이 부실화될 때, 비관적인 투자 심리 때문에 내재가치보다 훨씬 낮게 거래될 수 있다. 이렇게 되면 대부분의 뮤추얼펀드 등과 같은 부실 증권을 보유하는 것이 의무적으로 허용되지 않는 투자자들은 매도할 수밖에 없다. 이는 자산의 내재가치와 현재 시장가격 사이에 큰 차이를 유발할 수 있으며, 그에 따라 상당한 잠재적 이익 기회를 제시할 수 있다. 이러한 자산에 투자해 유가증권의 내재가치와 현재 시장가격 사이에서 차익거래를 하는 것을 부실자산 투자^{distressed asset investing}라고 한다. 워런 버핏 팬들은 이 전략을 '담배꽁초 투자' 접근법으로 기억할지도 모른다.

> "충분히 싼값에 주식을 사게 되면, 사업의 장기 실적이 형편없을지언정 사업을 영위하는 운명 속에서 약간의 좋은 시절도 있어 상당한 이익을 보고 매도할 기회를 주기도 한다. 나는 이것을 '담배꽁초 투자' 접근법이라고 부른다. 거리에서 발견된 단지 한 모금 남은 담배꽁초는 연기를 많이 내지 않을 수도 있지만, '헐값 구매'를 한 이 한 모금이 커다란 이익(만족감)을 줄 것이다."
>
> — 워런 버핏, 버크셔 해서웨이 1989년 주주 서한

부실자산 유니버스는 거대하고 투자등급 이하인 모든 종류의 채무증권에 걸쳐 있다. 이러한 투자에는 고수익 채권, 부실채권 이하의 은행 대출, 채무자 보유 대출, 신용부도스왑Credit Default Swap(CDS), 우선주, 보통주, 워런트 warrant, 부동산 자산 등이 포함될 수 있다. 부실자산 투자는 투자자들이 이전의 경기 침체기에 수행했던 투자에 대해 턴어라운드turn around로 강세장에서 가장 좋은 성과를 거두는 경향이 있다. 경기 침체는 이런 형태의 투자에 많은 기회를 제공한다. 그러나 활황에서도 좋은 가격을 찾을 수 있다. 미국의 자동차와 항공 업종은 경제가 강세였음에도 불구하고, 2004-2006년에 커다란 기회를 제공했다. 부실자산 투자로 인한 수익률은 전반적인 경기와 신용 사이클보다는 기업과 부문 고유 요인에 크게 의존한다.

부실 증권에 초점을 맞춘 헤지펀드 운용사는 액티브active 또는 패시브passive로 분류할 수 있다. 액티브 매니저들은 턴어라운드를 위해 대상 기업의 일상 업무에 관여하고 경영진과 긴밀하게 협력한다. 한편 패시브 매니저들은 트레이딩에 더 중점을 두고 있다. 즉, 그들은 저평가된 부실 증권을 사서 공정가치로 되돌아갈 때 매도한다. 내부 정보에 접근할 수 있는 액티브 매니저는 기업 정보가 공개되거나 중요하지 않게 될 때까지 트레이딩에 제한을 받는다. 이는 특히 턴어라운드가 실패하고 회사가 파산 신청을 하는 경우에서의 제한이다. 공개 정보에 의존하기 때문에 제한을 받지 않는 패시브 매니저와 달리, 액티브 매니저는 파산 절차가 끝난 후에야 자신의 포지션을 팔 수 있다.

인덱스 리밸런싱 차익거래

이 투자 전략에서 차익거래자는 지수에 포함되거나 지수에서 제외될 주식을 베팅한다. 리밸런싱 차익거래를 위한 가장 인기 있는 지수의 일부는 런던증권거래소 그룹의 FTSE 러셀 사업부에서 관리한다. 러셀 지수는

1년에 한 번, 6월에 재조정되는 반면에 S&P 500과 다우존스 산업평균지수 등의 다른 주요 지수는 비정기적으로 조정되는 것이 큰 이유다. 러셀 지수군 중 러셀 마이크로캡 지수Russell Microcap Index는 이를 구성하는 기업이 매우 작고 잘 알려지지 않을 수 있으므로, 이들 중에서는 러셀 마이크로캡 지수가 가장 인기가 높다. 이들 기업은 지수에 가입하고 나서, 벤치마크를 추종하는 펀드에서 투자가 급증하는 경우를 많이 목격한다. 러셀 2000에서 대형주 러셀 1000 지수Russell 1000 Index로 옮겨가는 주식들은 이미 넓은 유니버스의 지수에 투자돼 있었고, 단순히 한 바구니에서 다른 바구니로 옮겨가는 것이므로 이에 견줄 만한 관심의 상승은 나타나지 않는다.

인덱스 리밸런싱(또는 인덱스 재구성) 차익거래는 실제로 추가되고 제외되기 전에 인덱스에 대한 추가 및 제외를 식별하는 플레이다. 투자자가 기관투자자보다 앞서 주식을 사고 팔 수 있다면, 발표 후 기관들이 주식을 사고 팔면서 수익을 창출할 수 있다. 역사적으로 볼 때, 추가 종목과 제외 종목은 발표 후 2~3개월 동안 각각 지수를 크게 앞지르고 실적이 저조했다.

자본구조 차익거래

기업의 자본구조는 주식, 부채, 그리고 그 기업의 영업 자금 조달을 위해 사용하는 다른 금융상품으로 구성돼 있다. 자본구조 차익거래에서 회사의 한 증권은 같은 회사의 또 다른 증권에 대해 거래된다. 예를 들어, 회사의 채권을 매입하고 주식을 숏하거나 신용부도스왑을 주식에 대해 거래하는 것이다. 또 다른 플레이는 상이한 거래소의 동일한 증권 상장 종목들 간의 차익거래다. 이러한 가격 왜곡은 유동성이나 다른 요인 때문에 발생할 수 있다. 자사주 매입, 주식 발행, 채무 발행, 채무 교환 등 기업의 자본구조 변화를 거래하는 것도 자본 차익거래의 한 유형이다. 이러한 거래는 회사의 전반적인 질에 대한 견해가 아니라 다른 형태의 자본들 간의 상대적인 가격 왜곡이나 가치 변동에 대한 견해를 나타낸다.

가장 인기 있는 자본구조 차익거래 중 하나는 회사의 자본과 채권 또는 신용부도스왑(CDS) 사이의 가격 왜곡으로부터 이익을 얻는 것이다. 이 전략은 CDS 시장의 성장과 함께 많은 인기를 얻었다. 예를 들어, 극도로 나쁜 소식이 회사를 강타했을 때 어떤 일이 일어나는지 생각해보라. 이로 인해 주가가 몇 가지 이유로 더 하락할 가능성이 높지만, 채권과 주식 모두 하락할 것이다. 주식 보유자는 채권 보유자들보다 더 큰 손실을 흡수할 것이다. 채권 보유자들은 회사의 자산에 대한 우선권을 갖고 있기 때문이다. 즉, 주식 배당은 감소하거나 아예 없어질 수 있는 반면, 연간 채권 지급은 고정돼 있고 주식시장은 보통 더 유동적이어서 뉴스에 더 극적으로 반응한다. 악재의 경우, 가격 왜곡이 감지되면 펀드 매니저가 주식을 롱하고 채권을 숏할 수 있다. 같은 거래를 하는 또 다른 방법은 채권 대신 CDS를 사용하는 것이다. 펀드 매니저는 주식을 롱하고, 저평가된 CDS 보장^{CDS protection}을 매입할 수 있다. 같은 트레이드를 구축하는 방법은 여러 가지가 있으며, 리스크 수익 프로파일이 가장 좋은 것을 찾기 위해 실사를 하는 것은 펀드 매니저에게 달려 있다.

두 번째 유형의 자본구조 차익거래는 서로 다른 부채 범주(예: 선순위 대 후순위, 담보 대 무담보, 은행 대출 대 채권) 사이의 가격 왜곡을 발견하는 것을 포함한다. 발행 회사에 대한 경영 압박이나 재정적인 어려움의 기간 동안, 이러한 부채 상품의 상대적 가격에서 불일치가 발생한다. 펀드 매니저는 이들 상품 사이의 스프레드가 평균 수준으로 수렴되는 것으로 플레이할 수 있다. 자본구조 차익거래의 또 다른 예는 회사 주식과 교환할 수 있는 채권에 기초한 전환사채 차익거래다. 일반채권과 전환사채 사이의 스프레드는 상당히 일치해야 하지만, 회사의 주가 및 배당 수준의 변동성이 이 두 종류의 채권 사이에서 가격 왜곡을 일으킬 수 있다.

결론

이벤트 주도 전략은 인수합병, 인수, 기업분리, 파산, 구조조정과 같은 특정 기업 이벤트와 연계된 유가증권의 가격 왜곡을 활용한다. 이들은 역사적으로 최고의 성과를 낸 헤지펀드 전략 중 하나였으며 지난 20년 동안 많은 주목을 받아왔다. 특히 인수합병 전략은 리스크 조정 기준에서 최고의 실적을 보여줬기 때문에 이벤트 주도 펀드 운용사들 사이에서 인기가 높다. 다양한 헤지펀드 포트폴리오에 멀티이벤트 전략을 통합하는 매니저들은 광범위한 시장 움직임과 무관한 의미 있는 상승 수익률을 잠재적으로 포착할 수 있는 능력을 갖고 있다. 성공적인 이벤트 주도 매니저는 광범위한 기업 이벤트가 가져올 수 있는 결과를 평가하기 위해 방대한 딜 경험, 심층적인 업계 지식, 강력한 법적 역량을 보유해야 한다.

일중 데이터와 알파 연구

두산 티모티티(Dusan Timotity)

유동성의 역학 관계, 거래가격의 불확실성, 호가창의 구조, 매수-매도 호가 스프레드의 형성은 모두 알파의 성과에 크게 기여한다. 이러한 패턴은 거래회전율(시장 충격으로 언급되는 통로)의 영향을 통해 실현된 수익률에 사소한 영향을 미치지만, 또한 알파 성과에 간접적인 영향을 미치고 거래 자산의 일중 역학 관계와 관련된 특성을 통해 알파 시그널의 출처가 될 수 있다. 집합적으로, 자산 시장의 이러한 특성들은 시장 미시 구조를 정의한다.

이름에서 알 수 있듯이 시장 미시 구조 연구는 다음을 목표로 한다. 행동 양상이나 거래 동기가 다른 구별되는 클래스를 구분해 투자자의 구조를 파악한다. 글로스텐과 밀그롬(Glosten and Milgrom, 1985)의 이정표적인 논문 이후, 다양한 미시 구조 패턴이 발견되고 문서화돼 자산의 기대수익률에 유의미한 영향을 주고 있다. 저자들은 선구적인 결과에서 매수-매도 호가 스프레드가 균형 상태에서 어떻게 형성되는지를 도출했다. 이는 알파의 사후 비용 성과 분석에 매우 중요하다. 자세한 내용을 살펴보기 선에 먼저 유동성, 매수-매도 호가 스프레드, 호가창 등과 같은 주제별 용어를 정의하고 호가와 주문 주도 시장 간의 차이를 명확히 한다. 둘째, 기대수익률과 유동성 간 양의 관계를 나타내는 비유동성 프리미엄의 개념을 잠재적인 알파의 사례와 함께 논의한다. 셋째, 주류 금융시장 미시 구조 모델과 자산 가격에 관한 시사점을 제시한다.

시장 미시 구조 데이터

자본시장은 거래 구조에 따라 크게 두 가지 유형으로 분류할 수 있다. 호가 주도형 시장quote-driven market에서, 거래 상대방인 시장 조성자market maker나 딜러dealer라고도 하는 시장 참여자는 투자자에게 각각 매수와 매도 의향이 있는 가격인 고유의 매수호가-매도호가에서 거래할 기회를 제공하고 체결을 보증한다. 이 기회를 유동성이라고도 하며, '증권의 컨센서스 가치에 근접한 가격으로 단기간 내에 주문이 체결될 수 있는 정도'(Foucault et al., 2013)로 정의한다. 이와 대조적으로, 주문 주도형 시장에서 투자자들은 다른 거래 상대방으로부터 다양한 매수호가-매도호가와 수량 조합을 수집하는 호가창에 접근해서 서로 교차 매매를 수행한다. 후자의 시장 유형은 투명성이 높지만, 특정 가격에 제공되는 수량까지만 체결이 보장된다. 두 가지 유형이 모두 자본시장에 나타나지만(두 가지 요소를 결합한 하이브리드 형태가 있다.) 알파 연구는 주로 주문 주도 시장, 특히 주식에 초점을 맞추고 있다.

거래 주문은 동기를 기반으로 두 그룹으로 나눌 수 있다. 지정가 주문은 다양한 가격에 특정 수량을 사거나 팔 의사가 있음을 표시해 호가창을 구축하고, 따라서 시장에 유동성을 공급한다. 시장가 주문은 각각 최저 또는 최고 매도호가나 매수호가에서 특정 수량의 지정가에 대한 거래 상대방 역할을 함으로써 유동성을 소진한다. 두 가지 유형의 거래 주문은 유동성의 역학과 호가창의 깊이를 함께 견인하는데, 이는 특정 수량을 거래하는 시장가 주문의 시장 충격market impact을 가리킨다. 호가창의 모양은 라이브 트레이딩live trading에서 알파를 수행하는 데 매우 중요하다. 그림 26.1과 같이,

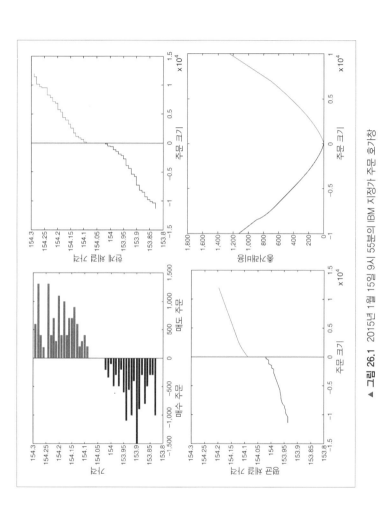

▲ 그림 26.1 2015년 1월 15일 9시 55분의 IBM 지정가 주문 호가창

지정가 주문의 수량은 특정 가격(왼쪽 위 그래프)으로 합계되며, 이는 특정 크기의 시장가 주문의 한계 가격과 평균 체결 가격(오른쪽 위 그래프와 왼쪽 아래 그래프), 그리고 비용(오른쪽 아래)을 정의한다. 따라서 투자자는 호가 창 분석을 통해 특정 자산에 대한 시장 충격 비용으로 알파 성과를 계산할 수 있다.

자산가격 비유동성 프리미엄

최저 매도호가에서 최고 매수호가까지의 거리(매수-매도 호가 스프레드라고 도 함)와 기대수익률 사이에는 양의 관계가 있다. 비유동성 프리미엄 원리 에 따르면, 포트폴리오 성과는 비용 후에 측정되기 때문에 투자자들은 (매 도호가에서) 더 높게 사고 (매수호가에) 더 낮게 팔아서 생기는 손실을 메우 고자 비유동성 자산에서 초과 수익을 요구한다. 이 이론은 아미후드와 멘 델슨(Amihud and Mendelson, 1986)에 의해 처음 확인됐는데, 평균적으로 스 프레드의 1% 증가는 월별 리스크 조정 수익률 0.211% 증가와 연관 있다. 따라서 스프레드가 높은 자산에 적용되는 전략은 고정비용을 지불하지만, 증가된 수익률을 산출한다. 앞서 언급한 결과에 따라, 스프레드의 증가로 인한 1%의 추가 고정비용은 월 초과 스프레드/초과 수익률 = 1/0.211의 기간, 즉 대략 5개월 동안의 증가된 수익과 균형을 이룬다. 다른 말로 하면, 적어도 5개월 이상의 투자 기간을 가진 매수 후 보유[buy and hold] 투자자 또는 매매가격(월 초과 수익/한 달 내 일수)/초과 스프레드 = (0.211/21)/1, 즉 대략 1% 이하의 회전율을 가진 일간 알파 전략으로 투자자는 높은 스프레 드를 가진 자산에 투자해 수익을 추구한다.

유동성은 다른 방법으로 측정할 수 있다. 연구자들은 아미후드 비유동성 Amihud illiquidity(2002)과 같은 다른 대리 변수들이 초과 수익률의 상당한 부분 을 차지할 수 있다는 것을 보여줬다. 예를 들어, 거래대금 대비 절대 주식 수익률의 평균 일일 비율로 계산된 척도는 사전에 1% 포인트 변화에 대응해 월 0.163%의 초과 수익을 예측한다.

유동성은 시간이 지남에 따라 일정하지 않다는 점에 유의해야 한다. 그림 26.2와 같이, 주식의 스프레드는 시계열과 자산에 걸쳐 크게 다르다. 실제로 최근 금융 위기로 인해 주식 매수-매도 호가 스프레드가 크게 급등하면서 유동성이 사라지고 주가가 하락하는 데 핵심적인 역할을 했다(Pedersen, 2009). 투자자들은 유동성 수준과 관련된 프리미엄 외에도 유동성 역학 변화에 따른 리스크에 대한 프리미엄을 요구한다. 파스토르와 스탬보(Pastor and Stambaugh, 2003)는 이러한 유형의 노출을 포착하고자 가장 잘 알려진 모델 중 하나를 만들었다. 저자들은 자신들의 모델에서 시장 유동성 충격에 대한 자산의 민감도가 증가함에 따라 추가적인 위험이 수반되므로 상당한 위험 프리미엄을 부담한다는 점을 강조한다. 그들에 따르면, 평균적으로 유동성에 대한 민감도가 높은 주식은 민감도가 낮은 주식에 비해 연간 7.5% 높은 수익률을 제공한다. 유동성 역학 간의 횡단면적인 차이는 알파 연구에서 유동성 분석이 갖는 중요성을 강조한다. 소형주와 대형주는 시장 유동성 충격에 대응해 서로 완전히 직교적인 행동 양상을 보일 수 있다.

유동성의 변화는 또한 일중 거래와도 관련이 있다. 실행 전략 및 일중 알파는 스프레드, 거래량, 수익률 변동성에서 발견되는 강건한 일중 패턴을 활용한다. 그중 가장 잘 알려진 것은 거래량의 U자형 일중 패턴(Jain and Joh, 1988), 수익률 변동성(Wood et al., 1985)과 매수-매도 호가 스프레드의 역J자형 패턴(McInish and Wood, 1992)이다. 당연히 거래량이 많고 스프레드가 작은 기간에 거래가 집중되는 알파가 비용 후 성과가 더 좋다. 스프레드와 수익률 변동성 사이의 양의 일중 상관관계라는 앞에서 언급한 실증적 증거로 인해 이론적 기반이 더욱 궁금해진다. 즉 스프레드가 어떻게 결정되

느지, 특히 이러한 패턴에 시장 미시 구조가 어떻게 관련되는지를 더욱 궁금하게 만든다.

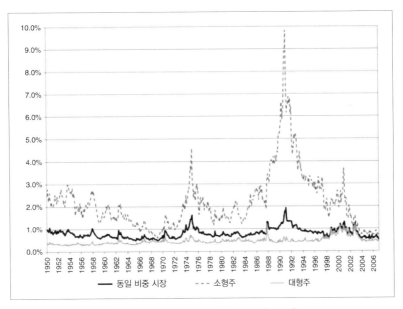

▲ **그림 26.2** NYSE 주식의 매수-매도 호가 스프레드
출처: John Wiley & Sons사의 허가하에 게재

시장 미시 구조와 기대수익률

유동성의 역학을 모델링할 수 있게 해주는 것 외에도, 일중 데이터는 시장 참여자들 사이의 상호작용을 분석할 수 있게 해준다. 실제로 후자의 연구 방향이 추구하는 목표는 흔히 전자가 축적한 실증적 패턴에 대한 이론적 설명을 찾는 것이다.

미시 구조의 이론은 가격 발견 과정을 고려하며, 일반적으로 정보 보유 거래자, 무정보 거래자, 전문중개업자specialist들을 구별한다. 정보 보유 거래자는 자산의 '진정한 가치'가 매수호가(또는 매도호가)보다 더 높을 경우(또는 더 낮을 경우) 매수(또는 매도)하는 합리적인 경제 주체로 정의된다. 이에 비해 무정보 거래자들은 어떠한 합리적 논리에 의해 행동하는 것이 아니라 순전히 유동성 목적으로 거래한다. 예를 들어 그들은 초과 소득이 있는 기간에 주식을 매수하고, 현금이 필요할 때 매도한다. 전문중개업자들은 시장에 유동성을 제공하기 위해 호가를 조절하거나 지정가 주문을 제출하며, 매수-매도 호가 스프레드로 이익을 창출해 정보 보유 거래자 때문에 발생하는 최종 손실을 보전하고자 한다.

글로스텐과 밀그롬(Glosten and Milgrom, 1985)에 따르면, 전문중개업자들이 위험중립적인 것을 조건으로 균형 매수와 매도호가가 존재하며, 따라서 스프레드가 존재한다고 한다. 그들의 모델에서 정보 보유 거래자와 무정보 거래자는 각각 확률 π와 1을 갖고 시장가 주문을 제출한다. 전자는 높은 v^H이거나 낮은 v^L인 자산의 정확한 값을 알고 있다. 전문중개업자는 다음과 같은 확률로 기대값(v)을 추측할 수 있을 뿐이다. 그들은 $Pr(v = v^H) = \theta$와 $Pr(v = v^L) = 1 - \theta$라고 믿는다. 무정보 투자자들은 양쪽 사이드에 완전히 무작위로 거래한다. 따라서 이들로부터 매수 또는 매도 거래가 올 확률은 항상 0.5다. 그러면 전문중개업자가 경쟁적이고 위험 중립적인 경우, 그들의 기대 이익은 매수호가(b)와 매도호가(a) 양쪽 사이드 모두에서 0이다. 따라서 정보 보유 거래자에게 패하고(아래 방정식 1, 2의 첫 번째 항), 무정보 거래자에게 이기면(아래 방정식 1, 2의 두 번째 항), 전문중개업자의 이익은 다음과 같이 된다.

$$\theta\pi\left(a - v^H\right) + 0.5\left(1 - \pi\right)\left(a - v\right) = 0 \qquad (1)$$

$$\left(1 - \theta\right)\pi\left(v^L - b\right) + 0.5\left(1 - \pi\right)\left(v - b\right) = 0 \qquad (2)$$

매수호가와 매도호가의 차이, 즉 스프레드 S는 다음과 같이 구한다.

$$S = \frac{\theta\pi\left(1-\theta\right)\left(v^H - v^L\right)}{\left(\theta\pi + 0.5\left(1-\pi\right)\right)\left(\left(1-\theta\right)\pi + 0.5\left(1-\pi\right)\right)} \tag{3}$$

더욱이 가격이 일중 수준 $\theta = 0.5$에서 랜덤워크를 따른다는 가정으로 모델을 더욱 단순화함으로써, 스프레드는 다음과 같이 정보 보유 거래 확률 probability of informed trading(π)의 선형 함수가 된다.

$$S = \pi\left(v^H - v^L\right) \tag{4}$$

글로스텐과 밀그롬이 내놓은 결과의 중요성은 위에서 논의한 비유동성 프리미엄 원리에 있으며, 스프레드가 높을수록 기대수익률이 증가한다고 명시하고 있다. 주어진 주식의 정보 보유 거래 확률과 주식의 수익률 사이의 간접적인 연관성에 대한 가장 상세한 분석 중 하나는 이즐리와 연구자(Easley et al., 2002)에 의해 수행됐다. 저자들은 1983년부터 1998년 사이에 뉴욕증권거래소 상장 개별 주식의 정보 보유 거래 확률The Probability of Informed Trading(PIN)을 측정해 파마-프렌치 요인을 통제한 후, 10% 포인트 PIN의 변화로 예상 수익률에서 연간 2.5%의 프리미엄이 발생한다는 것을 보여준다. 그들의 모델은 논리적으로 꽤 간단하다. 즉, 확률 δ로 좋은 소식을 알리거나 확률 $1-\delta$로 나쁜 소식을 알리는 정보 이벤트는 확률 α로 매일 일어난다. 그리고 나서 무정보 투자자의 예상 거래 수가 일정하고 그림 26.3과 같이 강도 μ의 포아송 분포를 따른다고 가정하면, 이벤트 발생을 조건부로 해서 예상 매수 및 매도 거래 수를 쉽게 계산할 수 있다. 실제 거래를 시장가 주문 유형으로 특정일에 매수하거나 매도하는 것으로 정의함으로써 저자들은 최대우도추정을 이용해 기초적인 미시 구조와 특히 모든 자산에 대해 PIN을 추정한다. 이 추정된 PIN과 기대수익률과의 관계는 명백하다. 위의 방정식 4의 π를 PIN으로 대체하면 스프레드 및 수익률과의 선형 관계가 나타난다.

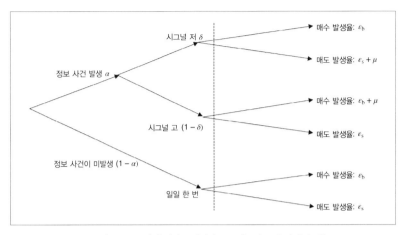

▲ 그림 26.3 주어진 날의 트레이딩 프로세스의 트리 다이어그램

글로스텐과 밀그롬 모델의 다양한 변형이 이후에 발표됐다. 일부 저자들은 미시 구조의 다른 투자자 유형을 소개했고, 이들 클래스가 자산의 기대 수익률에 유의적으로 영향을 미칠 수 있다는 증거를 발견했다. 오르모스와 티모티티(Osmos and Timotity, 2016a)의 연구에서는 역발상적인 경험 주도 클래스가 모델에 포함된다. 그들은 경험 주도 거래 확률probability of heuristic-driven trading(*PH*)을 추정함으로써, *PH*가 10% 포인트 증가하면 연간 4.5%의 초과 수익을 창출한다는 것을 보여줬다.

그러나 이러한 척도는 시간이 많이 걸리는 최대우도추정에서만 작동하며, 일반적으로 낮은 빈도(분기별 또는 연간)에서만 작동한다. 이러한 단점을 피하기 위해 시장 미시 구조에 정보 거래 확률의 동적 측정dynamic measure of the probability of informed trading(*DPIN*)과 같은 대체 방법이 도입됐다. 장 등(Chang et al., 2014)에 따르면, *DPIN*은 훨씬 더 빠른 방법을 사용해 정보 거래 확률을 계산함으로써 유사한 구조를 포착하는 데 성공한다. 저자들은 거래 데이터를 바탕으로 약간 다른 세 가지 방법을 제안한다. 이전 연구에서 입증된 것과 가장 유사한 유동성 패턴을 제공하는 척도는 정보 거래의 크기 필터링

size-filtering된 확률로, 다음과 같이 계산된다.

$$DPIN_{SIZE} = \left[\frac{NB}{NT} (\varepsilon < 0) + \frac{NS}{NT} (\varepsilon > 0) \right] LT \qquad (5)$$

여기서 $NB, NS, NT, \varepsilon, LT$는 매수 거래 수, 매도 거래 수, 총거래 수, 자기상 관 필터(자기상관 필터로 처리된autocorrelation-filtered) 수익률과 대규모 거래 지 표(특정 부분 기간의 거래 규모가 집계 기간 동안의 중위수보다 큰 경우를 나타낸 다.)를 나타낸다. 이 방법론의 배후에 있는 아이디어는 정보 거래는 규모가 큰 경향이 있고 정보 거래자들은 가격이 하락하거나 상승할 때 매수하거 나 매도한다는 것이다. 이러한 결과는 정보 거래와 일별 기대수익률 사이 의 유의적인 관계에 대한 추가 증거를 제공한다. R^2가 시장 모델의 결정계 수일 때, 기업 고유의 수익률 변동Firm Specific Return Variation($FSRV$)은 시장 움 직임에 의해 설명되지 않는 일일 수익률의 함수, 즉 $FSRV = \log \frac{1-R^2}{R^2}$로 측 정되며, $DPIN$ 척도에 의해 유의한 양의 영향을 받는다. 이는 정보 거래 확 률이 높은 주식이 설명되지 않은 변동이 더 높다는 것을 가리킨다.

초과 수익률에서의 횡단면 효과를 부각시키는 것 외에 시장 미시 구조는 시계열 분석을 통해 알파 연구에 기여할 수 있다. 알파의 질은 낙폭 규모에 따라 크게 좌우되므로 가장 큰 부정적 충격을 예측하고 피하는 능력만큼 은 꼭 필요하다. 시장 미시 구조 역학의 예측적 성격은 종종 이러한 목적에 유용할 수 있다. 이즐리 등(Easley et al., 2011)에 따르면, 2010년 5월 6일의 플래시 크래시flash crash는 폭락의 좋은 예였다. 그들의 연구 결과를 보면, 정 보 거래의 거래량 동기화 확률volume-synchronized probability of informed trading($VPIN$) 을 사용하고, 유동성 공급자의 시장 이탈을 초래한 정보 거래의 증가를 측 정한다. 이는 플래시 크래시의 최소 일주일 전에 이미 눈에 띄었고, 붕괴 바로 직전에는 E-mini S&P 500 계약이 역사상 최고 수준에 도달했다. 마찬가지로, 얀과 장(Yan and Zhang, 2012)은 닷컴 거품이 최고조에 달했던 2000년 첫째 분기 동안 10년 만에 가장 큰 PIN 증가폭을 기록하고 있다. 또 다른 흥미로운 패턴은 오르모스와 티모티티(Ormos and Timotity, 2016b)가 보여줬다. 그들은 2008년 리먼브러더스 사태 이후 경험 중심의 트레이더들을 통제할 때 정보 보유 거래의 가능성이 급감했다고 밝혔다.

이러한 연구 결과는 또한 알파 연구에서 잡음의 역학을 분석하는 것이 중요하다는 점을 강조한다. 주로 기술적 분석에 기초하는 알파는 두 가지 이유로 PIN이 높은 기간/자산과 비교해 PIN이 낮은 기간/자산에서 모두 더 나은 성과를 보일 가능성이 있다. 첫째, 많은 정보 보유 거래자를 보유한 자산은 더 빨리 근본적인 가치로 되돌아갈 가능성이 높기 때문에 시계열 패턴이 그렇게 오래 지속되지는 않을 것으로 예상된다. 둘째, 위에서 언급한 바와 같이 PIN이 높을수록 시장 움직임의 설명력이 낮아지며(Chang et al., 2014), 기술적 분석은 종종 그룹 모멘텀과 같은 그룹화된 패턴에 의존하므로 예측 능력이 낮다. 그러나 기업 고유의 속성이 높은 수준의 PIN에서 중요하기 때문에 대차대조표 항목이나 내부자 거래에 기초한 것과 같은 기본 가치와 관련된 알파는 정보 보유 거래 확률이 더 높은 기간과 자산에 적용할 때 더 높은 샤프지수를 가질 수 있다.

결론

일중 데이터는 다양한 방법으로 알파 연구에 유의미한 가치를 더할 수 있다. 투자자가 더 높은 거래비용에 대해 초과 수익을 요구하는 원칙인 비유동성 프리미엄 때문에 매수호가와 매도호가의 차이(스프레드)는 기대수익률을 설명하는 데 중요한 요소다. 스프레드와 함께 주문 호가창의 깊이는 전략의 비용 차감 후 성과에도 영향을 미치는데, 평균 거래 실행 가격에 미치는 가격 충격은 거래량의 함수다. 수익은 유동성을 포함하기 때문에 유동성의 위험성도 가격에 포함된다. 즉, 시장 유동성 충격에 민감하게 반응하는 스프레드 자산은 위험성이 높기 때문에 민감도가 낮은 자산보다 높은 기대수익률 프리미엄을 산출한다.

또한 일중 패턴은 자산의 미시 구조를 추정하는 데 사용될 수 있다. 투자자 풀을 서로 다른 행동 양상을 가진 하위 클래스로 분리하면 정보 보유 거래를 탐지하고 역선택 확률을 추정할 수 있다. 유동성 공급자는 평균적으로 정보 보유 거래자에게 손실을 입기 때문에 매수-매도 호가 스프레드에 포함된 비용을 충당하기 위해 프리미엄을 요구한다. 그러므로 비유동성 프리미엄에 따라, 자산의 기대수익률에 반영된다. 따라서 더 높은 수준의 정보 보유 거래로 초과 수익을 예상한다.

마지막으로, 스프레드와 미시 구조의 역학 관계는 시장에서의 미래 하락에 대한 시계열 예측변수로 역할을 할 수 있다. 몇몇 연구에서는 정보 보유 및 경험적 접근 기반 거래의 변화가 종종 부정적인 시장 충격에 앞서며, 특히 유동성이 사라지는 것이 폭락 상황이 발생하는 주요 동인이라는 점을 보여줬다. 따라서 알파 연구에서는 이러한 패턴이 시그널을 산출할 뿐 아니라 대체 데이터를 바탕으로 한 전략의 성과와 강건성을 크게 높일 수 있기 때문에 알파 연구에서는 일중 패턴을 고려하는 것이 필수적이다.

일중 거래

로힛 쿠마르 자(Rohit Kumar Jha)

당일 거래^{day trading}라고도 알려진 일중 거래^{intraday trading}는 유가증권의 '투기', 특히 같은 거래일 내에 금융상품을 사고 파는 것을 말한다. 더 흔하게 당일 거래되는 금융상품들은 주식, 옵션, 통화, 그리고 주식 지수 선물, 금리 선물, 통화 선물, 상품 선물과 같은 많은 선물계약이다. 엄격하게 정의하면, 시장이 닫히기 전에 하루 거래의 모든 포지션은 청산된다. 그러나 많은 트레이더는 전체 전략의 한 요소로 당일 거래를 포함한다. 이익 동기를 갖고 당일 거래하는 트레이더들은 헤지나 유동성 트레이더라기보다는 '투기꾼'으로 간주된다. 이런 빠른 거래 방식은 매수 후 보유와 가치 투자 전략의 배후가 되는 장기적 방법과 대조된다.

트레이더가 같은 날에 금융상품을 사고 팔 수 있다는 것이 그다지 특별해 보이지는 않지만, 당일 거래는 비교적 새로운 개념이다. 이러한 관행은 1867년 최초의 티커 테이프^{ticker tape} 제작으로 거슬러 올라갈 수 있지만, 당시에는 진입에 상당한 장벽이 있었고, 그 결과 이리한 형대의 거래는 일반 대중들 사이에서 인기가 없었다. 당일 거래는 1969년 인스티넷, 1971년 미국 증권업협회 자동호가시스템^{National Association of Securities Dealers Automated Quotation System}과 같은 전자통신망의 등장과 1975년의 고정 매매수수료율

폐지 등으로 인기를 끌기 시작했다.

일중 알파는 하루 중 가격 변동에서 돈을 벌기 위해 거래의 진입점과 청산점의 시간을 맞추고자 한다. 일간 알파 연구에서 일중 알파 연구로의 전환은 어느 정도 스타일과 접근 방식의 변화가 필요하다. 이 장에서는 일중 알파 구축의 근본적인 차이점에서 시작해 일중 알파를 창출하는 여러 가지 스타일을 제시한다. 그리고 나서, 당일 거래에 대한 장단점을 조사한다. 그 다음에는 일중 알파를 만드는 몇 가지 다른 방법을 고려한다. 이어서 몇 가지 예를 살펴본다.

일간 거래 대 일중 거래

기업 대차대조표부터 소셜 미디어, 기상 데이터까지 아우르는 다양한 정보를 일간 알파를 만드는 데 이용할 수 있다. 일간 알파를 만드는 데 사용하는 대부분의 정보는 대상 투자 기간이 너무 길어서 일중 연구에는 쓸모가 없다. 그러나 매수호가-매도호가의 스냅숏, 상세한 주문 호가창 데이터, 기타 미시 구조 데이터를 포함한 다른 정보 원천은 훨씬 더 짧은 투자 기간에 대한 예측 능력을 갖고 있으므로, 일중 연구에 훨씬 더 도움이 된다.

일반적으로 애널리스트는 고빈도 연구를 지향함에 따라 정보와 데이터의 다양한 원천을 마음대로 가질 수 없다. 일간 연구를 할 때, 애널리스트는 비용에 연관해서 개별적인 알파의 성과에 그다지 관심을 두지 않는다. 많은 다른 알파가 효과를 상쇄해주기 때문이다. 그러나 일중 연구에서 비용은 알파 수준에서 우려되는데, 충분히 다양한 정보 원천이 부족하고 서로 다른 알파가 상쇄되기 어려운 점 때문이다. 이는 아래에서 일중 알파를 만드는 과정을 설명할 때 언급될 것이다.

일중 연구는 일간 연구보다 유의한 몇 가지 이점을 제공한다. 훨씬 더 미세한 시간 단위로 거래가 가능하기 때문에 일반적으로 일중 알파들의 실적과 수익률이 훨씬 더 높다. 심지어 더 짧은 백테스팅 기간에 대한 통계적 유의성은 일간 알파보다 일중 알파가 훨씬 더 높다. 그로 인해 알파의 표본 외 성과는 백테스팅 기간의 성과와 매우 유사하다.

일간 알파를 만들 때, 애널리스트는 달러 델타 노출dollar delta exposure, 섹터 노출, 유사한 위험 요인과 같은 하룻밤 사이에 발생할 수 있는 가능한 모든 위험에 대해 알파를 중립으로 유지하려고 한다. 그러나 일중 알파를 작업할 때, 알파에 반대로 작동하면 즉시 그 포지션에서 벗어날 수 있으므로 이런 위험 요인은 일정한 임계치 이하로 허용된다. 수익률 향상을 위해 이러한 위험 요인들은 기회를 제공한다.

유동성은 시장에서 자산을 거래할 가능성으로 정의된다. 어느 특정 시기에 거래되는 물량이 그 정도밖에 되지 않는다. 다른 말로 하면, 항상 유동성이 제한적이라는 이야기다. 만약 누군가가 주어진 시간에 거래되는 물량의 상당 부분을 거래한다면, 스스로 가격을 움직일 위험을 무릅쓰게 돼 거래를 실행하기가 더욱 어려워진다. 대부분의 거래 가능한 금융상품은 하루 종일 빈번하게 거래할 수 있는 충분한 유동성을 가지지 못한다. 이것은 어느 지역에서나 가장 유동성이 높은 상품의 일중 거래를 제한한다. 예를 들어 미국에서는 상위 200~500대에 속하는 가장 유동성이 높은 주식 외에는 어떤 것도 거래하기가 어렵다. 이것은 결국, 일중 전략 자금 배분을 작게 하도록 한다.

다양한 유형의 일중 알파

다른 스타일의 알파가 있다. 알파의 고전적인 정의는 알파가 하룻밤 사이에 어떤 포지션도 가지지 않는다는 것이다. 그러한 알파는 '하룻밤-0 알파overnight-0 alpha'라고 불린다. 이와 비슷하게, '하룻밤-1 알파'는 하룻밤 사이에 포지션을 가지는 것이다. 일반적으로, 이러한 알파는 하룻밤 사이에 유동성이 없는 포지션을 유지하거나 하룻밤 사이에 포지션에 대한 일중 거래 오버레이^{intraday overlay} 형태를 취한다. 하룻밤-0 알파와 하룻밤-1 알파 모두에서 알파는 서로 다른 금융상품에 걸쳐 포지션을 연속적으로 배분하거나 또는 좀 더 이산적으로 진입 또는 청산 기반 시그널을 가질 수 있다. 진입 또는 청산 기반 시그널에서 지표 또는 일부 파생된 통계량의 비정상적인 변화(이벤트라고 한다.)에 기초해 거래가 진입되며, 그 포지션은 일부 청산 트리거가 충족될 때까지 유지된다. 이러한 청산 트리거는 파생된 통계량 또는 일부 손절매 또는 이익 달성 조건의 변경일 수 있다.

애널리스트는 알파를 설계할 때 몇 가지 제약 사항을 염두에 둘 필요가 있다. 우선 유동성이 하루 종일 같지 않다. 일반적으로 그림 27.1과 같고, 대부분의 거래는 하루의 시작과 끝에 이뤄진다. 일부 주식은 거래일 시작 시점(예: 그림 27.2의 마이크로소프트사(MSFT)와 같이)에 슬리피지^{slippage}가 매우 크며, 이러한 경우에는 슬리피지가 작을 때 유가증권에 진입하고 청산하는 것이 일반적으로 좋은 방법이다. 또한 모든 금융상품이 유사하게 움직이는 것은 아니라는 점을 기억하라. 특히 우리가 ETF와 선물에 대한 일중 알파를 연구할 때는 더욱 그렇다. 많은 범주의 알파 아이디어에서 금융상품을 별도로 취급하거나 유사한 소그룹의 금융상품으로 취급해야 한다.

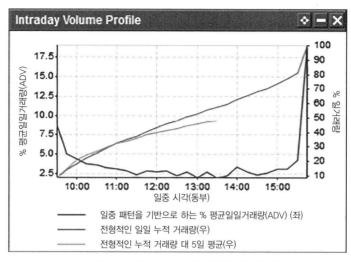

▲ 그림 27.1 마이크로소프트사(MSFT)의 일일 거래량

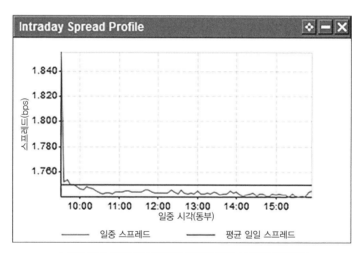

▲ 그림 27.2 마이크로소프트사(MSFT)의 일중 스프레드 프로파일

일중 알파 만들기

다음은 단순한 평균 회귀 알파에 대한 예제다. 애널리스트는 금융상품의
회귀 특성을 포착하고자 한다. 알파는 다음과 같이 정의된다.

알파 = (두 번째 마지막 구간 종가 – 마지막 구간 종가)

이는 유동성이 가장 큰 500개의 금융상품에 대한 하룻밤-0 연속 알파다. 그런 다음 포지션에서 횡단면 평균을 빼서 각 구간을 달러 중립(롱과 숏 포지션의 가치를 동일하게)으로 유지해 중립화한다.

이 아이디어는 평균 회귀 아이디어를 더 깊이 이해함으로써 개선할 수 있다. 애널리스트는 금융상품이 평균 포시선으로 되돌아가는 경향을 포착하고자 한다. 변동성이 더 큰 금융상품은 회귀 경향이 더 높아야 한다. 다방면으로 이를 포착할 수 있다. 한 가지 방법이 아래에 제시돼 있다. 단순히 지난 30~40 구간의 수익률 또는 가격의 표준편차를 취함으로써, 이 표준편차를 알파 값에 다음과 같이 곱한다.

알파 = (두 번째 마지막 구간 종가 – 마지막 구간 종가) * 표준편차(종가)

이것은 마진을 개선하지만 샤프지수는 감소한다. 여기서는 왜 그런지 이해하는 것이 중요하다. 곱셈 인자를 도입하면 알파 수익률과 변동성이 모두 증가하지만 변동성은 샤프지수의 분모에 있으며, 이러한 반대 세력의 순효과는 전체 샤프지수를 낮추는 것이다.

애널리스트는 아래와 같이 알파 전체의 변동성을 낮추려고 할 수 있다.

알파 = (두 번째 마지막 구간 종가 – 마지막 구간 종가) / 표준편차(종가)

알파 변동성을 낮추고, 따라서 샤프지수가 올라간다. 그러나 수익률과 마진도 유의하게 감소한다.

알파 설계 선택은 트레이더의 요구 사항에 따라 달라진다. 마진이 더 높은 이전 버전은 거래비용을 적용한 후에 더 좋은 성과를 보일 것이다. 단지 표준편차(종가)의 절댓값 대신 횡단면 순위를 사용해 변형을 시도할 수 있다.

결론

일중 거래는 애널리스트가 다양한 출처로부터 정보를 수집할 수 있는 일간 거래와 많이 다르다. 이와 함께, 일간 거래에서 대부분 쓸모없는 매수-매도 및 기타 호가창 수준의 정보 등 단기 예측력을 가진 특정 정보가 일중 거래에서는 중요한 잠재 가치를 갖는다. 대부분의 금융상품이 갖는 유동성 제한으로 인해 일중 거래가 어려우므로, 일반적으로 당일 거래자들은 가장 유동적인 금융상품만 제한적으로 거래한다. 그러나 제한된 규모의 트레이딩 북trading-book은 일중 거래에서 창출되는 높은 잠재적 수익률로 보상된다. 일중 알파 전략은 하룻밤 사이에 아무 포지션도 보유하지 않는 순수한 일중 알파에서 하룻밤 사이에 포지션을 보유하지만 일중 거래 오버레이로 수익률을 증가시키기 위한 혼합형 일간-일중 알파에 이르기까지 다양한 유형을 가질 수 있다.

인덱스 알파의 발견

글렌 드수자(Glenn DeSouza)

알파 발견은 단일 기업 주식 상품에만 국한되지 않는다. 지난 20년 동안 패시브 투자의 급격한 증가와 함께, 거래소 상장 펀드(ETF)와 관련 지수 상품들이 다양한 지수 기반 알파 전략의 성장을 촉진했다. 기술에 대한 투자, 자기자본 balance sheet 의 사용, 값싼 자금 조달에 의존하기 때문에 역사적으로 대형 투자은행에 기반을 뒀던 이 전략은 최근 몇 년 사이 대형 퀀트 및 차익거래 중심의 헤지펀드, 시장 조성 회사 등 바이 사이드 회사들 사이에서 더욱 인기를 끌고 있다.

실전 지수 차익거래

지수 차익거래는 자본비용과 차입비용(또는 주식 할인)을 포함한 트레이더의 고유 비용을 조정한 주가지수의 실제 가격과 이론적 선물 가격의 차이에 따른 차익을 꾀하는 알파 전략이다. 지수선물계약의 이론적 가치 또는 (업계 용어로 말하는) 공정가치는 다음의 하향식 조정 공식으로 표현할 수 있다.

선물의 공정가치 = 지수의 현금 가치 + 이자 − 배당금 주식 지수의 구성 기업들에 직접 투자하는 대신 선물계약을 보유하면 투자 자금을 확보할 수 있지만(특히 미국에서 선물은 주식 투자보다 훨씬 낮은 증거금을 갖기 때문에) 계약 보유자는 배당을 포기하므로, 이자와 배당금은 선물 지수 차익거래에 영향을 미치는 두 가지 주요 요인이다.

점점 더 컴퓨터화되고 자동화된 세계에서 어떻게 이러한 전략이 번창할 수 있을까? 과거 투자은행 트레이딩 데스크에서 실제 사례를 들어보면, 다음과 같은 맥락으로 조명해볼 수 있다. 2000년대 중반 일부 은행은 다음과 같이 영업했다.

- 은행의 지수 차익거래 데스크는 하향식(위 공식의 변수를 거시경제 예측에 기초해 조정함), 상향식(개별 주식 배당 예측을 추정하고 통합함), 옵션 내재 정보 중 하나 이상의 방법을 사용해 자체 공정가치를 계산한다. 일반적으로 수익 창출에는 상향식 방식이 가장 높은 신뢰성을 나타내지만, 가장 많은 시간이 소요되기도 했다.
- 공정가치와 그 밖의 상품별 비용을 계산한 후, 데스크는 전형적인 선물 대비 주식의 차익거래 외에도 여러 개의 지수 기반 상품을 차익거래 기회를 위해 비교할 수 있다. 이러한 거래에는 선물 간의 차익거래, 장외거래(OTC) 지수 스왑, 지수 옵션 등이 포함됐다.
- 일부 은행 트레이딩 데스크는 자금 조달 우위(자본비용이 낮음)를 갖고 있었으며, 그들에게 선물 공정가치가 다른 회사보다 낮음을 의미한다. 종종 실제 선물 가격은 공정가치에 비해 '비싸게' 나타나기 때문에 선물 숏에 더 많은 기회를 제공했다. 일반적으로 이러한 거래의 반대편에는 종종 선물이 제공하는 레버리지와 유동성에 대한 저렴한 접근에 약간의 프리미엄을 지불하는 기관 계좌가 있었다.
- 데스크는 기초 주식들을 동시에 매입함으로써 선물 숏 노출을 헤지할 수 있을 것이다. 은행의 자금 조달과 자기자본이라는 장점 때문에 사

실상 은행들은 자기자본 매도자였고 기관투자자들은 자기자본 매수자였다.

이 단계에서 자금 조달 우위가 일반적으로 몇 bp에 불과했기 때문에 연간 수익률이 1% 미만일 수 있다. 그래서 일부 은행들은 보유 포지션 사용에서 더 창의적이 됐다.

- 매입한 (그리고 다른 은행) 롱 포지션을 ETF로 전환할 수 있었던 것은 은행들 다수가 ETF 지분을 만들고 상환할 수 있는 ETF-AP$^{Authorized Participant}$였기 때문이다.
- 러셀 2000 ETF(IWM)와 같이 숏하는 데 인기가 있었던(따라서 평균 차입비용보다 높은) ETF의 경우, 이제 데스크는 새로 창출한 ETF를 빌려주고 더 높은 주식 대여 수수료율을 얻을 수 있다(일부 높은 수요가 있는 펀드의 경우 연간 1% 이상).
- 그 밖에는 보유 포지션을 옵션의 리버셜^{reversal}과 컨버전^{conversion}을 창출하기 위한 옵션 포지션과 결합할 수 있는데, 그들 자신의 OTC 시장을 갖고 있으므로 포지션 보유자가 인수합병 차익거래자와 같은 거래 상대방에게 차입하기 어려운 종목에 대한 유동성을 제공할 수 있도록 했다.
- 마지막으로, 남은 주식 포지션에 대해 공개 매수나 지수 변동과 같은 알파 생성 이벤트를 검토한다. 그러고 나서, 이러한 이벤트 날짜 주변으로 단일 기업에 대한 주식 위험을 기회적으로 취할 수 있다.

어떤 경우에는 단순해 보이는 인덱스 차익거래 전략에 대한 다중 오버레이가 지수 차익거래 데스크의 전체 수익을 1% 미만에서 5% 이상으로 증가시킬 수 있다.

이러한 구현은 바이 사이드에게 얼마나 쉬울 것인가? 그에 대한 답은 부분적으로 투자은행 설립을 모방해 가능한 한 거래비용과 차입비용을 낮출수 있는 기업의 규모와 가격결정력에 달려 있다. 일반적으로, 관련된 브로커-딜러 기업을 가진 가장 큰 헤지펀드 회사나 액티브 매니저들만이 이와 같은 유리한 거래를 협상할 수 있는 잠재력을 갖고 있었다.

그러나 특정 지수에 대한 시장 충격 예측과 같이 전체 지수 차익거래 전략의 일부 부문은 자기자본을 반드시 요구하지 않으므로 액티브 매니저에 의해 구현될 수 있다.

지수 변화로 인한 시장 충격

간단히 말해서 IWM 펀드는 숏하는 것으로 인기 있는 ETF일 뿐 아니라 매년 재구성되고 있으므로, 다른 인기 있는 ETF와 비교할 때 IWM 펀드의 구성 종목과 이전 구성 종목은 시장에 충격을 주고 있다. FTSE 러셀의 연구에 따르면, 재구성일에 새로 추가된 기업을 매수하고 제외된 기업을 매도하는 것은 연간 편차는 크지만 2007-2015년 사이에 러셀 2000 지수의 수익률과 관련해서 연 28bps 정도 영향을 미친다(그림 28.1).

이는 재구성 유효일에 차익거래자가 추가된 종목을 숏하고 제외된 종목을 매수하면, 양(+)의 수익률을 얻을 수 있다는 것을 의미한다. 이러한 반전은 재구성이 이뤄지기 몇 개월 전 영향을 받은 주식들이 펀더멘털 가치와 동종 가치에서 이탈해, 섹터 기반의 상대가치 거래자들이 주식을 이전의 가치로 다시 밀어 넣고 있기 때문에 일어날 것으로 예상할 수 있다. 이러한 큰 이탈은 러셀 2000 IWM ETF를 소유하는 데 드는 실제 비용이 20bps 운용보수보다 훨씬 높다는 것을 의미한다.

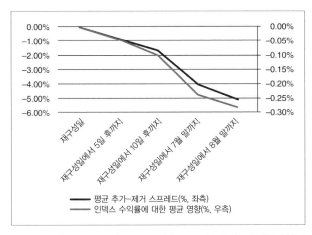

▲ 그림 28.1 리밸런싱(2007-2015년)으로부터 러셀 2000 지수 수익률에 대한 음(-)의 평균 영향

출처: London Stock Exchange Group plc and its group undertakings (collectively, the "LSE Group"). © LSE Group 2019. FTSE Russell is a trading name of certain of the LSE Group companies. "FTSE Russell®" is a trademark of the relevant LSE Group companies and is used by any other LSE Group company under license. All rights in the FTSE Russell indexes or data vest in the relevant LSE Group company which owns the index or the data. Neither LSE Group nor its licensors accept any liability for any errors or omissions in the indexes or data and no party may rely on any indexes or data contained in this communication. No further distribution of data from the LSE Group is permitted without the relevant LSE Group company's express written consent. The LSE Group does not promote, sponsor, or endorse the content of this communication.

러셀 2000과 대조적으로, 대규모의 시장 추적 상품들은 일반적으로 포트폴리오에서 재조정에 따른 성과 하락이 없다. 예를 들어, S&P 500은 더 높은 유동성과 S&P 추가 종목을 쉽게 예측할 수 없는 클로짓closet 인덱스 추적자들의 늦은 매매 때문에 추가 종목에서 그렇게 많은 반전을 보지 못한다. 한편 뱅가드 그룹의 최대 인덱스펀드가 추적하는 CRSP 미국 토털 마켓 지수CRSP US Total Market Index는 대형주부터 초소형주까지 미국 시장 전체를 포함하며, 이에 따라 시가총액에 변화가 발생할 때 어떤 트레이딩 트리거도 유발하지 않는다(단, 개별 시가총액 범위에 벤치마킹된 펀드는 여전히 거래가 필요하므로 일부 비유동적 주식의 시장가격에 잠재적으로 영향을 미칠 수 있다).

기타 인덱스 이상 징후

신규로 인덱스에 추가된 기업의 캡티브 자본 조달

지수 변동은 다른 시장 이상 현상으로 이어질 수 있다. 예를 들어 S&P 500 등 주요 우량 지수에 주식이 추가되면, 그 무렵 인덱스펀드가 주식을 매수해야만 하므로 통상적인 공모 할인 없이 자본 조달을 하는 경우가 적지 않다. 2005년 이후 S&P 500에 추가된 리츠(REIT)의 4분의 1 이상이 이런 행동 양상을 보인 것으로 나타났다.

2008년 이후 S&P 500 리츠 추가와 관련한 딜 프라이싱deal pricing은 이러한 캡티브 자본 조달captive capital-raising에 대해 전일 종가 대비 평균 17bps의 할인(그리고 모든 추가 회사 주식은 공모 대비로는 26bps)만을 보여주고 있는데, 2008년 이후 동일 지수에 포함된 다른 모든 주식 공모에 대해서는 평균 2.8%의 할인율을 나타냈다(그림 28.2).

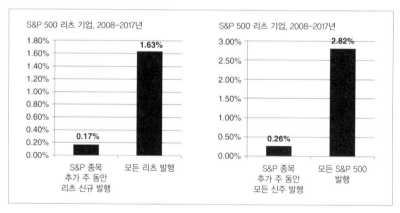

▲ **그림 28.2** 평균 공모가 할인

출처: S&P® and S&P 500® are registered trademarks of Standard & Poor's Financial Services LLC, and Dow Jones® is a registered trademark of Dow Jones Trademark Holdings LLC. © 2019 S&P Dow Jones Indices LLC, its affiliates, and/or its licensors. All rights reserved. Used with permission of Bloomberg Finance L.P.

따라서 신디케이트 데스크^syndicate desk는 과거 펀더멘털 정보가 암시하는 것보다 더 싼 가격에 발행 기업에게 자본을 조달해줄 수 있다. 본질적으로 참여하는 지수 펀드는 주식 공모의 즉각적인 주식 희석과 잠재적 EPS 희석의 혜택을 보지 못하는 캡티브 주식 매수자가 될 수 있다. 그러나 공모를 우회하면, 다가올 리밸런싱일에 매수 비용이 훨씬 더 높아질 수 있다.

그러므로 기업 이벤트 주변에서 알파를 형성하는 이벤트 주도 거래자들은 이러한 공모의 독특한 성격을 주목해야 한다. 더 작은 가격 할인과 더 많은 패시브 펀드 출시, 그리고 향후 지수 종목 추가로 인한 후속 매수 조합은 알파에 비정상적인 영향을 미칠 수 있으며, 공모 직후 강한 매도 활동을 예상할 수 있다.

지수 대 비지수 종목의 가치 왜곡

러셀 2000은 또한 지속적인 가치 평가 왜곡을 겪고 있는데, 아마도 지수 대비 비지수 종목에 대한 프리미엄이 작용한 결과인 것 같다. 2008년 이후 대체로 매년 30% 이상의 지수 내 주식들이 음(-)의 수익(S&P 500의 5% 미만과 비교)을 기록했음에도 불구하고, 러셀 2000 지수 구성 종목은 2017년 9월 현재 전 업종에서 비지수 구성 종목 대비 프리미엄으로 평가되고 있다 (그림 28.3). 예를 들어 통신주의 경우 러셀 2000 기준 주가이익비율(P/E) 이 30배인 반면, 비러셀 종목의 동종 주들은 19배에 그쳤다. 다른 아홉 개 주요 업종에서도 비슷하지만 더 작은 격차가 나타나고 있다. 한 가지 가능한 이유는 ETF가 대형주의 거래량보다 소형주 평균 거래량에서 차지하는 비율이 더 높기 때문인데, 이는 2017년 중반 현재 거래량의 두 배가 넘는 경우가 많다.

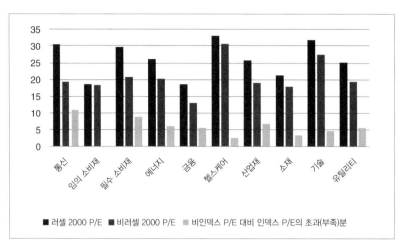

▲ **그림 28.3** 비러셀 종목 대비 러셀 2000 소형주 섹터의 중위수 최근 12개월 P/E

출처: London Stock Exchange Group plc and its group undertakings (collectively, the "LSE Group"). © LSE Group 2019. FTSE Russell is a trading name of certain of the LSE Group companies. "FTSE Russell®" is a trademark of the relevant LSE Group companies and is used by any other LSE Group company under license. All rights in the FTSE Russell indexes or data vest in the relevant LSE Group company which owns the index or the data. Neither LSE Group nor its licensors accept any liability for any errors or omissions in the indexes or data and no party may rely on any indexes or data contained in this communication. No further distribution of data from the LSE Group is permitted without the relevant LSE Group company's express written consent. The LSE Group does not promote, sponsor, or endorse the content of this communication.

흥미롭게도, 미국의 대형주 유니버스에서는 지수 구성 종목의 효과가 역전된다. S&P 500 구성 종목은 지난 10년간 최근 12개월 P/E의 연말 중위수를 측정했을 때 비구성 또래 종목들에 비해 할인된 가격으로 거래되고 있다(그림 28.4). 이는 ETF 거래 비율이 낮고 편입 가능한 기업의 적격 유니버스가 더 작을 뿐만 아니라 기타 팩터 노출 때문일 수 있다. 러셀 2000 후보 종목은 대형주에서 탈락한 주식과 초소형주에서 편입된 주식을 포함하는 반면, S&P 500 지수에는 이미 시가총액 상위권에 올라 있고 대형주 또는 초대형주 IPO와 최근 실적이 우수한 중소형주만 새로 추가할 수 있어 지수가 장기 모멘텀 팩터 리스크에 노출된다.

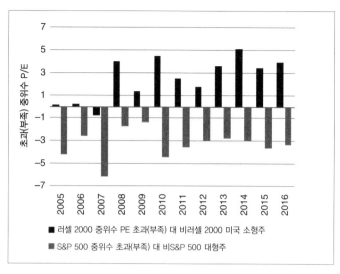

▲ **그림 28.4** 지수와 비지수 종목 간의 연말 중위수 P/E 편차

결론

지수 상품의 부상은 일반 투자자들에게 저렴한 포트폴리오 관리의 형태로 새로운 편익을 창출했을 뿐만 아니라, 많은 액티브 매니저에게 새로운 비효율성과 차익거래 기회를 만들어줬다. 저금리의 장기화로 값싸게 자금을 조달하는 전략 확산이 가능해진 반면, 패시브 투자의 부상은 부분적으로는 소유권 집중도의 상승을 일으켜 시장의 미시 구조를 왜곡했다.

다행히도, 새로운 지수 구성(그리고 관련 펀드)도 역시 최근 몇 년 동안 급증해 투자자들은 시장 충격과 가치 평가 왜곡을 포함한 몇 가지 지수 결함을 피할 수 있는 여러 방법으로 패시브 포트폴리오를 분할하고 쪼갤 수 있게 됐다.

그러나 기존 지수 상품들이 유동성을 계속 거둬들이고 일부 시장의 비효율성이 지속되면서, 패시브 상품과 이를 차익 재정거래하는 액티브 상품들 모두 한동안 더 번창할 수 있을 것이다. 이는 아마도 투자 배분 논쟁이 단순히 액티브 모델과 패시브 모델 사이의 선택이 아니라, 양쪽 세계의 가장 좋은 측면을 이용하는 패시브 코어 포트폴리오에 액티브를 중첩한 종합 모델의 창조일 것이다.

ETF와 알파 연구

마크 이크춘 찬(Mark YikChun Chan)

상장지수펀드(ETF)는 증권거래소에서 거래되는 투자펀드다. 이들 대부분은 주식이나 채권지수와 같은 지수를 추적하는데, 그러한 최초의 펀드인 SPDR S&P 500 ETF Trust(SPY)는 1993년에 S&P 500 지수를 추적하기 위해 만들어졌다. 이후 ETF 유니버스는 급속히 팽창했다. 오늘날 ETF가 보유하고 있는 기초자산은 주식뿐만 아니라 채권, 상품, 통화 등을 포함하는 광범위한 스펙트럼에 걸쳐 있다.

조사 업체인 ETFGI에 따르면, 2018년 10월 말 현재 전 세계적으로 5,785개의 ETF와 7,616개의 ETP^{Exchange-Traded Product}가 있고 운영 중인 자산 규모(AUM)는 각각 4조 7,800억 달러와 4조 9,400억 달러였다(그림 29.1 참조). 미국 시장은 1,966개로 이러한 금융상품을 지배하고 있으며 유럽, 아시아, 캐나다의 ETF 시장도 각각 3조 5,000억 달러씩 꾸준히 성장해왔다. 자산이 크게 늘어난 것은 유동성이 급증하면서 투자자들에게 더 매력적으로 작용했다.

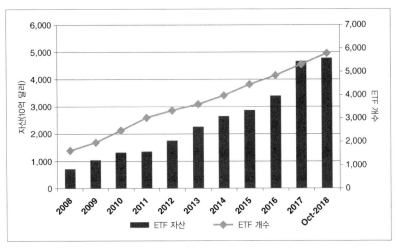

▲ 그림 29.1 글로벌 ETF 성장(2008-2018년)

출처: ETFGI. ETFGI는 런던에 기반을 둔 선도적인 독립 연구 및
컨설팅 회사이며 글로벌 ETF/ETP 생태계의 추세를 커버한다.

의심할 여지없이 ETF는 새로운 자산 클래스이지만, 더욱 흥미로운 질문이
있다. 첫 번째는 새로운 알파의 원천이 될 수 있는지에 대한 것이고, 두 번
째는 어떻게 하면 이익을 추구할 기회를 잡을 수 있을지에 대한 것이다. 이
장은 기본 사항에 대한 검토로 시작하며, 이들 금융상품 거래의 몇 가지 편
익과 위험을 강조한다. 이어서 ETF 공간의 일부 가능성을 조명하고, 다른
애널리스트들이 발표물에 제시했던 알파나 시장 현상의 몇 가지 예를 검
토할 것이다. 마지막으로는 ETF 알파 연구에서 마주치는 몇 가지 독특한
잠재적 어려움을 논할 것이다.

ETF 투자의 장점

ETF는 시장에서 다른 종류의 투자자들에 의해 거래된다. 어떤 투자자들은
단지 지수 투자를 위해 자금을 사용하는 비교적 장기 투자자들이고, 다른
투자자들은 단기간의 이익이나 알파를 추구하는 좀 더 액티브한 거래자들

이다. ETF는 인기도 상승과 거래량 증가에서 증명됐듯이 모두에게 주목할 만한 매력을 보여줬다. 투자자들을 위한 주요 이점 중 일부는 다음과 같다.

- **거래소 거래**: 매 거래일 마감 후 순자산가치(NAV)로 매수하거나 매도할 수 있는 뮤추얼펀드와 달리 ETF는 하루 종일 가격 변동을 경험하며 시장이 열려 있는 한 거래가 가능하다. 이것은 액티브 트레이더들이 일중 전략을 실행하거나 심지어 차익거래 기회를 이용할 수 있게 해준다. ETF는 공매도, 지정가 주문 및 손절매 주문의 사용, 마진 매수 등 주식과 같은 특성을 즐긴다.

- **낮은 비용**: 일반적으로 ETF는 기존 뮤추얼펀드(1~3%)에 비해 비용(보수율 < 1%)이 낮아 모든 투자자에게 혜택을 준다. 예를 들어, SPY의 보수율은 0.09%이고, Schwab US Broad Market ETF(SCHB)와 같은 일부 ETF의 보수율은 0.03% 정도로 낮다. 이렇게 보수율이 낮은 한 가지 이유는 많은 ETF가 액티브하게 관리되지 않는 지수 펀드이므로 상대적으로 실행이 간단하기 때문이다. 또한 ETF는 상환을 위해 현금 적립금을 유지할 필요가 없다.

- **조세 효율성**: 과세형 자본 이익은 뮤추얼펀드나 ETF가 가치가 상승한 증권을 매각할 때 발생한다. 그러나 대부분의 ETF는 포트폴리오 증권의 회전율이 매우 낮은 패시브 지수 펀드(대부분의 거래는 지수 재조정을 위해서만 이뤄진다.)이므로 조세 효율성이 높다. 더욱 주목할 점은 ETF는 고유한 생성 및 상환 메커니즘을 갖고 있다는 점이다. 즉, 대형 전문 금융 기관인 AP만이 ETF 주식을 만들거나 상환할 수 있으며, 보유자가 ETF를 팔려고 할 때는 주식처럼 다른 투자자에게 팔기만 하면 된다. AP가 발행자에게 ETF 지분을 상환하더라도, 발행자는 ETF의 기초 지분을 전달함으로써 단지 AP에게 현물in-kind을 지급한다. 두 경우 모두 ETF에 대한 자본이득 차익거래는 존재하지 않는다.

- **투명성**: 각 ETF의 기초 보유 포트폴리오는 매일 일반에 공개된다. 이

와는 대조적으로 뮤추얼펀드는 분기별로만 이러한 공시를 할 필요가
있다.

- **시장 노출 및 다양화**: 광범위한 가용 ETF는 투자자가 원하는 시장 노출
  (예: 광범위한 시장, 특정 섹터, 해외 시장, 채권지수, 상품, 통화)을 쉽게 달
  성할 수 있도록 한다. 이러한 다양성으로 인해 단기 알파 트레이더들
  은 여러 금융상품에 걸쳐 통계적 차익거래를 할 수 있다. 동시에 광범
  위한 지수 ETF 그 자체는 일부 장기 투자자들을 위한 잘 분산된 투자다.

ETF에 잠재된 위험

투자에서 위험은 항상 큰 화두이며, 다양한 ETF 금융상품 뒤에 숨겨진 위
험에 대한 완벽한 리스트를 제시하기는 어렵다. 다음 절에서는 위험 평가
의 복잡성을 야기할 수 있는 여러 흥미로운 특징뿐만 아니라 위험의 몇 가
지 주목할 만한 예를 조명한다. 그 위험들은 다음과 같다.

- **추적 오차**: 때때로 ETF 제공자는 기본 지수의 성과를 완전히 복제하지
  못해 추적 오차가 발생할 수 있다(이 용어를 ETF의 시장가격과 NAV의 차
  이로 정의되는 프리미엄 할인액과 혼동하면 안 된다). 이러한 오차는 종종
  장기 지수 추적에 부정적인 영향을 미치지만, 잠재적으로 액티브 거래
  자들에게 알파 또는 심지어 차익거래 기회를 줄 수 있다. 일반적으로
  SPY와 같은 유동성이 풍부한 광범위한 시장 주식 ETF는 각각 유동성
  이 있는 기초 주식을 다수 보유하고 있으므로 추적 오차가 거의 없다.
  추적 오차 문제는 일부 선물 기반 ETF(음의 롤roll 수익률로 인해 피해를
  볼 수 있음)와 일반 ETF뿐만 아니라 역방향 및 레버리지 ETF에도 큰
  영향을 미치는 경향이 있다.
- **역방향 또는 레버리지형 ETF**: 다양한 파생상품과 금융공학 기법을 이용
  해, 일부 ETF는 기초증권의 가격 변동에 반대로 움직이거나 좀 더 민

감하게 반응하는 수익을 달성하기 위해 구성된다. 이러한 ETF의 일반적인 유형은 레버리지(2x), 트리플 레버리지(3x), 역방향(-1x), 이중 역방향(-2x), 삼중 역방향(-3x)이다. 변동성이 큰 시장 상황에서 이러한 레버리지된 ETF의 재조정은 상당한 비용을 발생시킬 수 있다. 또한 이러한 상품은 본질적으로 레버리지를 취하지 않는 ETF보다 변동성이 높기 때문에 다중 상품 (롱숏) 포트폴리오에서 주의해 취급해야 한다.

- **팩터 리스크 이질성**: 다양한 자산 클래스의 ETF는 다른 유형의 노출을 취하므로 다른 팩터 위험이 존재한다. 주식 ETF는 일반적으로 상당한 시장 베타를 갖고 있다. 한편 섹터, 국가 또는 특정 지역 주식 ETF는 해당 섹터, 국가 또는 지역에 위험 익스포저를 가진다. 변동성 거래를 위해 설계된 일부 ETF도 보통 주식 ETF로 분류되지만, 이들은 CBOE 변동성 지수(VIX)나 더 정확히 말하면 S&P 500 VIX 선물 지수에 노출돼 있으므로 독특한 행동 양상 또는 특성을 갖고 있다. 채권 ETF는 미국 시장에서 두 번째로 큰 그룹의 ETF를 차지하고 있다. 이들은 기본적으로 재무성 채권에서 고수익 회사채에 이르는 채무증권 포트폴리오를 보유함으로써 각각의 달러 듀레이션^{dollar duration} 또는 금리 리스크를 부담한다. 상품 ETF와 통화 ETF는 기초 유가증권에 기반해 해당 팩터 위험에 직면한다. 이러한 위험은 수많은 매크로 요인에 의해 주도될 수 있다.

- **용량 제약 조건**: AUM이 갈수록 커지는 등 ETF 산업이 호황을 누리고 있는 만큼 ETF의 용량^{capacity}을 간과하면 안 된다. 이 이슈는 특히 틈새시장을 겨냥한 인기 주식형 ETF에서 주목할 만하다. 2017년 4월 금은광업 중소형주 중심의 VanEck Vectors Junior Gold Miners ETF(GDXJ)는 자본 유입이 너무 많아 자동 인수합병법이 발동되는 범위를 넘어서는 20% 임계값에 도달했기 때문에 결국 발행 주문을 중단했다(이후 기초지수 구성을 변경했다). 즉, ETF는 지수에 비해 지나치게 커질 수 있으며 결과적으로 투자 목표에 따라 기초 증권을 보유하지

못해 주식 발행의 보류와 유의적인 추적 오차가 발생할 수 있다.

- **기초 시장과의 분리**: 위에서 언급한 바와 같이 ETF는 거래일 내내 시장 가격으로 매수하거나 매도할 수 있다. 많은 미국 상장 ETF들이 해외 증시를 추적하고 있지만, 기초 시장이 닫히면 어떻게 될까? ETF가 직접 영향을 받지 않고 여전히 자체 거래소에서 거래할 가능성이 있다. 2011년 1월 VanEck Vectors Egypt Index ETF(EGPT)와 2017년 5월 iShares MSCI Brazil Capped ETF(EWZ)가 경험했던 것처럼, 주식시장이 휴일을 맞이했거나 거래 중단으로 인해 가끔 이런 일이 발생한다. 그러나 ETF가 로컬 시장이 휴장했을 때 유용한 가격 발견 도구가 됐다고 합리적으로 주장할 수 있다.

알파 기회

다양한 데이터셋의 가용성과 함께 방대한 수의 다양한 ETF 금융상품은 아이디어를 얻고, 수치적 알파 공식을 설계하고, ETF 금융상품에 알파 값을 할당하고, 시장 또는 특정 상품 그룹에 대해 중립화하는 식으로 주식과 유사한 방식을 통해 알파를 발견하고 통계적 차익거래를 할 수 있다. 또한 ETF가 채권지수와 상품뿐만 아니라 특정 섹터, 국가, 지역의 성과를 추적함으로써 ETF 알파는 많은 거시 지표와 데이터를 더 잘 활용할 수 있다.

주식과 마찬가지로, ETF의 가능한 알파 아이디어는 일련의 범주에 걸쳐 있다. 가장 일반적으로 논의되는 개념으로는 가격 모멘텀과 계절성이 있다. 다음은 문헌의 몇 가지 예를 검토한 것이다.

1. 미국 섹터 모멘텀 전략

사무엘 리Samuel Lee는 모닝스타 ETF Investor 뉴스레터(2012)에서 이 아이디어를 제안했다. 이는 열 개 섹터 ETF의 유니버스를 정의하는 것으로 시작한다(표 29.1).

▼ 표 29.1 섹터 ETF

XLY	임의 소비재 선택 섹터 SPDR 펀드
XLP	필수 소비재 선택 섹터 SPDR 펀드
XLE	에너지 선택 섹터 SPDR 펀드
XLF	금융 선택 섹터 SPDR 펀드
XLV	헬스케어 선택 섹터 SPDR 펀드
XLI	산업재 선택 섹터 SPDR 펀드
XLB	소재 선택 섹터 SPDR 펀드
XLK	기술 선택 섹터 SPDR 펀드
XLU	유틸리티 선택 섹터 SPDR 펀드
IJR	iShares 코어 S&P 소형주 ETF

모멘텀 전략은 각 ETF의 마지막 종가를 12개월간 단순 이동 평균(SMA)과 비교하면서 SMA 위로 거래되는 펀드만을 고려한다. 그리고 나서, 최고 12 개월 수익률의 세 개 ETF에 동일한 포지션을 유지한다. 세 개 미만의 ETF 가 기준을 충족하면 누락된 자리는 현금으로 대체한다. 이 전략의 과거 손 익과 S&P 500 보유 손익의 비교는 그림 29.2에 나타나 있다.

'알파'를 포착하기 위해 SPY에 같은 크기의 숏 포지션을 취할 수 있는데, 이는 우리에게 롱숏 시장 중립적인(그리고 달러 중립적인) 알파를 줄 것이 다. 2004년부터 2013년까지 10년 동안 알파의 백테스팅 성과는 그림 29.3 에 나타나 있다.

흥미롭게도, 알파는 2008년 금융 위기 전후에 가장 좋은 성적을 거뒀다. 선정된 섹터들이 전체 시장을 능가했기 때문이다. 그러나 시장 베타가 없으므로, 수익률은 훨씬 덜 매력적이다(연 2.92%에 불과하다). 현 단계에서 샤프지수는 0.38에 불과하다. 시그널을 향상시키려면 더 많은 연구 노력이 필요할 것이다. 리가 언급했듯이, 이 간단한 전략은 잘 분산화되지 않았기 때문에 더 넓은 포트폴리오의 일부로만 사용돼야 한다.

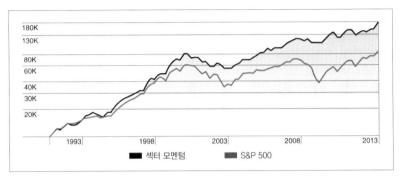

▲ **그림 29.2** S&P 500 대비 미국 섹터 모멘텀 전략

출처: Seeking Alpha

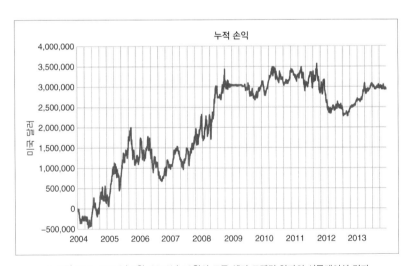

▲ **그림 29.3** 2004년 1월–2013년 12월의 모든 섹터 모멘텀 알파의 시뮬레이션 결과

2. 계절성

계절성은 세계 증권시장에서 잘 알려진 현상이다. 미국 주식시장에는 수년 동안 잘 작동한 '5월에 팔고 떠난다.'라는 이론이 있다. 본질적으로 미국 증시는 역사적으로 11월에서 4월까지의 기간에 비해 5월에서 10월까지의 기간 동안 저조한 실적을 나타내는 경향이 있다는 것을 말해준다.

문헌의 일부 사례들은 또한 다른 지역의 주식에서도 이러한 계절적 패턴이 나타났다는 사실을 보여준다. Seeking Alpha 웹 사이트에 실린 기사(Fred Piard, 2016)에서는 독일, 싱가포르, 브라질의 주식시장은 이러한 현상의 좋은 예이고, 해당 국가 ETF들, 즉 iShares MSCI 독일 ETF(EWG), iShares MSCI 싱가포르 ETF(EWS), iShares MSCI 브라질 ETF(EWZ)를 사용해 계절적 경향을 이용할 수 있다고 제안했다.

아이디어를 더 잘 설명하고자 두 개의 롱-온리$^{long-only}$ 포트폴리오를 시뮬레이션해 비교한다(그림 29.4 참조).

▲ **그림 29.4** 2006년 1월-2017년 6월의 두 개 롱-온리 포트폴리오의 시뮬레이션 결과

1. 롱-온리 주식으로 항상 SPY, EWG, EWS, EWZ에 대해 동일 비중의 롱 포지션을 보유한다.
2. 주식 및 채권 로테이션. 11월부터 4월까지 SPY, EWG, EWS, EWZ에 대해 동일 비중의 롱 포지션을 보유한다. 5월부터 10월까지 인기 있는 채권 ETF, 예를 들어 iShares Barclays 20+ Year Treasury Bond ETF(TLT)와 iShares iBoxx $ High Yield Corporate Bond ETF(HYG)에 대해 동일 비중의 롱 포지션을 보유한다.

5월에서 10월까지 주식을 멀리함으로써, 주식-채권-로테이션 포트폴리오가 롱-온리 주식 포트폴리오를 능가했다. 무엇보다 샤프지수가 0.40에서 0.77로 거의 두 배인 반면, 최대 낙폭은 절반으로 줄었다는 점에 주목할 만하다.

계절적 추세는 주식뿐만 아니라 다양한 상품에서도 나타난다. 인베스토피디아Investopedia(Picardo, 2018)는 금 ETF를 이용해 포착할 수 있는 9월과 10월의 금 상승 경향을 기술하고 있다. 금융공학자 페리 카우프만(Perry Kaufman, 2016)은 홈페이지에 농산물과 관련 ETF에서 나타나는 몇 가지 고전적인 계절성 사례를 기술했다.

솔직히 지금까지 논의된 계절적 현상은 실무에서 사용할 수 있는 위험이 잘 헤지된 알파 아이디어라기보다는 마켓 타이밍 트릭에 더 가깝다. 그럼에도 불구하고 이러한 패턴을 연구함으로써 흥미로운 기술적 또는 거시적 지표를 도출할 수 있으며, 이는 다시 일부 상관관계가 있는 금융상품 간의 통계적 차익거래를 포착하기 위한 알파로서 구현될 수 있다.

ETF 알파 연구의 도전 과제

다양한 ETF 상품을 활용해서, 퀀트들은 계량적 방법을 상이한 데이터셋에 적용하고 창의성을 발휘해 아이디어를 테스트하고 더 많은 알파를 추구할 수 있다. 그러나 이 분야에서 새롭게 부상하는 기회는 많은 새로운 도전과 함께 온다.

다른 요소들 중에서도 금융상품의 유동성이 특히 우려된다. 미국 시장의 경우, 2018년 11월 기준 전체 ETF의 달러 기준 일평균 거래량(ADV)은 약 930억 달러로 거래소 전체 거래의 30%를 차지하고 있다. 그럼에도 불구하고 ADV 값의 편향된 분포 때문에 실제 유동성은 들리는 것만큼 좋지 않을 수 있다. 자세히 살펴보면, SPY만 해도 전체 미국 ETF 총거래량의 약 25%를 차지했고, 상위 열 개의 유동성이 큰 ETF(SPY 포함)가 약 50%를 차지했다. 다시 말해, 강력한 알파를 위한 실제 거래 가능한 유니버스는 시장에 있는 수천 개의 ETF 중에서 작은 부분집합에 지나지 않을 가능성이 높다.

유동성에 기반한 필터링 후에 ETF 유니버스를 정의하는 과정에서 마주치는 또 다른 까다로운 문제는 많은 펀드가 매우 유사한 행동 양상을 갖고 있다는 것이다. 예를 들어 SPY 외에도 iShares Core S&P 500 ETF(IVV), Vanguard S&P 500 ETF(VOO)와 같은 ETF도 S&P 500을 추적한다. 매일 또는 심지어 일중(5분 구간을 기반으로)에 거의 동일한 금융상품에 반대되는 일중 혹은 일간 알파를 할당하는 것은 그다지 타당하지 않다. 그러한 빈도의 차익거래는 거래비용을 충당하지 못할 것이기 때문이다.

더 복잡한 것은 많은 역방향 또는 레버리지 ETF가 있다는 사실이다. SPY에 대해 롱 포지션을 취하고, S&P 500의 일간 실적과 정반대의 효과를 주는 ProShares Short S&P 500(SH)에 대해 숏 포지션을 취하는 극단적인 시나리오를 상상해보라. 알파는 달러 중립(롱숏 균형)일 수 있지만, 본질적으로 S&P 500에 대해 두 개의 롱 포지션을 동시에 취해 순수한 시장 베타 노출을 초래하고 있다. 이와 같이 '달러 중립' 알파는 그러한 역방향 또는 레버리지된 금융상품이 적절하게 처리되지 않는다면 원하는 대로 위험 회피되지 않을 수 있다.

결국, ETF 알파 연구를 위한 실제 유니버스가 주식의 유니버스에 비해 훨씬 작을 수 있으므로 과적합이 용이하고 '가짜' 알파를 찾을 위험이 높다. 특정 리스크 팩터에 대한 지속적인 노출은 높은 샤프 성과를 생성할 수 있다. 한 가지 예로서 처음 출시 이래 iPATH S&P 500 VIX 단기 선물 ETN(VXX)에서 숏 포지션을 취하는 것과 같은 순수한 숏 VIX 전략을 들 수 있는데, 이는 약 1.1의 샤프지수를 달성할 수 있었다(그림 29.5 참조).

▲ **그림 29.5** 2009년 4월–2018년 9월의 숏 VXX의 시뮬레이션 결과

ETF는 지난 몇 년 동안 급속한 발전을 거쳤으며, 거래 가능한 유동성이 큰 상품의 유니버스에 더 많은 새로운 ETF가 진입했다. 이러한 금융상품들은 백테스팅 기간의 후반부에만 존재할 수 있으므로, 시뮬레이션된 표본 내 성과의 신뢰성에 부정적인 영향을 미친다. 이는 ETF만의 문제가 아니지

만, 급격한 성장세에 있는 투자 분야에서는 상당한 이슈다.

결론

ETF는 빠르게 발전하고 있는 투자 수단으로서, 투자자들에게 제공하는 여러 가지 이점으로 인해 인기가 상승하고 있다. 그러나 ETF를 거래하는 전략과 포트폴리오의 리스크 프로파일은 다른 자산 클래스, 특히 순수 주식과 매우 다를 수 있다. 다양한 ETF 수단은 알파의 발견을 도전적이면서도 매력적인 작업으로 만든다. 무수한 가능성을 갖고, 트레이딩 아이디어를 창출하는 데 창의적이어야 하지만, 알파 연구 과정의 모든 단계에서 조심해야 한다. 그러나 ETF 알파로 구축된 전략이 좋은 샤프지수와 다른 전략과의 상관관계가 매우 낮은 손익을 생성할 잠재력을 갖고 있으며, 따라서 전체 포트폴리오에 가치를 더할 수 있다는 것을 많은 성공적인 포트폴리오 매니저가 보여줬다.

선물 및 선도 거래의 알파 발견

로힛 아가왈(Rohit Agarwal), 레베카 리먼(Rebecca Lehman),
리처드 윌리엄스(Richard Williams)

선물과 통화 선도 시장에서 알파를 찾는 것은 실질적으로 관심이 많은 분야다. 이는 많은 도전 과제를 제기하는데, 어떤 것은 주식이나 ETF와 같은 다른 시장과 유사하고 어떤 것은 이들 특정 금융상품에 고유하다. 이 장에서는 지난 몇 년 동안 이러한 도전 과제를 해결하는 데 유용했던 몇 가지 기법과 아이디어를 논할 것이다.

주요 시장 특성

선물은 동일한 기초자산을 실제로 보유하지 않고, 기초자산의 가격 변동 노출을 투자가에게 제공하도록 설계됐다. 거래 가능한 선물 시장은 주식 지수, 상품, 통화, 채권 등이 포함된다. 알파 연구의 맥락에서 단기 통화 선도계약은 상대적 통화 가치 익스포저에 유사한 형태의 접근을 제공한다. 선물계약과 선도계약은 헤저hedger와 투기자 모두에게 매우 편리하며 가장 중요한 특징이다.

기초자산 팩터 노출

선물과 선도 모두 기초자산과 동등한 익스포저를 제공하므로 선물과 선도는 기초자산을 움직이는 동일한 팩터에 따라 가격이 달라진다. 이 간단한 관찰은 중요한 의미를 갖는다. 특정 집합의 선물과 통화에만 초점을 맞추는 별도의 시장 트레이더들 그룹이 있으며, 상품 선물은 좋은 예를 제공한다. 물리적 상품의 생산자와 소비자는 특정 상품에 대한 위험을 헤지하기 위해 선물을 사용하기 때문이다. 트레이더 그룹마다 고유 특성의 리스크 한계, 허용 범위, 거래 행위를 가질 수 있으며, 이는 결국 질적으로 다른 시장 행위를 야기할 수 있다. 예를 들어, 농업 시장을 이용해 위험을 통제하는 농부들과 식품 생산 회사들은 미래의 연료 비용을 헤지하고자 에너지 선물을 활용하는 항공사들과 비교할 때 공통점이 거의 없다. 그로 인해 핵심 유동자산이 모두 동일한 목적으로 투자자들에 의해 거래되는 주식 유니버스와 대조적으로, 선물계약이나 선도계약은 전체 유니버스에 걸쳐 상이한 특성이 많다.

시장 참여자들 간의 차이를 인식해, 많은 시장 조성 및 고유 유가증권 트레이딩 기관들은 유사한 기초자산 집합에 기반을 둔 클래스로 상이한 선물과 통화의 거래를 관리하는 전문가를 두고 있다. 이는 상이한 트레이더, 데스크와 사업 라인이 상이한 선물계약과 선도계약을 관리함에 따라 '섹터들' 간의 차이를 더욱 강화한다. 공통 시장에서 자산 간에 관측되는 상관관계의 상당 부분은 이를 트레이딩하는 개인과 팀의 공통 감성, 행동적 편향, 실무적 제약에 기인하기 때문에 일반적으로 주식시장보다 선물과 선도 시장의 상관관계는 훨씬 약하다. 그러나 겉으로 보기에 서로 다른 자산 클래스가 금융 위기 기간 동안 더욱 상호 연관된다는 점은 흥미롭다.

금융수단 그룹화의 결과

이러한 금융수단 그룹은 알파를 찾는 과정에서 기회와 과제를 모두 제시한다. 가장 분명한 도전 과제 중 하나는 더 밀접하게 연결된 금융수단을 고려해 작은 그룹을 만들면, 하나의 알파에 거래할 수 있는 금융수단이 더 적어신다는 것이다. 다른 모든 것이 같다면, 알파에 대한 기대 샤프지수는 유니버스 넓이의 제곱근에 비례한다. 선물 유니버스는 전체적으로 이미 주식 유니버스보다 더 적은 수의 금융상품을 포함하고 있다. 선물 유니버스를 관련 부분집합으로 나눌 때, 많은 알파를 위한 유니버스는 종종 한 개에서 수십 개의 금융수단에 이르기까지 훨씬 더 작다. 따라서 선물 알파는 더큰 금융수단 집합의 알파보다 동일한 총합적 결과를 얻기 위해 금융수단별 정보의 깊이를 더 많이 요구한다. 금융수단별 알파의 질이 높아짐에 따라 다른 시장 참여자에게도 더욱 분명해지고, 그에 따라 알파의 기대 수명도 단축된다. 반대로, 더욱 유사한 수단들의 집합을 식별함에 따라 전체 집합에 걸쳐 어떤 특별한 알파가 존재해야 한다는 더 높은 기대를 갖게 된다. 각 수단을 차례로 제거하고 식별된 관계를 다시 테스트하는 교차 검증 테스트는 더 의미 있게 된다. 따라서 알파 후보들을 테스트할 적절한 규모의 그룹을 찾는 것이 알파 연구의 핵심 빌딩 블록이다.

비록 이 작고 이질적인 유니버스들에서 알파를 생성하는 것이 확실히 더 어렵지만, 이들 시장의 더 큰 유동성이 그 보상이다. 유동성이 풍부한 선물의 강건한 알파는 시장 충격 비용과 규제 리스크를 초래하지 않고도 대규모로 거래할 수 있다.

알파 테스트 기본 체크리스트

핵심 알파 아이디어에서 출발하고 나면, 첫 번째 단계는 알파가 나타날 것으로 예상하는 섹터와 시간 스케일을 식별하는 것이다. 예를 들어, 미국 주요 연안에 있는 유전과 가스전의 극한 기후 예측에 근거한 미국 에너지 시장과 알파 하나를 고려해보자. 데이터를 검토하기도 전에 우리가 예상하는 적절한 수단(석유, 가스와 그 제품)과 데이터가 영향을 미칠 것으로 예상하는 시간 스케일(이 경우, 일반적인 폭풍의 지속 기간과 생산을 중단하고 다시 시작하는 데 걸리는 시간)을 파악할 수 있다(이 두 가지 기간에 대한 견해가 다양하겠지만, 여전히 극한 기후와 상품 공급 간의 묵시적인 인과 관계를 이용해 후보들의 범위를 좁힐 수 있다). 이제 주요 에너지 계약에 대한 과거의 일기 예보와 가격 변동에 대한 데이터를 수집하고, 부분적인 샘플 내 과거 데이터셋을 사용해 두 데이터셋 사이의 연관성을 테스트함으로써 아이디어를 시험할 수 있다.

다음 단계는 단순한 통계적 모델을 적합화하고 적합화된 파라미터를 변화시키면서 강건성을 테스트하는 것이다. 한 가지 좋은 강건성 테스트는 비교를 위해 유사한 자산을 포함하는데, 효과가 더 약할 것으로 예상할 수 있다. 기상 알파 예시의 경우 브렌트 원유가 합리적인 선택일 것이다. 원유는 글로벌 시장이기 때문에 미국의 공급 차질로 인한 파급 효과가 일부 예상된다. 하지만 유럽에서 공급되는 석유(브렌트)가 미국 공급의 완벽한 대체재는 아니므로 희석된 충격이 기대된다. 다시 한 번, 이것을 샘플 내 데이터에서 검증할 수 있다.

알파가 작동할 것으로 예상하는 케이스를 조사했다면 이제 그 반대를 테스트해볼 수 있다. 즉, 어디에서 관계가 없을 것으로 예상하는가? 이번 예제의 경우, 핵심 아이디어는 한 섹터를 대상으로 하고 있으므로 산업용 금속이나 채권 선물과 같은 다른 분야에서 다시 테스트한다면 아무런 관계도 발견할 수 없을 것으로 예상할 수 있다. 이 단계는 잘못 코드화되거나 설정된 통계적 테스트를 찾아내는 데 놀라울 정도로 뛰어난 효과를 발휘한다.

테스트 결과에 따라, 이제 아이디어를 표본 외 검증하는 위치에 놓을 수 있다. 이렇게 작은 금융수단 집합을 사용하면 표본 외 검증이 프로세스의 중요한 부분이 되므로, 의도하지 않게 과적합되는 것을 방지하는 데 도움이 된다.

다음의 현상과 정보 출처는 선물 거래자들에게 가장 흥미롭고 유용한 알파 원천에 속한다.

스마트 머니 따라 하기

상품선물거래위원회Commodity Futures Trading Commission(CFTC)는 매주 금요일 거래 현황Commitments of Traders(COT) 보고서(그림 30.1)를 발표한다. '스마트 머니smart money'가 무엇에 베팅하는지를 알고 이를 따라가는 것은 가치 있는 일일 수 있다. 이 보고서는 상업적 트레이더(대형 회사와 생산자), 비상업적 트레이더(대형 투기거래자), 보고 의무가 없는 트레이더(소규모 투기거래자)와 같이 시장 참여자들의 미결제약정을 세분화한 것이다. 이 보고서에 대한 자세한 내용은 http://www.cftc.gov/marketreports/commitmentsoftraders/index.htm에서 확인할 수 있다.

```
Disaggregated Commitments of Traders- Options and Futures Combined Positions as of November 13, 2018
:                                         Reportable Positions                                        :
:------------------------------------------------------------------------------------------------------:
: Producer/Merchant :                       :                        :                         :
:  Processor/User   :     Swap Dealers      :    Managed Money       :     Other Reportables   :
:  Long  :  Short   : Long  : Short :Spreading: Long  : Short :Spreading: Long  :  Short  :Spreading :
WHEAT-SRW - CHICAGO BOARD OF TRADE   (CONTRACTS OF 5,000 BUSHELS)
CFTC Code #001602                                          Open Interest is   623,342
: Positions
:  81,356   151,594   97,073    5,169   48,564   79,481  106,165  100,427   38,939   25,384  137,369 :
:
: Changes from:    November 6, 2018
: -17,182   -4,628   -1,012     -155  -23,978   -1,321  -15,780   -4,284    1,101    -431   -8,658 :
:
: Percent of Open Interest Represented by Each Category of Trader
:   13.1     24.3     15.6      0.8      7.8     12.8     17.0     16.1      6.2      4.1     22.0 :
:
: Number of Traders in Each Category                          Total Traders:   451
:   100       112       26        6       23       69       56       79       84       68      106 :
--------------------------------------------------------------------------------------------------------
```

▲ **그림 30.1** 2018년 11월 13일의 밀 거래 COT 보고서

COT 보고서의 가치는 상업적 트레이더의 거래가 헤징 욕구를 반영하는 경향이 있다는 전제하에 이뤄지는 것이고, 이는 자산의 가치에 대한 그들의 견해와 무관하거나 심지어 부정적인 상관관계가 있을 수 있으며, 투기거래자들의 거래는 시장에 대한 견해를 표현한다는 전제에 기반한다. 만약 투기거래자들이 관련 정보에 접근할 수 있다면, 그 거래는 예측 가능하다. 투기거래자들이 추세 추종과 밴드왜건 효과bandwagon effect를 보일 때, 그들의 거래는 심지어 자기실현적이 될 수도 있다. 투기거래자의 미결제약정이 증가하는 금융수단을 롱하고, 투기거래자의 미결제약정이 감소하는 금융수단을 숏하는 알파 아이디어를 생각해보자. 이 아이디어는 투기거래자들이 거래의 상당한 부분을 차지하는 시장의 자산에 효과가 있을 것으로 기대할 수 있다. 동일한 투기거래자에 의해 거래되는 경향이 있는 곡물, 에너지, 유럽 통화 또는 북미 주식 지수 같은 소규모 금융수단 집합에 걸쳐 투기거래자의 흐름을 횡단면적으로 비교하는 것은 합리적이다. 각 자산 그룹의 투자 기간은 투기거래자에게 가장 일반적인 투자 기간이 돼야 한다. 이 알파는 투기거래자 커버리지가 낮은 관련 없는 자산 또는 자산의 그룹에서 작동하지 않아야 한다. 예상치 못한 무언가가 투기거래자들에게 기습적으로 충격을 주는 경우에도 실패할 것으로 예상된다. (금융 선물을 위한) 연방준비제도이사회의 회의나 (농업 선물을 위한) 농작물 보고서 공개가 예정돼 있을 때처럼, 서프라이즈가 일어나면 이 알파를 헤지하거나 청산하는 것이 타당할 수 있다.

시장의 계절성

계절성은 연중 특정 시기에 시장이 일정한 방향으로 움직이는 경향이다. 수확 패턴과 냉난방 주기 때문에 농업과 에너지 상품 시장에서 특히 두드러지지만, 농업과 에너지 상품에만 국한되지는 않는다. 즉 수요, 소비, 재고 또는 공급의 주기적인 패턴은 다른 시장에서도 비슷한 행동을 일으킬 수 있다. 단순한 알파는 전년의 행동을 이용해 현재 기간을 예측할 수 있다. 이 알파는 상품과 밀접한 관련이 있는 호주 달러(AUD)와 같은 상품 선물과 통화에 가장 잘 작용할 것으로 기대할 수 있다. 단기 소비 심리에 의해 주도되는 주식시장에서도 어느 정도 중요성을 갖고 있으며, 채권과 비상품 통화noncommodity currency에서는 중요성이 약하다. 가장 가능성이 높은 기간은 1~3개월로, 계절 간의 차이를 파악할 수 있을 만큼 짧지만 일일 잡음을 평균화할 수 있을 만큼은 길다. 계절적 패턴은 수요 또는 공급(예: 에너지 알파의 경우, 불규칙한 날씨나 멕시코만의 허리케인과 같은)에 비정상적인 충격이 가해지거나 또는 단기 심리(뉴스 등) 때문에 실패할 것을 예상할 수 있다.

그림 30.2는 천연가스 매장량의 계절성을 보여준다. 겨울이 다가오면 가정용 난방에 사용하므로 재고가 줄어들면서 천연가스에 대한 수요가 늘어난다.

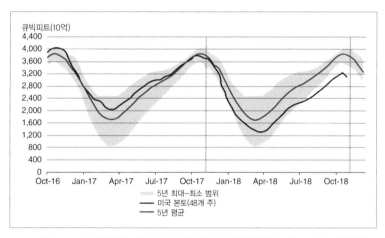

▲ **그림 30.2** 5년 최댓값 및 최솟값과 비교한 지하 저장된 활성화 가스(2018년 11월 현재)
출처: US Energy Information Administration

리스크 온과 리스크 오프

시장 심리가 대체로 긍정적이고 투자자들은 낙관적이면서 더 나은 수익을 얻기 위해 더 많은 위험을 감수하려고 할 때가 있다. 시장 참여자들이 더 많은 위험을 감수하려고 하므로 이러한 환경을 리스크 온^{risk-on} 시장이라고 부른다. 반면 투자자들은 위험자산에서 포지션을 매각하고 현금 포지션이나 미국 재무성 채권과 같은 저위험 안전피난처로 돈을 이동시켜 위험을 줄이려 할 때가 있다. 이를 리스크 오프^{risk-off} 시기(그림 30.3)라고 한다.

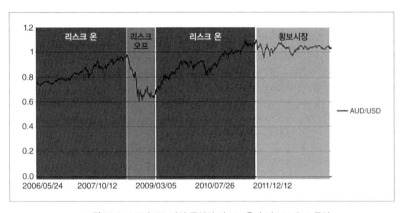

▲ **그림 30.3** AUD/USD 가격 곡선의 리스크 온과 리스크 오프 국면

이러한 투자자의 행동, 즉 리스크 온 기간 동안 위험하다고 인식되는 자산과 리스크 오프 동안 무위험으로 인식되는 자산으로 모여드는 것은 서로 다른 자산 클래스 간의 상관관계를 증가시킨다.

리스크 온/리스크 오프 알파^{risk-on/risk-off alpha}를 구축하려면 시장이 리스크 온 국면인지 아니면 리스크 오프 국면인지 매일, 매주, 매월, 분기별로 파악해야 한다. 상이한 자산을 (그룹 내의 다른 자산과 비교해 절대적으로 또는 상대적으로) 리스크 온 자산 또는 리스크 오프 자산으로 분류하고, 시장 상태에 기초해 포지션을 할당한다.

시장 리스크 인식을 보여주는 대표적인 지표는 S&P 500 옵션의 내재변동성으로 구성된 변동성 지수인 VIX다. 전통적으로 가격과 변동성의 상관관계는 일반적으로 리스크 온 자산인 주식에 대해 음(-)이다. 따라서 VIX 수준이 높거나 증가하는 것은 자금이 주식시장에서 안전한 자산으로 옮겨가는 것과 관련이 있으며, 이는 리스크 오프 국면이 도래했음을 나타낸다. VIX 자체는 많은 사람이 하락하는 시장에서 이익을 보기 위해 사용하는 거래 가능한 선물 금융수단이다. 다른 지표는 수익률 곡선(더 높고 가파른 것은 리스크 온, 더 낮고 평평하거나 반전된 것은 리스크 오프다.), 소비자 재량 같은 리스크 온 섹터와 유틸리티 같은 리스크 오프 섹터 간 또는 신흥(리스크 온)과 선진(리스크 오프) 시장 간 흐름, USD/JPY와 같은 통화, 그리고 시장의 공분산 구조(상위 고유 벡터는 일반적으로 리스크 오프)를 포함한다.

리스크 온/리스크 오프 알파는 광범위한 시장 상관관계에 기초하므로 VIX 와 광범위한 횡단면 시장에서 거래할 수 있다. 이들은 수 주 또는 수개월이라는 더 긴 기간에서 더 잘 작동한다.

캐리와 콘탱고/백워데이션

근월 선물이 원월 선물보다 더 저렴할 때, 가격 곡선은 상승하고 계약은 콘탱고contango에 있다고 한다(그림 30.4). 이는 일반적으로 상품의 경우에 해당하며, 보관 비용 또는 운반 비용에 기인할 수 있다.

다만 원월 선물보다 근월 선물 가격이 비싸 하향 곡선을 만들 때도 있는데, 이 경우에는 계약이 백워데이션backwardation에 있다고 한다. 금융선물은 기초자산이 프리미엄 또는 쿠폰을 지불하고 보관 비용을 부과하지 않으므로 백워데이션되는 경향이 있다.

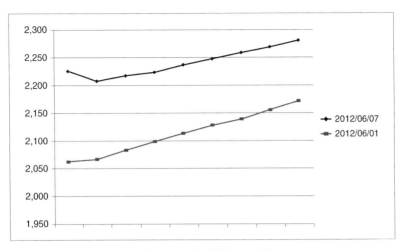

▲ **그림 30.4** 콘탱고 상태의 코코아 분포

일부 트레이더는 콘탱고에서 계약을 팔고, 백워데이션에서 계약을 사들이는 캐리 트레이드$^{carry\ trade}$로 알려진 것으로 돈을 번다. 이익은 두 가지 원천에서 나온다. 즉, (1) 만기일이 다가올 때 개별 계약의 수익률과 (2) 포트폴리오가 한 계약에서 다음 계약으로 넘어갈 때 실현되는 롤 수익률이다. 이 콘탱고와 백워데이션 알파는 적어도 한 방향의 유의적인 이자율이 0이 아닌 상품, 주식, 채권, 통화에서 작동할 것으로 예상할 수 있다. 곡선이 완전히 평평할 때는 작동하지 않는다. 많은 중앙은행이 대출금리를 0으로 낮춘 2008-2009년 글로벌 금융 위기의 여파로 인해 고전적인 G-10 통화 캐리 트레이드는 작동을 멈췄다. 캐리 트레이드는 작동할 때 서서히 안정적인 수익을 내는 경향이 있지만, 갑작스러운 리스크 오프 시장 폭락에는 취약하다. 금융자산(주식, 채권, 통화, 금리)의 경우 수익률은 위험에 대한 수익이어야 한다. 시장이 리스크 오프 단계에 접어들면, 투자자들은 너무 위험하다고 생각하는 고수익 자산에서 손을 뗀다.

결론

각 섹터 내의 고유한 시장 행위자 그룹과 모든 섹터에 걸친 공통 참여자의 행동이 금융자산 간의 상관관계를 야기하기 때문에 기초자산을 기반으로 금융자산을 분류하는 것은 선물과 통화 알파 연구의 중요한 측면이다. 선물 트레이더와 통화 트레이더는 특정 자산과 측정 지표를 따르고, 일반 상식으로 예측 가능하고 종종 자기 실현적인 방법으로 대응하는 비교적 작은 집단이다. 트레이더를 움직이는 핵심 아이디어를 이해하는 것은 알파 연구 아이디어의 결실을 맺는 원천이 될 수 있다. 여러분이 탐구하고 있는 아이디어가 각 섹터의 팩터 노출에 어떻게 반응하는지 잠시 생각해보면, 아이디어 검증을 시작할 수 있는 유용한 장소를 찾을 수 있다.

새로운 지평 - 웹심

웹심 소개

제프리 스콧(Jeffrey Scott)

소개

이전 장에서 제시된 아이디어들을 모두 읽은 여러분은 "어떻게 하면 나만의 아이디어를 테스트할 수 있을까?"라고 물을지도 모른다. 간단명료하다. 바로 웹심WebSim이 그 해법이다.

웹심은 월드퀀트의 웹 기반 시장 시뮬레이션 플랫폼이며, 공개적으로 접근할 수 있고 과거 시장 데이터로 아이디어를 테스트하는 데 활용할 수 있다. 이 장에서는 다음 내용에 초점을 맞춘다.

- 웹심이 개발된 이유
- 전 세계적으로 웹심이 어떻게 사용되고 있는가?
- 웹심을 사용하는 사용자
- 알파 아이디어가 나오는 곳
- 샘플 데이터 유형
- 알파 생성
- 시뮬레이션 설정 관리
- 결과 분석

- 알파 예제

웹심을 개발한 이유

웹심은 개인이 알파를 만들고 테스트할 수 있는 도구로 설계됐다. 웹심은 월드퀀트 가상연구센터(VRC)의 일부로서 원격으로 일하는 잠재 연구 컨설턴트의 자격을 부여하는 데도 사용된다.

웹심은 지식 기반과 교육 요소가 내장된 시장 시뮬레이션 플랫폼으로서 개인이 알파 창조의 예술과 과학을 배우고, 자신의 아이디어를 테스트하고, 자신의 성과에 대한 계량적 피드백을 받을 수 있도록 하며, 시장과 동료 집단과의 비교도 가능하다. 또한 월드퀀트 챌린지$^{WorldQuant\ Challenge}$, 국제 퀀트 챔피언십$^{International\ Quant\ Championship}$과 같은 대회의 기초 플랫폼이며, 최고 성과자들에게는 유급의 정식 연구 컨설턴트로 활동하는 등의 다양한 기회를 준다.

전 세계적으로 웹심이 어떻게 사용되고 있는가?

초기에는 연구 컨설턴트 자격을 갖추고 알파를 개발할 수 있는 프레임워크를 제공하는 데 초점을 맞췄지만, 웹심은 지난 수년간 발전해왔으며 현재 다음과 같은 여러 가지 용량^{capacity}으로 사용되고 있다.

- **전통적인 교육 환경과 비전통적인 교육 환경**: 여기에는 대학을 비롯해 계량금융과 유사 주제에 관련된 커리큘럼에서 웹심을 사용하는 대규모 오픈 온라인 과정(MOOC)이 모두 포함된다.
- **자가 교육**: 전 세계의 많은 개인이 단지 자가 진도 학습의 목적으로 웹심에 접속해 교육용 비디오, 튜토리얼, 연구 논문에 대한 접근 등과 같은 플랫폼의 교육적 요소를 이용한다.

- **대회**: 세계의 대학들은 웹심을 특정 수업이나 학과 내에서 사용하거나 더 큰 규모로 대회를 진행하는 플랫폼으로 사용해왔으며, 웹심의 채점 기능은 상위 성과자들을 계량화하는 데 사용된다.

웹심의 사용자

웹심 사용자들은 놀라울 정도로 다양하며 전 세계에 걸쳐 있다. 웹심 사용자의 상당수가 대학생이지만, 다양한 배경을 가진 사용자도 많으며 임원, 비디오 게이머, 교수, 치과의사와 심지어 농부까지도 웹심을 사용한다. 그들의 공통된 속성은 높은 수준의 수학적 지식을 갖췄고 금융시장에 대해 더 많은 것을 배우고자 하는 욕망을 지녔다는 것이다.

알파 아이디어의 출처

시뮬레이션 플랫폼으로서 웹심은 아이디어의 전반적인 질을 결정하고자 사용자 입력과 백테스팅을 수행한다. 많은 이용자가 당면한 과제는 '애초에 어떻게 아이디어를 찾을 것인가?'라는 부분이다. 비록 이 질문에 대한 간단한 대답은 없지만, 알파에 대한 아이디어를 창출하는 데 도움을 줄 수 있는 많은 자원이 있다. 연구 논문, 금융학회지, 블로그, 기술적 지표 모두 유용한 출발점이 될 수 있다. 도움이 되는 논문들은 SSRN, Seeking Alpha, 윌모트Wilmott와 같은 웹 사이트에서 종종 발견될 수 있다.

기술적 지표를 사용해 단기 가격 움직임을 분석할 수 있다. 주식이나 다른 자산의 일반적인 가격 활동에서 도출되며, 과거 패턴을 검토해 미래의 가격 수준이나 유가증권의 일반적인 가격 방향을 예측하려고 한다.

일반적으로 사용하는 기술적 지표의 예로는 상대적 강도 지수, 머니 플로우 지수money flow index, 이동 평균 컨버전스/디버전스(MACD), 볼린저 밴드

Bollinger Bands가 있다. 이러한 지표 중 일부에 대한 설명은 공식과 해석을 함께 제공하는 StockCharts, Incredible Charts와 같은 웹 사이트에서 확인할 수 있다.

샘플 데이터 유형

웹심 플랫폼에서 새로운 데이터셋과 대체 데이터셋의 사용은 지속적으로 증가하고 있으며, 가용 데이터셋은 시간이 지남에 따라 계속 증가할 것으로 예상된다. 일부 샘플 데이터 유형의 리스트를 나열하면 다음과 같다.

- 가격-거래량 데이터(시/종가, 고/저가, 일일 거래량 등을 포함한 특정 종목의 성과에 대한 정보)
- 기본적 데이터(매출, 비용, EBITDA, 부채와 같이 분기별 실적 발표나 재무제표에 반영된 기업의 재무실적에 대한 세부 사항)
- 뉴스 데이터
- 소셜 미디어를 포함한 감성 데이터
- 경쟁사 또는 고객을 포함하는 관계 자료

알파 생성

이 책에서 정의한 바와 같이, 알파는 세계 금융시장에서의 가격 움직임을 예측하는 수학적 모델이다.

웹심에서 알파는 일반적으로 세 가지 요소로 구성된다.

- 데이터
- 수학 연산자
- 상수

웹심 플랫폼에서는 간단한 수학 식을 입력의 주요 형태로 사용할 수 있다. 예를 들어, 다음 알파를 생각해보자.

```
delta(종가, 5)
```

간단한 표현으로 주식에 양 또는 음의 포지션을 할당하는데, 주식의 당일 종가와 5일 전 종가 간의 차이와 동일하다.

웹심에서 각 금융상품에 대한 알파 값은 시뮬레이션된 포트폴리오의 양 또는 음의 상대적 가중치로 해석할 수 있다. 양의 가중치를 가진 종목은 롱 포지션, 음의 가중치를 가진 종목은 숏 포지션으로 배정된다. 이 장의 뒷부분에서는 유니버스를 논할 것인데, 주식 집합이 특정 알파 전략에 배정된다.

알파는 위의 예와 같이 매우 단순하거나 더 복잡할 수 있다. 사용자들은 알파 생성 과정에서 자신들을 도울 수 있는 다양한 라이브러리에 접근할 수 있다.

시뮬레이션 설정 관리

알파 하나를 만들기 전에 사용자는 시뮬레이션 결과에 영향을 미치는 몇 가지 설정을 고려해야 한다. 이러한 설정의 샘플은 그림 31.1에서 볼 수 있으며, 이어서 각각에 대한 간략한 설명을 볼 수 있다.

고려해야 할 첫 번째 파라미터는 시뮬레이션에 사용되는 영역이다. 이것은 미국, 유럽 또는 아시아 시장이 될 수 있다. 시뮬레이션에는 선택된 지역의 주식만 포함된다.

지역을 선택한 후 사용자는 해당 지역 내 주식의 유니버스를 선택해야 한다. 유니버스는 상위 200개 종목, 상위 1,000개 종목(최대 상위 3,000개 종목)이 될 수 있다. 이 숫자는 선택된 지역에서 가장 유동성(평균 일일 달러 거래량 기준)이 높은 종목을 반영한다.

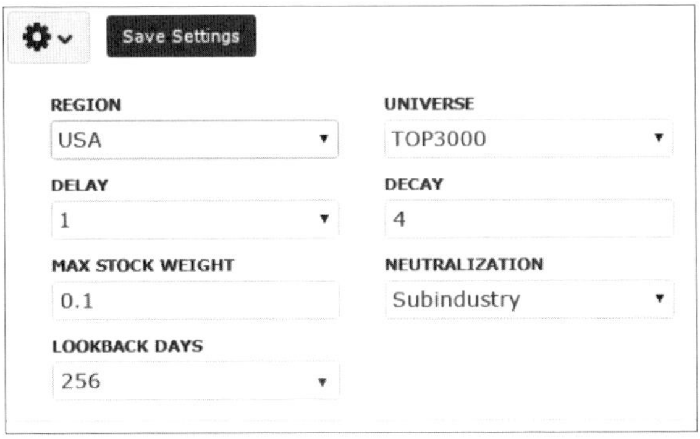

▲ **그림 31.1** 웹심 환경

지연 설정delay은 데이터의 가용성을 말하며, 분석에서 오늘의 가격이 사용되는지 또는 어제의 가격이 사용되는지를 나타낸다. Delay-0은 오늘 가격을, Delay-1은 어제 가격을 사용한다.

또 다른 중요한 파라미터는 감쇠decay라고 불린다. 이것은 현재 알파 값과 전일 값의 가중 선형 결합에 적용해 지정된 일수의 선형 감쇠 함수를 수행한다. 이것은 평활화 효과를 제공하며 알파 회전율을 낮추는 데 유용할 수 있다(회전율은 나중에 논의될 것이다).

최대 주식 비중max stock weight은 시뮬레이션에서 개별 주식에 할당된 비중을 제한한다. 이 값은 0.05~0.1 사이로 권장되며, 선택된 유니버스에서 주어진 주식에 대해 최대 5~10%의 비중을 나타낸다. 이것은 특정 주식에 대한 불필요한 노출을 방지하는 데 도움이 된다. 최대 주식 비중의 값이 높을수록 알파는 가장 강력한 예측에 더 많은 비중을 부여할 수 있으며, 이는 잠재적으로 더 큰 개별 주식 위험을 감수해 수익을 증가시킬 수 있다. 비중이 낮을수록 알파는 평평해져 개별 주식 위험을 통제한다. 비중을 할당할 주식 수가 적은 유니버스에서는 최대 주식 비중이 더 클 수 있다.

중립화neutralization를 통해 사용자는 산업, 시장 또는 하위 산업에 근거해 주식을 그룹화하고 (평균을 차감해) 중립화할 수 있으며, 전체적인 포트폴리오가 방향성에 대한 노출 없이 시장 중립적이 되도록 보장할 수 있다.

룩백일lookback days은 알파가 계산되는 이전 날짜의 수를 설정한다. 이 파라미터는 알파가 생성하는 가치에 영향을 미치지 않지만, 낮은 값은 각 반복 시행에 사용되는 데이터 양을 제한해 시뮬레이션 속도를 높일 수 있다. 값이 클수록 알파는 오래된 과거 데이터를 사용할 수 있다. 이는 분기별 또는 연간으로 업데이트되는 기본 데이터셋에 유용하다.

결과 분석

파라미터가 설정되고 알파 식이 입력되면, 웹심은 과거 데이터를 사용해 아이디어의 백테스팅을 수행한다. 전형적으로 시뮬레이터는 가상의 2,000만 달러짜리 북을 사용해 중립화와 감쇠를 적용한 후 알파 함수의 양과 음의 값에 따라 선택된 주식의 전 유니버스에 걸쳐 매일 자본을 롱과 숏 포지션으로 재배분한다.

시뮬레이션 트레이딩은 매일 이뤄지며, 웹심은 그래픽 디스플레이와 숫자 디스플레이 모두에서 시뮬레이션 결과를 산출한다.

사용자에게 표시되는 첫 번째 결과는 시뮬레이션된 거래 결과의 PnL(이익 및 손실)을 보여주는 그래프다. 그림 31.2는 좋은 알파에 대한 예다.

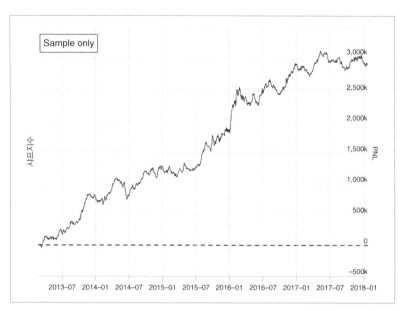

▲ **그림 31.2** 샘플 웹심 알파[1]에 대한 PnL 그래프

또한 표 31.1과 같이 수많은 척도가 보이므로 사용자는 알파의 전체적인 성과를 평가할 수 있다.

이러한 성과 척도는 연간 및 총 손익, 샤프지수, 매매 회전율, 기타 파라미터를 포함한 주식 전체에 걸친 자본 배분과 알파 성과를 반영한다.

가장 먼저 고려해야 할 것은 알파에 이익이 있는지 여부다. PnL과 수익률이 적절했는가?

샤프지수는 위험 조정 수익률(수익률/변동성)의 척도다. 이는 모델의 예측 능력에 대한 대용물로 삼을 수 있다. 샤프지수가 높을수록 알파는 신뢰도가 높은 경향이 있다.

---

1   알파 = 순위(매출 / 자산)

▶ 표 31.1 그림 31.2의 샘플 헬싱 알파의 성과 척도

연도	북 크기	롱 포지션 개수	숏 포지션 개수	순익	샤프지수	적합도	수익률	손실율	매매회전율	마진
2013	20.0M	1324	1362	765K	3.17	5.52	8.69%	0.45%	2.87%	60.51bpm
2014	20.0M	1315	1359	495K	1.58	2.17	4.91%	1.71%	2.63%	37.78bpm
2015	20.0M	1295	1362	567K	1.56	2.22	5.63%	0.86%	2.78%	40.46bpm
2016	20.0M	1312	1368	1.09M	2.34	4.92	10.77%	1.54%	2.44%	88.09bpm
2017	20.0M	1314	1364	46.6K	0.16	0.07	0.46%	1.59%	2.22%	4.19bpm
2018	20.0M	1323	1389	-52.7K	-2.61	-5.16	-8.24%	0.34%	2.11%	-78.22bpm
2013-2018	20.0M	1312	1363	2.91M	1.68	2.53	5.84%	1.71%	2.57%	45.50bpm

매매회전율^{turnover}은 시뮬레이션 기간 동안 알파가 원하는 포지션에 도달하기 위해 필요한 거래량을 측정하는 척도다. 어떤 포지션으로 들어가고 나오는 각 거래는 거래비용(수수료와 스프레드 비용)을 수반한다. 회전율이 높은 경우(예: 40% 이상) 거래비용은 시뮬레이션 중에 알파가 창출한 PnL의 일부 또는 전부를 제거할 수 있다.

다른 성과 척도와 알파 성과를 평가하는 데 사용하는 것과 관련된 내용은 웹심 사용자 안내서와 웹 사이트 교육 섹션의 비디오에서 자세히 다룬다.

종합 성과 척도 외에도 웹심 데이터 시각화 차트와 그래프는 알파가 시가 총액, 산업 또는 섹터별로 그룹화된 주식의 허용 가능한 포지션 및 수익 분포가 있음을 확인하는 데 도움이 된다.

설정된 임계값이 충족되면, 아이디어의 타당성을 확인하고자 더 최신 데이터를 사용해 알파를 표본 외 검증할 수 있다.

알파 예제

앞서 설명했듯이, 많은 웹 사이트가 알파 개발에 이용될 수 있는 공개적으로 접근 가능한 연구 논문을 제공한다. 알파 아이디어는 많은 출처에서 나올 수 있고 다른 접근법을 사용해 구성할 수 있다. 알파는 다음의 예와 같이 특정 재무 비율에 초점을 맞추거나, 모멘텀 또는 평균 회귀와 같은 고전적인 거래 전략을 실행하려고 시도할 수 있다.

구체적인 예로서 펀더멘털 분석으로부터 부채비율의 개념을 고려하자. 아이디어는 만약 기업이 기업의 부채 대 자본 비율이 높고 증가하면 해당 기업은 위험하기 때문에 주식을 숏하길 원한다. 반대로 부채 대 자본 비율이 낮으면 주식 가치가 좋기 때문에 롱 포지션을 원한다. 이 가설을 이용해 아래와 같이 부채 대 자본 비율을 사용함으로써 롱숏으로 주식을 선택하는 알파를 개발할 수 있다.

```
Ts_rank(-debt/equity, 240)
```

이 예에서는 시계열 순위 연산자가 240일의 기간에 걸쳐 총부채 대 자본 비율에 적용된다. 시뮬레이션 기간을 통해 웹심은 선택된 유니버스를 이용해 가장 최근의 대차대조표에 기초함으로써 어떤 종목을 롱할지, 어떤 종목을 숏할지 결정할 것이다. 입력한 파라미터를 사용해 모의 거래가 이뤄지며 웹심이 결과를 산출한다.

결론

웹심은 사용자가 간단한 표현을 사용해 아이디어를 구현하고 테스트하는 데 활용할 수 있는 금융시장 시뮬레이션 플랫폼이다. 웹심은 전 세계에서 접근할 수 있고 계약된 연구 컨설턴트에 의해 전문적으로 사용되며, 또한 개별적으로나 교육 도구로도 사용된다. 웹심은 사용자가 입력한 파라미터에 따라 사용자 입력을 받아 과거 데이터를 이용한 모의 거래를 수행한다. 웹심은 자급적 플랫폼으로서 알파 생성에 사용할 수 있는 수많은 사전 정의된 수학 연산자와 함께 시뮬레이션을 위한 과거 데이터를 저장하고 있다.

공개 플랫폼으로서 웹심은 WorldQuantVRC.com 사이트에서 접근할 수 있다.

PART **5**

마지막 논평

매우 성공적인 퀀트들의 일곱 가지 습관

리처드 후(Richard Hu), 찰리 아스와티라탐(Chalee Asavathiratham)

퀀트는 때로는 '월가의 로켓 과학자rocket scientist of Wall Street'라고 불리기도 하는데, 이 말은 똑똑하고 교육을 잘 받았으며 매우 높은 보수를 받는 사람의 이미지를 떠올리게 하는 말이다. 전형적인 바이 사이드 계량 투자회사에서 업무 환경은 협업적이고 전문적이며, 새로운 지식을 얻을 수 있는 많은 기회를 제공한다. 그러므로 왜 세계 최고의 대학에서 최고 수준의 공학과 과학을 전공한 많은 사람이 퀀트가 되고 싶어 하는지 이해하기 어렵지 않다.

하지만 성공적인 퀀트가 되려면 무엇이 필요할까? 우리는 겉보기에 간단해 보이는 이 질의에 수없이 직면했고, 정답을 찾는 데 수백 명의 퀀트를 10년 이상 관리해야 했다. 그렇다. 성공적인 퀀트는 매우 지능적이다. 그들은 보통 수학, 공학, 컴퓨터 과학과 같은 계량적 분야에서 최고의 졸업생들이다. 그러나 우리는 가장 성공적인 퀀트들을 특징짓는 몇 가지 추가적인 특징을 발견했다. 관찰 결과를 확인하고자 우리 회사의 상위 퀀트들을 대상으로 설문 조사를 실시했고, 그 결과를 종합했다. 스티븐 코비의 『성공하는 사람들의 7가지 습관』과 같이 여기에 성공적인 퀀트들의 일곱 가지 습관을 소개한다.

1. 깨닫지도 못한 채 열심히 일한다

매우 성공한 퀀트들은 그들의 잠재력을 극대화하는 데 필요한 추가적인 노력을 기꺼이 기울인다. 실패가 성공의 어머니라면, 끊임없는 노력은 아버지다.

일류 대학에서 매우 영리한 청년을 고용한 적이 있다. 인터뷰하는 동안에 이미 그 질문들을 봤다고 의심할 만큼 그는 빠른 속도로 우리의 어려운 분석 문제를 풀 수 있었다. 그가 인터뷰 내내 너무 잘했으므로, 그를 위해 아주 새로운 일련의 매우 어려운 질문들을 만들기로 결정했다. 다시, 그는 번개 같은 속도로 풀어냈다. 그런 '보석'을 발견하게 돼 매우 기뻤다. 그러나 그가 회사에 입사하고 난 후에 그에게 열심히 일하지 않는 심각한 결점이 있다는 사실을 알게 됐다. 그는 저녁에는 파티를 하고 늦게까지 외박을 하다가 늦잠을 잤으며 다른 사람들이 벌써 두 시간이나 일하고 있을 오전 10시 무렵에 사무실로 달려오곤 했다. 우리는 이 문제에 대해 그와 이야기했다. 그러고 나면 그는 잠시 동안 정신을 차리곤 했지만, 얼마 지나지 않아 옛날 방식으로 되돌아가 잠든 토끼처럼 뒤처지곤 했다. 그는 결코 최고가 되지 못했다.

그 후부터는 똑똑하지만 그렇다고 해서 반드시 가장 똑똑하지는 않은 사람들을 고용했다. 그러나 그들은 매일 아침 사무실에 가장 일찍 출근하고 맨 마지막으로 퇴근하는 직원들 중 한 명이었다. 매일, 매월, 그리고 매년 그랬다. 그런 사람들은 느리지만 꾸준히 다른 사람들보다 앞서서 결국 최고 성과자의 수준에 도달할 것이다.

가장 놀라운 관찰은 이 최고의 성과자들은 보통 열심히 일하는 것처럼 느끼지 않는다는 사실이다. 그들은 그냥 재미로 일한다. 자기 일에 대해 물으면, 그저 웃으면서 다음과 같이 말한다.

"이것은 사람이 가질 수 있는 최고의 직업이다."

"이것을 하면서 돈까지 받다니 믿어지지 않는다."

"이것은 일이라기보다는 게임처럼 느껴진다."

그들은 퀀트 직업의 네 가지 핵심 요소인 수학, 코드, 데이터, 금융에 대해 일하는 것을 즐긴다. 시장에서 다른 사람들보다 먼저 새로운 시그널을 발견하는 것을 즐긴다. 그 일을 사랑하고 매 순간을 즐긴다.

2. 야심 찬 장기 목표이지만 달성 가능한 주간 목표를 설정한다

성공적인 연구원은 항상 두 종류의 목표를 갖고 일한다. 즉, 하나의 장기 목표와 하나의 단기 목표다. 장기적인 목표는 고상한 목표가 될 수 있다. 예를 들어 일정 수준의 손익에 도달하거나, 특정 자산 클래스에 대한 전문가가 되거나, 퀀트들의 매니저가 되는 등 명확하고 가시적인 성과여야 한다. 단기 목표는 일반적으로 특정 도구, 스크립트 또는 분석 보고서를 만드는 것과 같은 일반적으로 달성하는 데 하루 이상 걸리지 않는 좀 더 특정한 작업이다.

우리의 매우 성공적인 연구원 중 한 명인 그의 일과를 다음과 같이 설명한다.

"월요일마다 그 주에 이루고 싶은 계획을 적는 것으로 한 주를 시작한다. 그러고 나서 주말이 되면 그 리스트를 하나하나 다시 찾아보고, 실제로 달성된 것을 써넣는다. 이 주간 계획을 CEO에게 보내야 할 것처럼 쓰고 있다."

높은 장기 목표를 갖고 있지만 단기 목표도 잘 설정하고 추진할 수 있는 퀀트들은 균형 잡힌 시각을 유지할 수 있고 결국 성공할 수 있을 것이다.

3. 위험과 보상을 기반으로 우선순위를 지정한다

퀀트 연구원은 돈보다는 시간을 이용해 투자하는 투자가와 같다. 퀀트가 직면하는 다양한 업무를 고려할 때, 어떻게 우선순위를 정해야 하는가? 이 질문에 답하는 데는 추정된 위험과 보상을 바탕으로 과제를 평가하는 것이 도움이 될 수 있다.

각 과제에 대해 퀀트는 상대적 위험과 보상을 평가해야 한다. 그리고 그림 32.1에 표시된 위험-보상 행렬에 적어 넣는다. 이는 퀀트가 취할 행동의 우선순위를 정하는 데 도움이 된다.

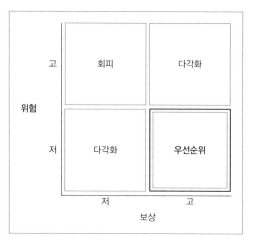

▲ **그림 32.1** 위험-보상 행렬

- 저위험, 고수익 작업이 우선시돼야 마땅하다.
- 고위험, 고수익 과제는 다각화의 한 형태로 저위험, 저보상 과제와 쌍을 이뤄야 한다.
- 고위험, 저보상 업무는 피해야 한다.

또한 퀀트는 각 이니셔티브^{initiative}의 가능한 위험과 보상에 대한 자신의 견해를 주기적으로 업데이트해야 하며, 행렬에 추가할 새로운 기회를 항상 유의해야 한다.

4. 항상 궁금증을 유지한다

현명한 트레이더가 '당신은 지난 번 거래만큼 잘한다.'라고 말한 바 있다. 성공적인 퀀트는 결코 현실에 안주하지 말고 항상 새로운 아이디어로 실험하기를 열망해야 한다. 퀀트들은 몇 가지 이유로 결코 편안한 곳에 정착하면 안 된다. 첫째로, 모든 알파는 유한하고 예측할 수 없는 유통 기간을 갖고 있다. 즉, 당신은 알파의 예측력이 언제 떨어질지 결코 알 수 없다. 퀀트가 계속 혁신하지 않는 한, 알파는 결국 쓸모없는 옛날 것이 될 수 있다. 알파 포트폴리오를 새로운 데이터셋, 방법, 프로젝트 또는 자산 클래스로 계속 다양화하는 것이 가장 좋다.

둘째로, 항상 더 좋은 방법이 있다. 성공적인 퀀트는 쉬운 길을 넘어 끊임없이 새롭고 다른 생각을 탐구한다. 최고의 러서처들은 항상 배운다. 즉, 그들은 세미나에 참여하고, 연구 논문을 읽고, 그룹 토론에 참여한다. 그들은 가장 유용한 책들을 읽고 팀원들과 공유할 흥미로운 책들을 찾는다. 언제라도 그들이 해야 할 일 목록은 추구해야 할 아이디어들로 가득 차 있으며, 위에서 설명한 위험 보상 분석을 사용해 우선순위를 정한다.

성공적인 퀀트는 천성적으로 호기심이 많은 생물이다. 그들은 뉴스 기사를 읽을 때 멈춰 서서 "이것이 알파로 바뀔 수 있을까?"라고 궁금해한다. 새로운 프로젝트에 대해 들었을 때, 기여할 수 있는 방법을 배우기를 열망한다. 끊임없이 다른 퀀트, 포트폴리오 매니저, 기술자와 아이디어를 교환할 기회를 찾는다. 요컨대, 성공한 연구원들은 항상 알파에 대해 생각한다.

5. 부가가치 작업을 수행하고 자동화, 자동화, 자동화한다

성공적인 연구자들은 그들의 시간을 가장 부가가치가 높은 작업 흐름에 소비한다. 이상적으로 퀀트는 시간의 대부분을 새로운 연구에 대한 읽기, 도구 만들기, 새로운 품질 테스트 계획과 같은 진정으로 혁신적인 작업에 초점을 맞춰야 한다. 모든 일상적인 업무는 자동화돼야 한다. 퀀트는 일반적으로 시간 절약 스크립트를 구현하기 위해 충분한 코딩 기술을 요구한다. 예를 들어, 퀀트 연구원의 작업에는 데이터 정제, 데이터 시각화, 공식화, 코딩, 시뮬레이션, 파라미터 조정, 통계분석 등과 같은 일련의 단계가 수반되는 경우가 많다. 핵심 아이디어의 공식화와 부호화를 제외하고 거의 모든 단계를 자동화할 수 있다.

월드퀀트에서 과거에는 하나의 알파를 만드는 데 평균 3개월이 소요됐다. 지금은 광범위한 자동화 도구 덕분에 퀀트들은 기존의 도구와 방법으로부터 하루 평균 한 개의 새로운 알파를 생산할 수 있으며, 이와 동시에 위험-보상 이익이 더 높은 새로운 연구 방향을 모색하는 데 많은 시간을 할애할 수 있게 됐다.

6. 분별 있는 변화를 만들고 과적합에 주의한다

과적합은 신참과 베테랑 모두가 흔히 저지르는 실수 중 하나다. 과적합은 미지의 미래 조건하에서의 강건성을 희생하면서 모델이 과거 데이터에 대해 잘 수행하도록 하기 위해 너무 열심히 노력할 때 발생한다. 퀀트가 과적합할 수 있는 방법은 여러 가지가 있다. 예를 들어, 모델이 잘 작동할 수 있도록 연구자는 추가 파라미터를 도입하거나 과거 성능을 극대화하고자 '파라미터 조작'을 계속 할 수 있다. 적은 빈도 데이터나 통화와 같이 상대적으로 적은 개수의 금융상품을 가진 자산 클래스는 모델에 사용 가능한 데이터 포인트가 적은 경우에 과적합 위험이 더 높다. 때때로 과적합은 러서처가 깨닫지 못하는 사이에 모델에 슬금슬금 들어올 수 있다. 경험 많은 퀀트와 신참 퀀트를 차별화하는 핵심 특성은 모델이 성능 최적화와 과적합 사이에서 완벽한 균형을 이루는 지점인 '스위트 스팟sweet spot'에 도달하는 시점을 구별할 수 있는 능력이다.

어떻게 하면 과적합을 피할 수 있을까? 비록 간단한 대답은 없지만, 성공적인 퀀트는 몇 가지 황금률을 따르는 경향이 있다. 첫째, 항상 모델에 대한 합리적인 변화를 적용하라. 단순히 모델을 데이터에 적합화시키지 말라. 모델을 변경하기 전에 항상 변경 사항이 모델을 개선할 것으로 예상할 수 있는 경제적 기반, 논리 또는 타당한 근거를 갖고 있는지 물어보라. 둘째, 표본 외 테스트를 위해 데이터의 일부를 남기는 것이 좋은 관행이다. 적절한 양의 데이터는 변동성의 기대 범위, 기초 금융상품의 수, 성과의 일관성 등 다양한 요인에 따라 달라진다. 이것은 퀀트가 신중하게 균형을 이뤄야 하는 섬세한 트레이드오프다. 너무 작은 데이터를 테스트를 위해 남기면 과적합으로 이어질 수 있지만, 너무 많은 데이터를 남기면 모델을 과소적합하는 결과를 초래할 수 있다.

제안된 변화가 합리적인지를 측정하는 또 다른 좋은 습관은 일련의 강건성 테스트를 고안하는 것이다. 파라미터를 조정할 때 모델의 성과는 어떻게 변하는가? 모델은 투자 유니버스의 많은 부분에서 동등하게 성능을 발휘하는가, 아니면 수익률이 단지 몇 개의 금융상품에 집중돼 있는가? 모델의 성능이 시간이 지남에 따라 얼마나 빨리 감쇄하는가? 이러한 테스트와 기타 유사한 테스트는 성공적인 퀀트가 과적합을 감지하고 방지하는 데 도움이 된다.

7. 시너지 효과를 내는 팀을 구성한다

잘 구성된 팀의 일원으로 일하지 않는 매우 성공적인 퀀트를 만나는 일은 드물다. 대부분의 사람이 일반적으로 팀워크의 이점을 이해하고, 팀워크는 퀀트들에게 몇 가지 특별한 이점을 제공한다. 첫째, 좋은 팀을 갖는 것은 아이디어를 배양하는 데 아주 좋다. 최고의 아이디어는 종종 누군가의 머리에서 즉시 떠오르지 않으며, 오히려 팀원의 마음속에 있는 막연한 직관으로 시작하는 경향이 있다. 좋은 팀 역학 관계로 아이디어는 팀에 의해 설명되고, 토론되고, 기초가 다져진 후에 구체화돼 부가가치를 더하는 실행 가능한 일련의 작업이 된다.

게다가 좋은 퀀트 팀은 작업량을 분산시키는 것을 돕는다. 이것은 연구 프로세스를 자동화하기 위한 시간 절약 도구를 만들 때 특히 효과적일 수 있다. 팀워크는 또한 퀀트 구성원들이 연구를 다양화할 수 있게 해준다. 각 연구 프로젝트마다 위험과 보상에 대한 다른 프로파일을 제공하므로 팀을 구성하는 것이 최상의 산출물을 위해 최적화하는 효율적인 방법이다.

마지막으로(아마도 가장 명백한 이유일 것이다.), 좋은 팀을 갖는 것은 퀀트가 거대하고 야심 찬 프로젝트를 꿈꾸도록 용기를 북돋워준다. 혼자 일하는 퀀트들은 결국 주어진 시간 동안 무엇을 할 수 있는지에 의해 구속될 것이다. 결과적으로, 그들은 프로젝트가 결실을 맺기 전에 동료들에게 뒤처질 것을 우려하기 때문에 대규모 장기 프로젝트에 전념하지 않게 된다.

이것들은 성공적인 퀀트의 가장 중요한 일반적인 습관들 중 일부일 뿐이지만, 성공하는 유일한 방법이 될 필요는 없다. 옛말만 기억하라. "달을 향해 쏴라. 빗나가더라도 별들 사이에 착륙할 것이다."

참고 문헌

저널 기사(인쇄물)

Abarbanell, J. and Bushee, B. (1997) "Fundamental Analysis, Future Earnings and Stock Prices." *Journal of Accounting Research* 35, no. 1: 1-24.

Amihud, Y. (2002) "Illiquidity and Stock Returns: Cross-Section and Time-Series Effects." *Journal of Financial Markets* 5, no. 1: 31-56.

Amihud, Y. and Mendelson, H. (1986) "Asset Pricing and the Bid-Ask Spread." *Journal of Financial Economics* 17: 223-249.

Bailey, D., Borwein, J., Lopez de Prado, M., and Zhu, Q. (2014a) "Pseudo-Mathematics and Financial Charlatanism: The Effects of Backtest Overfitting on Out-of-Sample Performance." *Notices of the American Mathematical Society* 61, no. 5: 458-471.

Banz, R. (1981) "The Relationship Between Return and Market Value of Common Stocks." *Journal of Financial Economics* 9, no. 1: 3-8.

Barberis, N., Shleifer, A., and Vishny, R. (1998) "A Model of Investor Sentiment." *Journal of Financial Economics* 49, no. 3: 307-343.

Barroso, P. and Santa-Clara, P. (2015) "Momentum Has Its Moments." *Journal of Financial Economics* 116, no. 1: 111-120.

Bartov, E. and Mohanram, P. (2004) "Private Information, Earnings Manipulations, and Executive Stock-Option Exercises." *Accounting Review* 79, no. 4: 889-920.

Basu, S. (1983) "The Relationship Between Earnings' Yield, Market Value and Return for NYSE Common Stocks: Further Evidence." *Journal of Financial Economics* 12, no. 1: 129 – 156.

Bengio, Y. (2009) "Learning Deep Architectures for AI." *Foundations and Trends in Machine Learning* 2, no. 1: 1 – 127.

Bertsimas, D., Lauprete, G., and Samarov, A. (2004) "Shortfall as a Risk Measure: Properties, Optimization and Applications." *Journal of Economic Dynamics and Control* 28, no. 7: 1353 – 1381.

Black, F. (1975) "Fact and Fantasy in the Use of Options." *Financial Analysts Journal* 31, no. 4: 36 – 72.

Bollen, J., Mao, H., and Zeng, X. (2011) "Twitter Mood Predicts the Stock Market." *Journal of Computational Science* 2, no. 1: 1 – 8.

Bollen, N. and Whaley, R. (2004) "Does Net Buying Pressure Affect the Shape of Implied Volatility Functions?" *Journal of Finance* 59, no. 2: 711 – 753.

Breiman, L. (2001) "Random Forests." *Machine Learning* 45, no. 1: 5 – 32.

Burges, C. (1998) "A Tutorial on Support Vector Machines for Pattern Recognition." *Data Mining and Knowledge Discovery* 2, no. 2: 121 – 167.

Butterworth, S. (1930) "On the Theory of Filter Amplifiers." *Experimental Wireless and Wireless Engineer* 7: 17 – 20.

Chan, K., Hameed, A., and Tong, W. (2000) "Profitability of Momentum Strategies in the International Equity Markets." *Journal of Financial and Quantitative Analysis* 35, no. 2: 153 – 172.

Chan, L., Jegadeesh, N., and Lakonishok, J. (1996) "Momentum Strategies." *Journal of Finance* 51: 1681 – 1713.

Chan, L., Lakonishok, J., and Sougiannis, T. (2001) "The Stock Market Valuation of Research and Development Expenditures." *Journal of Finance* 56, no. 6: 1681.

Chang, S., Chang, L., and Wang, F. (2014) "A Dynamic Intraday Measure of the Probability of Informed Trading and Firm-Specific Return Variation." *Journal of Empirical Finance* 29: 80 – 94.

Clare, A., Seaton, J., Smith, P., and Thomas, S. (2013) "Breaking into the Blackbox: Trend Following, Stop Losses and the Frequency of Trading – the case of the S&P 500." *Journal of Asset Management* 14, no. 3: 182 – 194.

Cortes, C. and Vapnik, V. (1995) "Support-Vector Networks." *Machine Learning* 20, no. 3: 273 – 297.

Corwin, S. and Schultz, P. (2012) "A Simple Way to Estimate Bid-Ask Spreads from Daily High and Low Prices." *Journal of Finance* 67, no. 2: 719 – 760.

Cremers, M. and Weinbaum, D. (2010) "Deviations from Put-Call Parity and Stock Return Predictability." *Journal of Financial and Quantitative Analysis* 45, no. 2: 335 – 367.

Daniel, K., Hirshleifer, H., and Subrahmanyam, A. (1998) "A Theory of Overconfidence, Self-Attribution, and Security Market Under- and Over-Reactions." *Journal of Finance* 53: 1839 – 1885.

Daniel, K. and Titman, S. (1999) "Market Efficiency in an Irrational World." *Financial Analysts Journal* 55, no. 6: 28 – 40.

Easley, D., Hvidkjaer, S., and O'Hara, M. (2002) "Is Information Risk a Determinant of Asset Returns?" *Journal of Finance* 57, no. 5: 2185 – 2221.

Easley, D., Lopez de Prado, M., and O'Hara, M. (2011) "The Microstructure of the 'Flash Crash': Flow Toxicity, Liquidity Crashes, and the Probability of Informed Trading." *Journal of Portfolio Management* 37, no. 2: 118 – 128.

Fama, E. and French, K. (1992) "The Cross-Section of Expected Stock Returns." *Journal of Finance* 47, no. 2: 427 – 466.

Fama, E. and French, K. (1993) "Common Risk Factors in the Returns on Stocks and Bonds." *Journal of Financial Economics* 33, no. 1: 3 – 56.

Fama, E. and French, K. (2015) "A Five-Factor Asset Pricing Model." *Journal of Financial Economics* 116, no. 1: 1 – 22.

Ferguson, N., Philip, D., Lam, H., and Guo, J. (2015) "Media Content and Stock Returns: The Predictive Power of Press." *Multinational Finance Journal* 19, no. 1: 1 – 31.

Francis, J., Schipper, K., and Vincent, L. (2002) "Earnings Announcements and Competing Information." *Journal of Accounting and Economics* 33, no. 3: 313 – 342.

Frankel, R., Kothari. S., and Weber, J. (2006) "Determinants of the Informativeness of Analyst Research." *Journal of Accounting and Economics* 41, no. 1: 29 – 54.

Freund, Y. and Schapire, R. (1997) "A Decision-Theoretic Generalization of On-Line Learning and an Application to Boosting." *Journal of Computer and System Sciences* 55, no. 1: 119 – 139.

Freund, Y. and Schapire, R. (1999) "A Short Introduction to Boosting." *Journal of Japanese Society for Artificial Intelligence* 14, no. 5: 771 – 781.

Gârleanu, N. and Pedersen, L. (2016) "Dynamic Portfolio Choice with Frictions." *Journal of Economic Theory* 165: 487 – 516.

Glosten, L. and Milgrom, P. (1985) "Bid, Ask and Transaction Prices in a Specialist Market with Heterogeneously Informed Traders." *Journal of Financial Economics* 14, no. 1: 71 – 100.

Grundy, B. and Martin, J. (2001) "Understanding the Nature of the Risks and the Source of the Rewards to Momentum Investing." *Review of Financial Studies* 14, no. 1: 29 – 78.

Hafez, P. and Xie, J. (2016) "News Beta: Factoring Sentiment Risk into Quant Models." *Journal of Investing* 25, no. 3: 88 – 104.

Hastings, C., Mosteller, F., Tukey, J., and Winsor, C. (1947) "Low Moments for Small Samples: A Comparative Study of Order Statistics." *Annals of Mathematical Statistics* 18, no. 3: 413 – 426.

Hinton, G. (2007) "Learning Multiple Layers of Representation." *Trends in Cognitive Sciences* 11, no. 10: 428 – 434.

Hirshleifer, D. and Shumway, T. (2003) "Good Day Sunshine: Stock Returns and the Weather." *Journal of Finance* 58, no. 3: 1009 – 1032.

Hong, H., Lim, T., and Stein, J. (2000) "Bad News Travels Slowly: Size, Analyst Coverage, and the Profitability of Momentum Strategies." *Journal of Finance* 55, no. 1: 265 – 295.

Hong, H. and Stein, J. (1999) "A Unified Theory of Underreaction,

Momentum Trading, and Overreaction in Asset Markets." *Journal of Finance* 54, no. 6: 2143 – 2184.

Huber, P. (1964) "Robust Estimation of a Location Parameter." *Annals of Mathematical Statistics* 35, no. 1: 73 – 101.

Hush, D. and Scovel, C. (2001) "On the VC Dimension of Bounded Margin Classifiers." *Machine Learning* 45, no. 1: 33 – 44.

Jain, P. and Joh, G. (1988) "The Dependence Between Hourly Prices and Trading Volume." *Journal of Financial and Quantitative Analysis* 23, no. 3: 269 – 283.

Jegadeesh, N. and Titman, S. (1993) "Returns to Buying Winners and Selling Losers: Implications for Stock Market Efficiency." *Journal of Finance* 48, no. 1: 65 – 91.

Jegadeesh, N. and Titman, S. (2001) "Profitability of Momentum Strategies: An Evaluation of Alternative Explanations." *Journal of Finance* 56, no. 2: 699 – 720.

Jegadeesh, N. and Titman, S. (2011) "Momentum." *Annual Review of Financial Economics* 3: 493 – 509.

Jensen, M. (1967) "The Performance of Mutual Funds in the Period 1945 – 1964." *Journal of Finance* 23, no. 2: 389 – 416.

Jin, W., Livnat, J., and Zhang, Y. (2012) "Option Prices Leading Equity Prices: Do Option Traders Have an Information Advantage?" *Journal of Accounting Research* 50, no. 2: 401 – 432.

Jung, M., Wong, M., and Zhang, F. (2015) "Analyst Interest as an Early Indicator of Firm Fundamental Changes and Stock Returns." *Accounting*

Review 90, no. 3: 1049 – 1078.

Kozak, S., Nagel, S., and Santosh, S. (2018) "Interpreting Factor Models." *Journal of Finance* 73, no. 3: 1183 – 1223.

Kuremoto, T., Kimura, S., Kobayashi, K., and Obayashi, M. (2014) "Time Series Forecasting Using a Deep Belief Network with Restricted Boltzmann Machines." *Neurocomputing* 137: 47 – 56.

LeCun, Y., Kavukcuoglu, K., and Farabet, C. (2010) "Convolutional Networks and Applications in Vision." *Proceedings of 2010 IEEE International Symposium on Circuits and Systems*: 253 – 256.

Ledoit, O. and Wolf, M. (2004) "Honey, I Shrunk the Sample Covariance Matrix." *Journal of Portfolio Management* 30, no. 4: 110 – 119.

Lee, C. and Swaminathan, B. (2000) "Price Momentum and Trading Volume." *Journal of Finance* 55, no. 5: 2017 – 2069.

Lesmond, D., Schill, M., and Zhou, C. (2004) "The Illusory Nature of Momentum Profits." *Journal of Financial Economics* 71, no. 2: 349 – 380.

Li, X., Miffre, J., Brooks, C., and O'Sullivan, N. (2008) "Momentum Profits and Time–Varying Unsystematic Risk." *Journal of Banking & Finance* 32, no. 4: 541 – 558.

Lin, H. and McNichols, M. (1998) "Underwriting Relationships, Analysts' Earnings Forecasts and Investment Recommendations." *Journal of Accounting and Economics* 25, no. 1: 101 – 127.

Lintner, J. (1965) "The Valuation of Risk Assets and the Selection of Risky Investments in Stock Portfolios and Capital Budgets." *Review of*

Economics and Statistics 47, no. 1: 13 – 37.

Lo, A. (2004) "The Adaptive Markets Hypothesis: Market Efficiency from an Evolutionary Perspective." *Journal of Portfolio Management* 30, no. 5: 15 – 29.

Markowitz, H. (1952) "Portfolio Selection." *Journal of Finance* 7, no. 1: 77 – 91.

McConnell, J., Sibley, S., and Xu, W. (2015) "The Stock Price Performance of Spin-Off Subsidiaries, Their Parents, and the Spin-Off ETF, 2001 – 2013." *Journal of Portfolio Management* 42, no. 1: 143 – 152.

McInish, T. and Wood, R. (1992) "An Analysis of Intraday Patterns in Bid/Ask Spreads for NYSE Stocks." *Journal of Finance* 47, no. 2: 753 – 764.

Michaely, R. and Womack, K. (1999) "Conflict of Interest and the Credibility of Underwriter Analyst Recommendations." *Review of Financial Studies* 12, no. 4: 653 – 686.

Moskowitz, T. and Grinblatt, M. (1999) "Do Industries Explain Momentum?" *Journal of Finance* 54, no. 4: 1249 – 1290.

Mossin, J. (1966) "Equilibrium in a Capital Asset Market." *Econometrica* 34, no. 4: 768 – 783.

Nissim, D. and Penman, S. (2003) "Financial Statement Analysis of Leverage and How It Informs About Profitability and Price-to-Book Ratios." *Review of Accounting Studies* 8, no. 4: 531 – 560.

Novy-Marx, R. and Velikov, M. (2015) "A Taxonomy of Anomalies and

Their Trading Costs." *Review of Financial Studies* 29, no. 1: 104 – 147.

Ofek, E., Richardson, M., and Whitelaw, R. (2004) "Limited Arbitrage and Short Sales Restrictions: Evidence from the Options Markets." *Journal of Financial Economics* 74, no. 2: 305 – 342.

Ormos, M. and Timotity, D. (2016a) "Market Microstructure During Financial Crisis: Dynamics of Informed and Heuristic‑Driven Trading." *Finance Research Letters* 19: 60 – 66.

Pástor, L. and Stambaugh, R. (2003) "Liquidity Risk and Expected Stock Returns." *Journal of Political Economy* 111, no. 3: 642 – 685.

Pearson, K. (1895) "Notes on Regression and Inheritance in the Case of Two Parents." *Proceedings of the Royal Society of London* 58: 240 – 242.

Pedersen, L. (2009) "When Everyone Runs for the Exit." *International Journal of Central Banking* 5, no. 4: 177 – 199.

Piotroski, J. (2000) "Value Investing: The Use of Historical Financial Information to Separate Winners from Losers." *Journal of Accounting Research* 38: 1 – 41.

Rabiner, L. (1989) "A Tutorial on Hidden Markov Models and Selected Applications in Speech Recognition." *Proceedings of the IEEE* 77, no. 2: 257 – 286.

Rodgers, J. and Nicewander, W.A. (1988) "Thirteen Ways to Look at the Correlation Coefficient." *American Statistician* 42, no. 1: 59 – 66.

Rosenberg, B., Reid, K., and Lanstein, R. (1985) "Persuasive Evidence of Market Inefficiency." *Journal of Portfolio Management* 11, no. 3: 9 – 17.

Ross, S. (1976) "The Arbitrage Theory of Capital Asset Pricing." *Journal of Economic Theory* 13, no. 3: 341 – 360.

Rouwenhorst, K. (1998) "International Momentum Strategies." *Journal of Finance* 53, no. 1: 267 – 284.

Schorfheide, F. and Wolpin, K. (2012) "On the Use of Holdout Samples for Model Selection." *American Economic Review* 102, no. 3: 477 – 481.

Selesnick, I. and Burrus, C. (1998) "Generalized Digital Butterworth Filter Design." *IEEE Transactions on Signal Processing* 46, no. 6: 1688 – 1694.

Sharpe, W. (1964) "Capital Asset Prices: A Theory of Market Equilibrium under Conditions of Risk." *Journal of Finance* 19, no. 3: 425 – 442.

Siegel, L., Kroner, K. and Clifford, S. (2001) "The Greatest Return Stories Ever Told." *Journal of Investing* 10, no. 2: 91 – 102.

Sloan, R. (1996) "Do Stock Prices Fully Reflect Information in Accruals and Cash Flows About Future Earnings?" *Accounting Review* 71, no. 3: 289 – 315.

Spearman, C. (1904) "The Proof and Measurement of Association Between Two Things." *American Journal of Psychology* 100, nos. 3 – 4: 441 – 471.

Sprenger, T., Tumasjan, A., Sandner, P., and Welpe, I. (2014) "Tweets and Trades: The Information Content of Stock Microblogs." *European Financial Management* 20, no. 5: 926 – 957.

Vapnik, V. (1999) "An Overview of Statistical Learning Theory." *IEEE Transactions on Neural Networks* 10, no. 5: 988 – 999.

Wood, R., McInish, T., and Ord, J. (1985) "An Investigation of

Transactions Data for NYSE Stocks." *Journal of Finance* 40, no. 3: 723 – 739.

Xing, Y., Zhang, X., and Zhao, R. (2010) "What Does Individual Option Volatility Smirk Tell Us about Future Equity Returns?" *Journal of Financial and Quantitative Analysis* 45, no. 3: 335 – 367.

Yan, Y. and Zhang, S. (2012) "An Improved Estimation Method and Empirical Properties of the Probability of Informed Trading." *Journal of Banking & Finance* 36, no. 2: 454 – 467.

Zadeh, L. (1996) "Fuzzy Logic = Computing with Words," *IEEE Transactions on Fuzzy Systems* 4, no. 2: 103 – 111.

Zhang, X. (2006) "Information Uncertainty and Stock Returns." *Journal of Finance* 61, no. 1: 105 – 137.

Zou, H., Hastie, T., and Tibshirani, R. (2006) "Sparse Principal Component Analysis." *Journal of Computational and Graphical Statistics* 15, no. 2: 265 – 286.

저널 기사(전자/온라인 문서)

Bailey, D., Borwein, J., Lopez de Prado, M., and Zhu, Q. (2014b) "The Probability of Backtest Overfitting." https://papers.ssrn.com/sol3/Papers.cfm?abstract_id=2326253

Beaudan, P. (2013) "Telling the Good from the Bad and the Ugly: How to Evaluate Backtested Investment Strategies." http://ssrn.com/abstract=2346600

Bochkay, K., Chava, S., and Hales, J. (2016) "Hyperbole or Reality? Investor Response to Extreme Language in Earnings Conference Calls."

https://ssrn.com/abstract=2781784

Boudoukh, J., Feldman, R., Kogan, S., and Richardson, M. (2016) "Information, Trading, and Volatility: Evidence from Firm-Specific News." https://ssrn.com/abstract=2193667

Burns, P. (2006) "Random Portfolios for Evaluating Trading Strategies." http://ssrn.com/abstract=881735

Chan, W. (2001) "Stock Price Reaction to News and No-News: Drift and Reversal After Headlines." https://ssrn.com/abstract=262452

Chen, S., Hollander, S., and Law, K. (2016) "In Search of Interaction." https://ssrn.com/abstract=2449341

Druz, M., Wagner, A., and Zeckhauser, R. (2016) "Reading Managerial Tone: How Analysts and the Market Respond to Conference Calls," Swiss Finance Institute Research Paper no. 16-004. https://ideas.repec.org/p/ecl/harjfk/16-004.html

Dzieliński, M. and Hasseltoft, H. (2017) "News Tone Dispersion and Investor Disagreement." https://ssrn.com/abstract=2192532

Fodor, A., Krieger, K., and Doran J. (2010) "Do Option Open-Interest Changes Foreshadow Future Equity Returns?" http://ssrn.com/abstract=1634065

FTSE Russell. (2017) "Russell 2000 Reconstitution Effects Revisited." http://www.ftserussell.com/sites/default/files/research/russell_2000_reconstitution_effects_revisited_final.pdf

Gray, W. (2015) "Momentum Investing: Why Does Seasonality Matter for Momentum?" Alpha Architect, November 30, 2015. https://

alphaarchitect.com/2015/11/30/momentum-seasonality/

Gulen, H. and Hwang, B. (2012) "Daily Stock Market Swings and Inves tor Reaction to Firm-Specific News." https://ssrn.com/abstract=1934873

Harvey, C., Liu, Y. and Zhu, C. (2014) "… and the Cross-Section of Expected Returns." http://ssrn.com/abstract=2249314

Johnson, T. and So, E. (2011) "The Option to Stock Volume Ratio and Future Returns." https://papers.ssrn.com/sol3/papers.cfm?abstract_ id=1624062

Karabulut, Y. (2013) "Can Facebook Predict Stock Market Activity?" https://ssrn.com/abstract=1919008

Khandani, A. and Lo, A. (2007) "What Happened to the Quants in August 2007?" https://papers.ssrn.com/sol3/papers.cfm?abstract_id=1015987

Lagadec, P. (2009) "Decalage: A Mini Python Tutorial." http://www. decalage.info/files/mini_python_tutorial_0.03.pdf

Larrabee, D. (2014) "A Little Industry Experience May Make You a Better Analyst." CFA Institute. http://blogs.cfainstitute.org/ investor/2014/02/18/career-matters-prior-industry-experience- improvesodds-of-success-for-wall-street-analysts

Lopez de Prado, M. (2013) "What to Look for in a Backtest." https:// papers.ssrn.com/sol3/papers.cfm?abstract_id=2308682

Matloff, N. (2011) "Fast Lane to Python." University of California, Davis. http://heather.cs.ucdavis.edu/~matloff/Python/PLN/FastLanePython.pdf

Meucci, A. (2010) "Managing Diversification." Bloomberg Education & Quantitative Research and Education Paper. https://ssrn.com/

abstract=1358533

Mohanram, P. (2004) "Separating Winners from Losers Among Low Book-to-Market Stocks Using Financial Statement Analysis." http://ssrn.com/abstract=403180

Ormos, M. and Timotity, D. (2016b) "Microfoundations of Heteroscedasticity in Asset Prices: A Loss-Aversion-Based Explanation of Asymmetric GARCH Models." https://ssrn.com/abstract=2736390

Preis, T., Moat, H., and Stanley, H. (2013) "Quantifying Trading Behavior in Financial Markets Using Google Trends." http://www.nature.com/srep/2013/130425/srep01684/full/srep01684.html

Roll, R., Schwartz, E., and Subrahmanyam, A. (2009) "O/S: The Relative Trading Activity in Options and Stock." http://ssrn.com/abstract=1410091

Scherbina, A. and Schlusche, B. (1915) "Cross-Firm Information Flows and the Predictability of Stock Returns." https://ssrn.com/abstract=2263033

Shlens, J. (2014) "A Tutorial on Principal Component Analysis." https://arxiv.org/abs/1404.1100

Sloan, R., Khimich, N., and Dechow, P. (2011) "The Accural Anomaly." http://ssrn.com/abstract=1793364

Sprenger, T. and Welpe, I. (2011) "News or Noise? The Stock Market Reaction to Different Types of Company-Specific News Events." https://ssrn.com/abstract=1734632

Strauts, T. "Seeking Alpha: Momentum Investing with ETFs." *Seeking*

Alpha, April 18, 2013. https://seekingalpha.com/article/1350651seeking-alpha-momentum-investing-with-etfs

도서

Antonacci, G. (2014) *Dual Momentum Investing: An Innovative Strategy for Higher Returns with Lower Risk.* McGraw-Hill Book Company.

Downey, A. (2012) *Think Python.* http://www.greenteapress.com/thinkpython

Edwards, W. (1968) "Conservatism in Human Information Processing." *Formal Representation of Human Judgment* (Benjamin Kleinmuntz, ed.). Wiley.

Foucault, F., Pagano, M. and Röell, A. (2013) *Market Liquidity: Theory, Evidence, and Policy.* Oxford University Press.

Graham, B. and Dodd, D. (2009) *Security Analysis: Principles and Techniques* (Sixth Edition). McGraw-Hill Book Company.

Grinold, R. and Kahn, R. (1999) *Active Portfolio Management: A Quantitative Approach for Producing Superior Returns and Controlling Risk.* McGraw-Hill Book Company.

Huber, P. and Ronchetti, E. (2009) *Robust Statistics* (2nd edition). Wiley.

Hull, J. (2008) *Options, Futures and Other Derivatives.* Pearson Prentice Hall.

Kahneman, D. (2011) *Thinking, Fast and Slow.* Farrar, Straus and Giroux.

Lefèvre, E. (2006) *Reminiscences of a Stock Operator.* Wiley.

Maronna, R., Martin, D., and Yohai, V. (2006) *Robust Statistics: Theory and Methods*. Wiley.

Mertz, D. (2006) *Text Processing in Python*. Addison Wesley. Also available from Gnosis Software: http://gnosis.cx/TPiP

Nicholas, J.G. (2004) *Hedge Fund of Funds Investing: An Investor's Guide*. Bloomberg Press.

Popper, K. (1959) *The Logic of Scientific Discovery*. Hutchinson.

Rousseeuw, P. and Leroy, A. (1987) *Robust Regression and Outlier Detection*. Wiley.

Swaroop, C. (2014) *A Byte of Python*. http://www.swaroopch.com/notes/python

미출판 원고/작업 문서 시리즈

Beneish, M. and Nichols, D. (2009) "Identifying Overvalued Equity." Johnson School Research Paper Series No. 09-09. http://ssrn.com/abstract=1134818

Boudoukh, J., Feldman, R., Kogan, S., and Richardson, M. (2013) "Which News Moves Stock Prices? A Textual Analysis." National Bureau of Economic Research Working Paper no. 18725. https://www.nber.org/papers/w18725

Bradshaw, M., Hutton, A., Marcus, A., and Tehranian, H. (2010) "Opacity, Crash Risk, and the Option Smirk Curve." Working Paper. Boston College. http://ssrn.com/abstract=1640733

Chan, K., Chan, L., Jegadeesh, N., and Lakonishok, J. (2001) "Earnings

Quality and Stock Returns." NBER Working Paper no. 8308. https://www.nber.org/papers/w8308

Frazzini, A. and Lamont, O. (2007) "The Earnings Announcement Premium and Trading Volume." National Bureau of Economic Research Working Paper no. 13090. https://www.nber.org/papers/w13090

Gârleanu, N., Pedersen, L., and Poteshman, A. (2009) "Demand-Based Option Pricing." EFA 2005 Moscow Meetings Paper. http://ssrn.com/abstract=676501

Kamstra, M., Kramer, L., and Levi, M. (2002) "Winter Blues: A SAD Stock Market Cycle." Federal Reserve Bank of Atlanta Working Paper no. 2002-13a; Sauder School of Business Working Paper. http://ssrn.com/abstract=208622

Luo, X., Zhang, J., and Duan, W. (2013) "Social Media and Firm Equity Value." Fox School of Business Research Paper no. 14-016. https://ssrn.com/abstract=2260316

Mohr, M. (2005) "A Trend-Cycle (-Season) Filter." European Central Bank Working Paper Series no. 499. https://www.ecb.europa.eu/pub/pdf/scpwps/ecbwp499.pdf

Treynor, J. (1962) "Toward a Theory of Market Value of Risky Assets." Unpublished manuscript.

Van Buskirk, A. (2011) "Volatility Skew, Earnings Announcements, and the Predictability of Crashes." http://ssrn.com/abstract=1740513

웹 사이트

Bloomberg. www.bloomberg.com

CFA Institute. *Financial Analysts Journal*. www.cfapubs.org/loi/faj

Cornell University Library. ArXiv https://arxiv.org

Elsevier. *Journal of Banking and Finance*. www.journals.elsevier.com/ journal-of-banking-and-finance

Elsevier. *Journal of Corporate Finance*. www.journals.elsevier.com/ journal-of-corporate-finance

Elsevier. *Journal of Empirical Finance*. www.journals.elsevier.com/ journal-of-empirical-finance

Elsevier. *Journal of Financial Intermediation*. www.journals.elsevier. com/journal-of-financial-intermediation

Elsevier. *Journal of Financial Markets*. www.journals.elsevier.com/ journal-of-financial-markets

Elsevier. *Journal of International Money and Finance*. www.journals. elsevier.com/journal-of-international-money-and-finance

Elsevier. *Pacific-Basin Finance Journal*. www.journals.elsevier.com/ pacific-basin-finance-journal

Google Finance. www.google.com/finance

Google Scholar. https://scholar.google.com

Incredible Charts. "Indicator Basics: How to Use Technical Indicators." http://www.incrediblecharts.com/indicators/indicators.php

IPR Journals. *Journal of Portfolio Management*. http://jpm.iijournals.com

Investopedia. "Identifying Market Trends." http://investopedia.com/articles/technical/03/060303.asp

JSTOR. *Journal of Business*. https://www.jstor.org/journal/jbusiness

Kaufman, P. (2016) "Capturing Seasonality with Commodity ETFs." Kaufmansignals.com

Lee, S. (2012) "Morningstar ETF Investor Strategies: Model ETF Portfolios." www.morningstar.com

Morningstar. www.morningstar.com

NasdaqTrader. Options Market Share Statistics. http://www.nasdaqtrader.com/trader.aspx?id=marketsharenom

National Bureau of Economic Research. www.nber.org

Numpy Developers. www.numpy.org

Piard, F. (2016) "3 of the Best Seasonal ETFs." https://seekingalpha.com/article/4014414-3-best-seasonal-etfs

Picardo, E. (2018) "7 Best ETF Trading Strategies for Beginners." www.investopedia.com

Pilgrim, M. "Dive into Python." http://www.diveintopython.net

Renater. "SourceSup Documentation." https://sourcesup.renater.fr/projects/scientific-py

SciPy. www.scipy.org

SciPy. "NumPy Reference." http://docs.scipy.org/doc/numpy/reference

SciPy. "NumPy User Guide." http://docs.scipy.org/doc/numpy/user

SciPy. "Statistical Functions." http://docs.scipy.org/doc/scipy/reference/stats.html

Social Science Research Network. https://ssrn.com/en/

StockCharts. "Technical Indicators and Overlays." http://stockcharts.com/school/doku.php?id=chart_school:technical_indicators

Time. "The 25 Best Financial Blogs." http://content.time.com/time/specials/packages/completelist/0,29569,2057116,00

Tutorialspoint. "Python Quick Guide." www.tutorialspoint.com/python/python_quick_guide.htm

University of Washington. *Journal of Financial and Quantitative Analysis.* http://depts.washington.edu/jfqa

Wall Street Journal. www.wsj.com

Wiley Online Library. *Financial Review.* http://onlinelibrary.wiley.com/journal/10.1111/(ISSN)1540-6288

Wiley Online Library. *Journal of Financial Research.* http://onlinelibrary.wiley.com/journal/10.1111/(ISSN)1475-6803

Wiley Online Library. *Journal of Futures Markets.* http://onlinelibrary.wiley.com/journal/10.1002/(ISSN)1096-9934

Wilmott. www.wilmott.com

WolframMathWorld. *Reuleaux Triangle.* http://mathworld.wolfram.com/ReuleauxTriangle.html

WorldQuantChallenge. https://websim.worldquantchallenge.com

Yahoo Finance. www.finance.yahoo.com

공개 보고서

Options Clearing Corporation. Annual Report 2013. https://www.optionsclearing.com/components/docs/about/annual-reports/occ_2013_annual_report.pdf

Securities and Exchange Commission. (2000) Final Rule: Selective Disclosure and Inside Trading. https://www.sec.gov/rules/final/33-7881.htm

U.S. Commodity Futures. Commitments of Traders. https://www.cftc.gov/marketreports/commitmentsoftraders/index.htm

찾아보기

초과 수익을 찾아서 2/e

계량적 접근법을 활용한 포트폴리오 운용

발 행 | 2021년 1월 4일

지은이 | 이고르 툴친스키
옮긴이 | 이기홍 · 하석근

펴낸이 | 권성준
편집장 | 황영주
편 집 | 김진아
        임지원
디자인 | 윤서빈

에이콘출판주식회사
서울특별시 양천구 국회대로 287 (목동)
전화 02-2653-7600, 팩스 02-2653-0433
www.acornpub.co.kr / editor@acornpub.co.kr

ISBN 979-11-6175-482-6
http://www.acornpub.co.kr/book/finding-alphas

이 도서의 국립중앙도서관 출판시도서목록(CIP)은 서지정보유통지원시스템 홈페이지(http://seoji.nl.go.kr)와
국가자료공동목록시스템(http://www.nl.go.kr/kolisnet)에서 이용하실 수 있습니다.(CIP제어번호: CIP2020053421)

책값은 뒤표지에 있습니다.